NGU

Anni Settanta
La rivoluzione nei linguaggi dell'arte
a cura di Cristina Casero ed Elena Di Raddo
© 2015 Postmedia Srl, Milano

Copertina: Bruno Di Bello, *Language*, 1973, collezione VAF – Stiftung,
in deposito al MART di Rovereto

www.postmediabooks.it
ISBN 978-88-7490-133-3

ANNI SETTANTA

La rivoluzione nei linguaggi dell'arte

a cura di Cristina Casero ed Elena Di Raddo

postmedia●books

Introduzione 7

Fabio Belloni 11
Analisi, lavoro, linguaggio: le scelte della pittura

Cristina Casero 31
Sulla fotografia, con la fotografia. La riflessione intorno all'immagine e al
procedimento fotografico nelle opere di alcuni protagonisti della cultura
visiva tra gli anni Sessanta e Settanta in Italia

Elena Di Raddo 53
Né "opera" né "comportamento":
la natura del linguaggio video alle origini

Michele Guerra 73
La coscienza del mondo: Rossellini contro il cinema?

Caterina Iaquinta 89
L''anomalia' italiana: azioni, interventi e performatività nelle pratiche
e nelle attività artistiche degli anni Settanta.

Elisabetta Longari 105
Specchi, doppi e riflessi

Kevin McManus 123
La scultura tra autocritica e lotta per la sopravvivenza.
Sintomi e risposte negli anni Settanta in Italia

Lucilla Meloni 141
Praticare lo spazio: environment, azioni e ambienti negli anni Settanta

Francesco Tedeschi 159
Il linguaggio del linguaggio.
La parola tra immagine e azione negli anni Settanta

Francesca Zanella 181
Esposizione come testo. La rilettura degli anni Settanta a Venezia nel 1980

Martina Ganino 199
Regesto delle mostre

Il critico americano Arthur Danto, cercando di dare una definizione della nostra epoca dal punto di vista delle ricerche artistiche, affermava nel suo volume intitolato significativamente *After the End of Art. Contemporary Art and the Pale of History* (1997) che la fase che si stava vivendo, al tramonto del Novecento, si sarebbe potuta definire come l'epoca successiva alla "fine dell'arte". Secondo lui, il momento che ha segnato la cesura definitiva con il passato, con l'abbandono di una concezione della storia intesa come una "sorta di narrazione razionale" coincideva proprio con gli anni Settanta del Novecento. Anche Hans Belting, del resto, in uno scritto del 1980, aveva postulato la fine dell'arte a partire proprio dagli anni Sessanta. L'idea di una connessione tra la "fine dell'arte" e la separazione tra arte e storia, per altro, risale ad Hegel, che intendeva la fine della narrazione come l'avvio dell'autocoscienza.

É indubbio come nell'arte di molti protagonisti del periodo che fa seguito al modernismo la presa di coscienza della propria identità assuma sempre maggiore importanza rispetto alla narratività dell'opera. Si può così affermare che la vera questione dibattuta nell'arte di quegli anni, al di là dei contenuti, sia proprio quella dell'autocoscienza dell'arte. Sia la decisione di utilizzare metodi espressivi tradizionali, ma con maggiore consapevolezza, sia quella di avvicinarsi a nuovi mezzi, tecnologici, performativi o concettuali, implicano, in tanti casi, comunque una scelta di fondo di matrice concettuale, autoriflessiva e analitica: una riflessione di natura filosofica sul linguaggio dell'arte, anche se condotta attraverso le opere. Molte delle ricerche portate avanti proprio negli anni Settanta rappresentano certamente una decisa rottura rispetto alle forme tradizionali dell'espressione artistica ma soprattutto coincidono con un loro ripensamento concettuale, mediato anche dalle nuove modalità di riproduzione tecnologica.

È da questa prospettiva che il volume muove i suoi passi per cercare di fornire alcune linee emergenti – non certo una mappatura esaustiva – della ricerca artistica italiana di quegli anni, animata da vivaci dibattiti interni al mondo dell'arte, ma anche impegnata nel confronto serrato con le altre forme di espressione visiva e, soprattutto, nell'interazione inevitabile e coinvolgente con le questioni legate alla vita sociale, alla politica, all'economia. Dopo esserci soffermate sull'arte impegnata nel precedente volume *Anni Settanta. L'arte dell'impegno* (2009) sentivamo la necessità di approfondire l'aspetto metalinguistico che caratterizza la vivacità creativa di quel periodo e che pone le basi della contemporaneità.

Su queste premesse si fondano il saggio di Elisabetta Longari, che attraverso l'utilizzo dello specchio come metafora, si sofferma sulla natura autoriflessiva di molta arte del periodo, e l'intervento di Francesca Zanella che si concentra sul ruolo tutt'altro che scontato che assumono le esposizioni come metodo critico. Alle trasformazioni legate ad una ridefinizione della pittura e della scultura, ora interpretate in accezione lontana dalla tradizione, sono invece dedicati i saggi di Fabio Belloni e Kevin McManus, mentre le importanti aperture dell'espressione artistica verso la dimensione più concettuale della parola e quella ambientale sono indagate, rispettivamente, nei testi di Francesco Tedeschi e di Lucilla Meloni. Alla fotografia assunta come ambito privilegiato per condurre un'analisi della natura del linguaggio visivo è dedicato il saggio di Cristina Casero e alla riflessione di Rossellini sulla crisi del cinema, con le sue sorprendenti considerazioni su quali potranno essere le nuove forme dell'immagine in movimento, quello di Michele Guerra. Sulla natura dell'opera d'arte, dibattuta sia a livello critico sia operativo tra il suo essere oggettiva e comportamentale si soffermano infine i due interventi di Elena Di Raddo e Caterina Iaquinta, dedicati rispettivamente al video e alla performance. Negli anni in cui essere artisti, come sosteneva radicalmente Joseph Kosuth, significava "mettere in discussione la natura dell'arte", il ripensamento tocca anche le modalità e le tecniche espressive che sono oggetto di tanto profondi mutamenti da poter parlare di una vera e propria rivoluzione dei linguaggi.

Cristina Casero, Elena Di Raddo

Gli autori e le curatrici desiderano ringraziare tutti coloro che a vario titolo hanno contribuito alla realizzazione di questo volume. In particolare: Claudio Abate, Francesca Alfano Miglietti, Adriano Altamira, Archivio Biblioteca Quadriennale di Roma, Archivio Gianni Colombo, Archivio Dalisi, Archivio Luciano e Carla Fabro, Archivio Renato Mambor, Archivio Piero Manzoni, Archivio Michelangelo Pistoletto, Archivio Progetti IUAV, Archivio Storico delle Arti Visive della Biennale di Venezia, Silvia Bignami, Stefano Boccalini, Marcella Campitelli, Enrico Cattaneo, Mario Cresci, Alberto Crispo, Bettina Della Casa, Alessandro Del Puppo, Bruno Di Bello, Laura Feliciotti, Flavio Fergonzi, Fondazione Alighiero e Boetti, Fondazione Centro Studi Piero Gilardi, Galleria L'Attico, Galleria Editalia, Galleria Christian Stein, Francesca Gallo, Franco Guerzoni, Emilio Isgrò, Daniela Lancioni, Maurizio Lanzetta, Giuseppe Maraniello, Chiara Mari, Paola Mattioli, Massimo Melotti, Maria Grazia Messina, Susanna Missorini, Giulio Paolini e Maddalena Disch, Antonio Paradiso, Luca Patella, Paolo Patelli, Carla Pellegrini, Giuseppe e Ruggero Penone, Chiara Perin, Elena Salza, Settore Beni Storico Artistici Intesa San Paolo, Gianni Emilio Simonetti, Gianni Sirch, Studio Fabio Mauri, Studio Mimmo Paladino, Rino Tornambè, Tommaso Trini, Franco Vaccari, Angelo Verga, Claudio Verna, Clari Zanella.

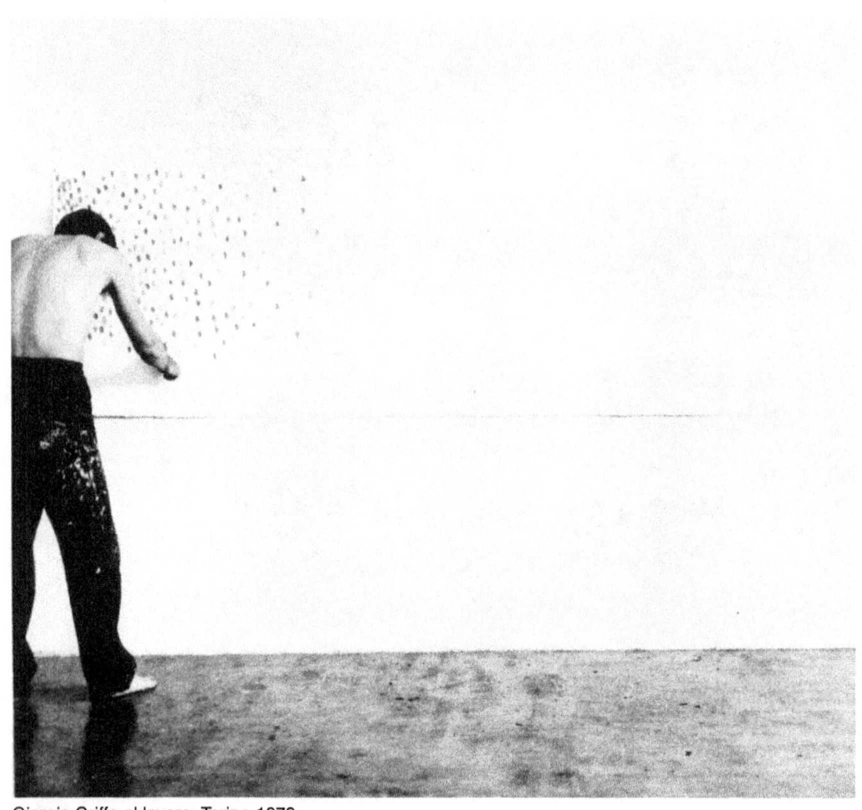

Giorgio Griffa al lavoro, Torino 1972

Analisi, lavoro, linguaggio:
le scelte della pittura

FABIO BELLONI

Adesioni convinte se non entusiaste, indifferenze vistose seguite da caute aperture, referti minuziosi alternati a sguardi sbrigativi. Tra questi atteggiamenti di segno opposto è maturata un'esperienza che, già dal suo debutto espositivo attorno al 1972, ha scontato la pena di essere chiamata con nomi sempre diversi. "Pittura pittura", "Pittura analitica", "Pittura fondamentale", "Pittura fredda", "Pura pittura", soprattutto "Nuova pittura". Sono i sintagmi, i più frequenti, coniati nel giro di un lustro per definire un'attitudine alla riflessione sullo statuto della pittura e sulla pratica del dipingere. Artisti non più giovanissimi (tutti superano i trenta, alcuni sfiorano i quaranta), dalla geografia diversa (ma di preferenza romana, milanese e torinese), indifferenti alla creazione di un gruppo (e invece assortiti in elenchi dai continui incrementi e defezioni). Dipinti accomunati dal rigore antiespressivo e da interventi dosati con controllo tale da sottoporre a prova la percezione dello spettatore. Un apparato teorico redatto da critici e dagli artisti stessi, con letture talvolta attraenti, più spesso opache e soffocanti. Intuire tra le peculiarità di quella vicenda i rischi di un contrappasso futuro non è troppo difficile. Tanto infatti appare copiosa la letteratura prodotta all'epoca, quanto invece risultano scarni i contributi licenziati nei tempi in cui la distanza ha concesso i primi riposati giudizi. Così, quando non la si è del tutto trascurata, si è preferito leggere la pittura astratta degli anni Settanta come un epifenomeno di ciò che l'ha preceduta o le è accaduto al fianco. A lungo è stata un'appendice del minimalismo, fuori tempo massimo e senza il radicalismo americano; altrimenti una filiazione del concettuale, eccentrica e con imperdonabili aperture alla manualità. Rispetto a entrambi, i debiti sono palesi: di fatto però quell'esperienza ha vantato un'originalità estetica e teorica che solo i contributi più recenti stanno finalmente risarcendo[1].

Scene, presenze, occasioni

"La si chiama, spesso ingiustamente, 'nuova pittura', che poi per molti di noi non ha nulla di nuovo: la facciamo da anni!", lamenterà Riccardo Guarneri[2]. Tutti, in effetti, sapevano di non trovarsi dinanzi a un ritorno, ancora meno a una novità. Che un astrattismo dal carattere minimale e dalle inflessioni più o meno evocative fosse invalso da tempo nelle ricerche di alcuni giovani era un dato sicuro. Anzi, proprio questo diventerà il punto di incontro per quanti ingrosseranno le opposte file dei promotori e dei detrattori: ma se i primi loderanno la fedeltà a una pittura scampata alle mode di turno, i secondi biasimeranno l'*allure* di novità conferita a strade di fatto già battute. Quella ricerca, nella fattispecie, si assestava sulla linea aperta a inizio secolo da Malevič e Mondrian e proseguita nei primi Sessanta con le esperienze attorno al monocromo[3]. Si trattava di una lingua visiva internazionale, diffusasi con pervasività tale da accumunare le sponde di Europa e Stati Uniti. *Systemic Painting*, la mostra del 1966 al Guggenheim Museum, costituì un approdo anche per gli italiani. Una pittura come pratica autosignificante, libera da implicazioni contenutistiche e ricondotta alle sue forme più elementari: questo si era imparato dalla generazione ostile alla retorica dell'*action painting* lì raccolta, quella di Robert Ryman, Brice Marden, Robert Mangold e Agnes Martin[4].

Contraddice le odierne semplificazioni di comodo sapere che nel fatidico 1968 sulle pagine di "Collage" Cesare Vivaldi desse conto del "Nuovo astrattismo romano" da lui stesso presentato alla galleria Arco d'Alibert[5]. E un po' disarma conoscere che, nello stesso anno, fosse in animo di Maurizio Fagiolo riunire alcuni in una mostra titolata *Pittura-pittura*[6]. La proposta di Vivaldi mancò di visibilità, quella di Fagiolo non andò oltre le intenzioni: in quel giro di mesi, si sa, le preferenze si accordavano a ben altri orientamenti.

Eloquenti, d'altro canto, erano anche i *curricula* di molti: davano conto di carriere consolidate da almeno una decade di lavoro. L'informale rappresentava il retroterra comune, e non poteva essere altrimenti per i nati negli anni Trenta. Solo a metà Sessanta alcune scelte andarono definendosi. Rodolfo Aricò, Carlo Battaglia e Claudio Verna approdarono a un geometrismo debitore alle esperienze d'oltreoceano; Riccardo Guarneri ebbe una militanza non trascurabile nei ranghi dell'arte programmata; Claudio Olivieri si cimentò con una radiosità cromatica di memoria futurista; Giorgio Griffa ed Elio Marchegiani subirono una infatuazione pop prima di approdare a una severa astrazione lineare. La visibilità già guadagnata da alcuni, inoltre, poteva dirsi di tutto rispetto, se non eccellente. Ad Aricò la Biennale riservò un invito nel 1964 e quattro anni dopo una sala personale. A Battaglia e Verna quella occasione di prestigio toccò poco dopo, nel 1970. Seguire le prime uscite di Griffa significa invece ripercorrere i luoghi battuti anche dai poveristi: la galleria Sperone come gli spazi della Sonnabend a Parigi e New York, ma pure la cruciale *Processi di pensiero visualizzati* a Lucerna nel 1970.

Cosa, dunque, a inizio Settanta rilanciò quelle personalità dalle fisionomie già riconoscibili? Le tattiche e i riposizionamenti seguirono di necessità i problemi che proprio in apertura di decennio entravano in agenda sommandosi a più antiche, e ancora insolute, questioni. Un interrogarsi ansioso permeava le consorterie artistiche del momento. Un po' perché il recente e frenetico avvicendarsi delle poetiche aveva creato aspettative da non disattendere, un po' perché dinnanzi agli esiti delle ultime generazioni era raro sentirsi davvero attrezzati e si invocavano spiragli: ora come mai, sta di fatto, il futuro dell'arte diventava materia per discussioni incessanti. Prevedere "che arte farà" – così si ripeteva di rito – appariva un obbligo da assolvere con la presunzione del vaticinio per l'artista o il critico desideroso di rinnovare i propri titoli. Non era certo fuori dal coro, allora, il Tommaso Trini che su "Data" pianificava le "Strategie dopo le avanguardie": a ispirare quell'editoriale di fine 1973 stavano gli umori della maggioranza[7].

Le nuove ragioni dell'astrazione

Furono dunque tempestivi quanti compresero le risorse ancora all'arco dell'astrazione pittorica. Tra 1972 e 1973 un punto divenne lampante: riaccreditare quel mezzo nei circuiti più vitali significava aprire un dialogo con le ricerche che dominavano il campo. Un solo modo, ovvero, consentiva di smarcarsi dalle ipoteche per giocare la carta della pittura: sintonizzandosi sui coevi orientamenti concettuali e comportamentali. Si trattava, per gli artisti, di un cambio più ideologico che formale. Non andava certo stravolto quel modo già sorvegliatissimo di dipingere: occorreva invece instaurare un approccio diverso con la disciplina, un approccio teso al vaglio del suo linguaggio e dei suoi strumenti operativi.

Systemic Painting, Guggenheim Museum, New York 1966 (copertina del catalogo)

13

Claudio Verna, *Omaggio a P.*, 1970

Nei fatti, ciò si tradusse in un'indagine sui fondamenti linguistici della pittura. Bisognava spogliare ulteriormente il campo della tela; caricare l'attenzione sulle meccaniche interne del dipingere; assegnare un'autonomia espressiva alla superficie, al colore, alla linea, alla pennellata; enfatizzare il rapporto di reciproca tensione tra questi elementi. L'esito, il quadro, assumeva un esibito valore autoreferenziale: tanto i suoi termini visivi si riducevano, quanto gli argomenti al suo interno guadagnavano densità. "Fare pittura – ha spiegato Filiberto Menna – significa quindi fare contemporaneamente un discorso sulla pittura". Se l'arte concettuale indagava il "sistema dell'arte", ha poi precisato il critico, "la nuova pittura indagava il sistema (o sottosistema) della pittura"[8]. Con una serie di letture dallo spiccato taglio strutturalista, nel 1975 culminate ne *La linea analitica dell'arte moderna*, proprio Menna sarebbe diventato l'interprete più sensibile di quella attitudine[9].

Per quanto incline alla speculazione, il pittore di inizio Settanta non poteva comunque limitarsi a un'arte di puro ragionamento. Imbastire un quadro, in fin dei conti, rimaneva sempre un atto concreto. Richiedeva competenze tecniche, imponeva norme da accettare o infrangere. L'opera finita sigillava la memoria di una processualità lungo la quale l'autore aveva allineato azioni e gesti tipici del proprio mestiere. Una porzione di tela non toccata dal pennello, la colatura di materia lungo i bordi, una linea vergata a mano libera: erano segni minimi, eppure acquistavano vigore su una superficie lavorata a risparmio. Reclamavano l'attenzione dello spettatore, lo invitavano a interrogarsi sulla fattura del manufatto. Dipingere, dunque, significava aggiornarsi sulle pratiche concettuali e performative, ma anche superarle grazie alla consegna di un oggetto in sé chiuso e ultimato. Il quadro diventava un generatore di significati: sanava il divorzio tra idea e prodotto, riscattava quella smaterializzazione da molti sancita come un traguardo del modernismo[10]. Non a caso in un atteggiamento del genere si riconobbe sùbito un antidoto: la pittura diventava "una delle alternative possibili alle molte formule involutive nelle quali si insabbia la condizione dell'operatività attuale"[11]. All'afasia ormai

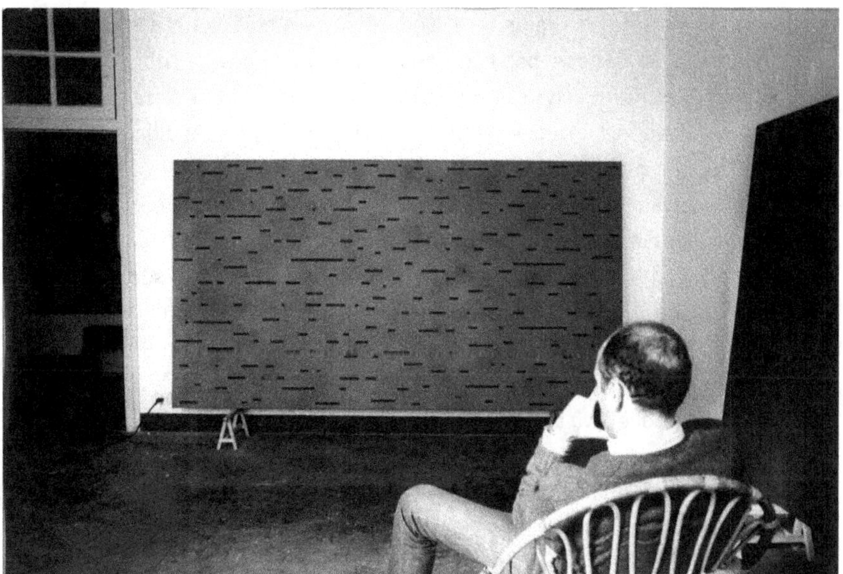

Carlo Battaglia, autoscatto nello studio, Roma 1970. Courtesy Archivio Carlo Battaglia, Roma

permeante molta avanguardia, in altre parole, i pittori sostituivano un modello di comportamento nuovo, e soprattutto fattivo.

A confortare artisti e critici su quel terreno esistevano riferimenti importanti. C'era, in prima istanza, l'esempio di Giulio Paolini. Da oltre una decade egli lavorava senza vincolarsi a tecniche, anzi concedendosi le aperture più disinvolte. Come a inizio Settanta una serie di letture esaltava[12], tutte le sue prove miravano però a un approccio analitico e, a suo modo, didattico di fare arte. Su molti colleghi, i lavori di Paolini esercitarono l'effetto di uno *choc* benefico: la loro ammirazione fu pari a quella dovuta a un maestro. *Omaggio a P.* era la tela bianca squadrata col compasso che, con altre tredici, Verna presentò alla Biennale del 1970[13]. "Determinante nella mia formazione di pittore – confessò invece Marco Gastini già nel 1974 – è stato l'incontro con il primo lavoro di Paolini, cioè del 1960, '61, '62. Paolini evidentemente non è un pittore. Era non tanto quello che faceva, quanto proprio quel suo modo di operare sugli elementi che costituiscono la pittura"[14].

E poi, anche da oltreconfine, giungevano stimoli da accogliere o vagliare, comunque da calare nel proprio orizzonte. Da noi fu tradotto solo nel 1975, ma de *L'enseignement de la peinture* di Marcelin Pleynet si avvertì l'eco già al momento della sua edizione quattro anni prima[15]. Quel saggio, centrato sul "sistema della pittura" e volto a rileggere il modernismo in chiave tutta strutturalista, rappresentava un canone per il gruppo *Support-Surface*. Il ritorno al quadro con propositi autoriflessivi era quanto apparentava italiani e francesi. Figure come Cane, Devade, Dezeuze e Viallat tuttavia si distinguevano dai nostrani per una più risoluta ambizione teorica, tale da insinuarsi nel politico e dotarsi di una propria rivista. Erano testi ipercolti quelli che, dal 1971, "Peinture. Cahiers théoriques" prese a ospitare: marxismo, strutturalismo, psicanalisi e fede maoista vi si combinavano al servizio di un "materialismo" del quale il lavoro di *Support-Surface* voleva essere espressione[16].

Pratiche

Giunto a una collettiva della nuova pittura, anche il visitatore più edotto poteva tradire legittimi segni di smarrimento: almeno a un primo sguardo, la somiglianza tra i quadri alle pareti era tale da discernere a fatica un autore dall'altro. Tra quei dipinti di grandi dimensioni che dell'impersonalità facevano una cifra, le eccezioni non mancavano, ovviamente. Ma è chiaro che tele scavate all'osso ed esibite nella loro impalcatura approdavano a esiti condivisi: "l'ultimo discorso possibile sulla pittura"[17] – parole di Giulio Carlo Argan – implicava anche questo.

Il vocabolario formale si componeva di pochi lemmi ripetuti con insistenza. Spiccava, per prima cosa, la devozione al quadrato: una figura simmetrica, centrica, antinaturalistica[18]. Bastava questa scelta per attivare una lunga catena di rimandi alla tradizione post Malevič. Nel caso di Verna la tela quadrata si accompagnava a un colore addensato ai margini per marcarne i limiti fisici. Quella stessa figura poteva ripetersi all'interno: ai suoi lati, allora, affioravano i colori di un fondo sottostante così da innescare uno scarto percettivo tra confini reali e quelli virtuali.

Proprio il geometrismo, d'altra parte, garantiva l'uniformità stilistica di molti lavori: comparivano bande, verticali e orizzontali, e soprattutto griglie. Clausola formale del modernismo, la griglia rivendicava l'autonomia del campo pittorico, esprimeva "la volontà di silenzio dell'arte moderna, la sua ostilità nei confronti della 'letteratura', del racconto e del discorso"[19]. Nei quadri di Guarneri la geometria era una presenza indiscussa. Le tracce del compasso utili alla costruzione di figure dalla ritmica regolare o sincopata venivano lasciate a vista, mentre la luce diafana del pastello connotava l'insieme di un certo valore lirico. Le opere di Battaglia muovevano in direzione affine: sempre orizzontali e ampie quanto panorami, ospitavano partiture rettangolari, triangolari o curvilinee. Due *media* diversi per legante, l'olio e la tempera all'uovo, si associavano per ottenere una superficie continuamente variata dall'incidenza luminosa.

Era inoltre prassi comune allestire quelle opere alle pareti secondo lo stesso ordine di esecuzione: il lavoro in serie significava calcolo, metodo, processualità. Significava dar fondo a tutte le combinazioni di un'idea variando in modo magari impercettibile la lunghezza di una linea o l'intensità di un pigmento. "Lavorare con un programma prestabilito – lo aveva ricordato il Sol LeWitt di "Paragraphs on Conceptual Art" – è un sistema per evitare la soggettività"[20]. Così procedeva Enzo Cacciola dal momento in cui iniziò a impastare sulla tela materiali

Carmengloria Morales, *Dittico R 71-10-11*, 1971

vinilici con l'amianto e polvere di cemento. Oppure Gianfranco Zappettini da quando, alla ricerca della luminosità assoluta, addizionava bianco al bianco con il rullo da imbianchino per eludere le implicazioni emotive ancora sottese alla pennellata.

Per i toni abbacinanti, oppure uniformemente abbassati, e il lento affiorare delle forme quei lavori esigevano l'attenzione più vigile. L'occhio doveva adeguarsi alla superficie, esserne irretito e comprendere che non era certo un monocromo quanto all'inizio sembrava tale. È stato, questo, un punto nevralgico della nuova pittura. Criticamente emerso in una mostra d'esordio come *Tempi di percezione*, un esegeta tedesco di corso anche italiano, Klaus Honnef, ne fece il perno di molte riflessioni: con i suoi sofisticati trapassi tonali e luminosi, la nuova pittura eludeva la riproducibilità fotografica, di conseguenza ambiva a non trasformarsi in un feticcio per il mercato[21]. Si chiamava *A lenta percezione* il ciclo iniziato da Paolo Cotani nel 1972: tele dalle tinte fosche saggiavano le soglie della visibilità sfidando l'osservatore a intuire la vibrazione di un tono, l'addensarsi di un pigmento, i passaggi incrociati delle pennellate. Pure i quadri di Claudio Olivieri difettavano di luminosità: la loro sontuosa tessitura pittorica nasceva

Riccardo Guarneri, *Strisce, colore/luce*, 1976

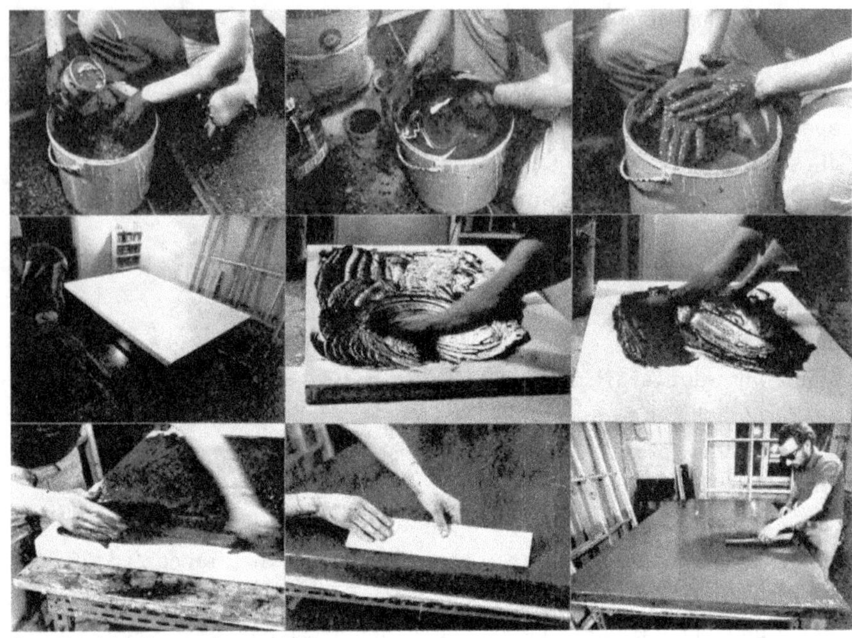

Enzo Cacciola al lavoro, Genova 1975

da strati di colori a olio impastati con trementina e cera vergine. Tra i pochi a ricusare ogni impianto geometrico, Olivieri era riconoscibile per stesure precipitate a cascata che facevano appello a un sublime di ispirazione romantica.

Le prove di Griffa, specialmente, attestavano quanto la nuova pittura riformulasse in chiave critica i canonici strumenti del dipingere. L'artista impiegava tessuti di lino liberi da telaio e in precedenza piegati su se stessi così da imprimere alle fibre la memoria di un gesto minimo. Il passaggio successivo registrava un evento altrettanto elementare: linee tra loro parallele tracciate a pennello le cui lievi irregolarità rinviavano alle vibrazioni della mano. Anche Elio Marchegiani aveva espunto la tradizionale tela da pittore. I suoi segmenti verticali riprendevano i colori dello spettro luminoso. Da un lavoro all'altro mutavano evidenza per effetto del supporto: intonaco, tavola, pergamena o lavagna. Erano invece potenti cortocircuiti visivi quelli cercati da Rodolfo Aricò. Le sue tele centinate, o sagomate a guisa di esagono, cuspide o trapezio, simulavano assonometrie o prospettive la cui spazialità veniva contraddetta da piatte campiture cromatiche. Se Carmengloria Morales manteneva il quadro nelle sue forme più note, le verifiche cui lo sottoponeva attraverso la scelta del dittico erano continue. Una tela intonsa e una dipinta: la dialettica tra due superfici appaiate, identiche per formato ma opposte per trattamento diventava l'espediente per "raddoppiare lo spazio della pittura, per arricchire la pittura senza l'aggiunta di cose"[22]. Marco Gastini impiegava lastre di plexiglass che, a seconda dei cicli, graffiava con una punta metallica, ricopriva di piombo fuso o colmava con ordinate file di punti. La trasparenza del supporto garantiva al quadro un dialogo con l'ambiente che finiva letteralmente al suo interno. Attivo in ambito torinese, Gastini desumeva dalla lezione poverista l'urgenza di caricare il campo d'azione con un'energia fisica quanto mentale. Pur facendo pittura all'ennesima potenza, Pino Pinelli rientrava tra quanti rompevano la consueta confezione del quadro. L'opera, nel suo caso, si moltiplicava in frammenti disseminandosi sulla parete in sequenze curve o lineari. Brani di flanella imbevuta in colori puri assorbivano la luce creando un seducente effetto tattile: "colore, campo, linea, luce, che si compenetrano gli uni agli altri in un tessuto compositivo totale"[23].

Le mostre, la critica

Il decennio si aprì con alcuni eventi sintomatici. L'estate 1970 portò a Mantova *Pittura 70. L'immagine attiva*, un'indagine sull'ultimo astrattismo italiano. Ne era coautore Vittorio Fagone, vi partecipavano anche Olivieri e Valentino Vago. Ordinata da Paolo Fossati, un anno dopo Como ospitò *L'azione concreta* dove figuravano pure Gastini e Griffa. Se queste mostre si distinsero come alternative coraggiose ma ancora sfocate, quelle del 1972 svilupparono invece un discorso più mirato. Ne diede prova *Per pura pittura* che Gianni Contessi curò alla Cappella Underground di Trieste: spiccavano i nomi di Battaglia, Verna e Paolo Patelli. In catalogo Contessi palesava le vicinanze con la *Post Painterly Abstraction* per poi concentrarsi sul "formalismo estremistico" e sull'"impersonalissima austerità" combinati a "un'esaltazione cromatica che raggiunge i toni dell'assoluto"[24].

Fu però il 1973 l'anno di svolta. Da allora le iniziative si inseguirono con frenesia. Scattò la rincorsa al lancio delle personalità, alle etichette, alle possibili sistemazioni critiche. Da Nord a Sud, venne coinvolta l'intera Italia artistica: un ruolo fu preteso pure dai centri finora estranei ai dibattiti più vitali. Le gallerie private intuirono sùbito il potenziale degli eventi, in molti casi ne divennero il motore. La loro programmazione virò sensibilmente: quelle emergenti (la Vinciana a Milano, la Peccolo a Livorno, La Città a Verona, la Plurima a Udine, per esempio) guadagnarono crediti proprio con i nuovi pittori;

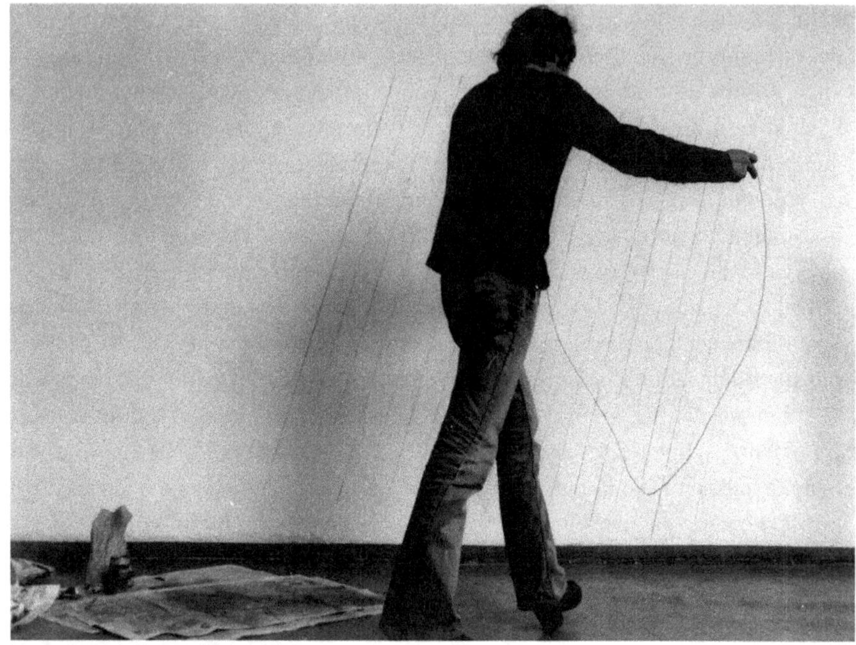

Marco Gastini al lavoro, Torino 1974
Foto di Paolo Mussat Sartor

quelle più che rodate (il Milione a Milano, la Bertesca a Genova, la Marlborough
e la Editalia a Roma) non temettero di affiancarli a ricerche di indirizzo diverso.
Tutte, in ogni caso, mostrarono un'insolita vocazione a fare sistema: anche per
questo molte rassegne divennero itineranti.

Iononrappresentonullaiodipingo è il titolo, e insieme un programma, della
mostra proposta da Maurizio Fagiolo alla galleria La Città. La componeva un
quartetto ideale: Aricò, Battaglia, Griffa e Verna. Alle stesse date, siamo in
primavera-estate, Luigi Lambertini e Lara Vinca Masini presentavano *Tempi
di percezione* alla Casa di cultura di Livorno mentre Marisa Volpi ordinava
Glossario alla Editalia di Roma. Una caratteristica denotava queste uscite e
doveva in seguito ripetersi: agli italiani si assortivano gli stranieri, fossero
americani, francesi o tedeschi. L'intento è palese: dinnanzi a dipinti che per
scelte formali si offrivano senza soluzione di continuità, si voleva dichiarare
l'internazionalità di un'attitudine e, nondimeno, legittimare i nostri ai livelli più
alti. Con una celerità per molti versi irrituale, intanto, anche gli spazi pubblici
avvertirono l'esigenza di sintonizzarsi sul nuovo corso. Nacque un trittico
cruciale: a Bassano, il Museo Civico chiamò Vittorio Fagone e Aldo Passoni

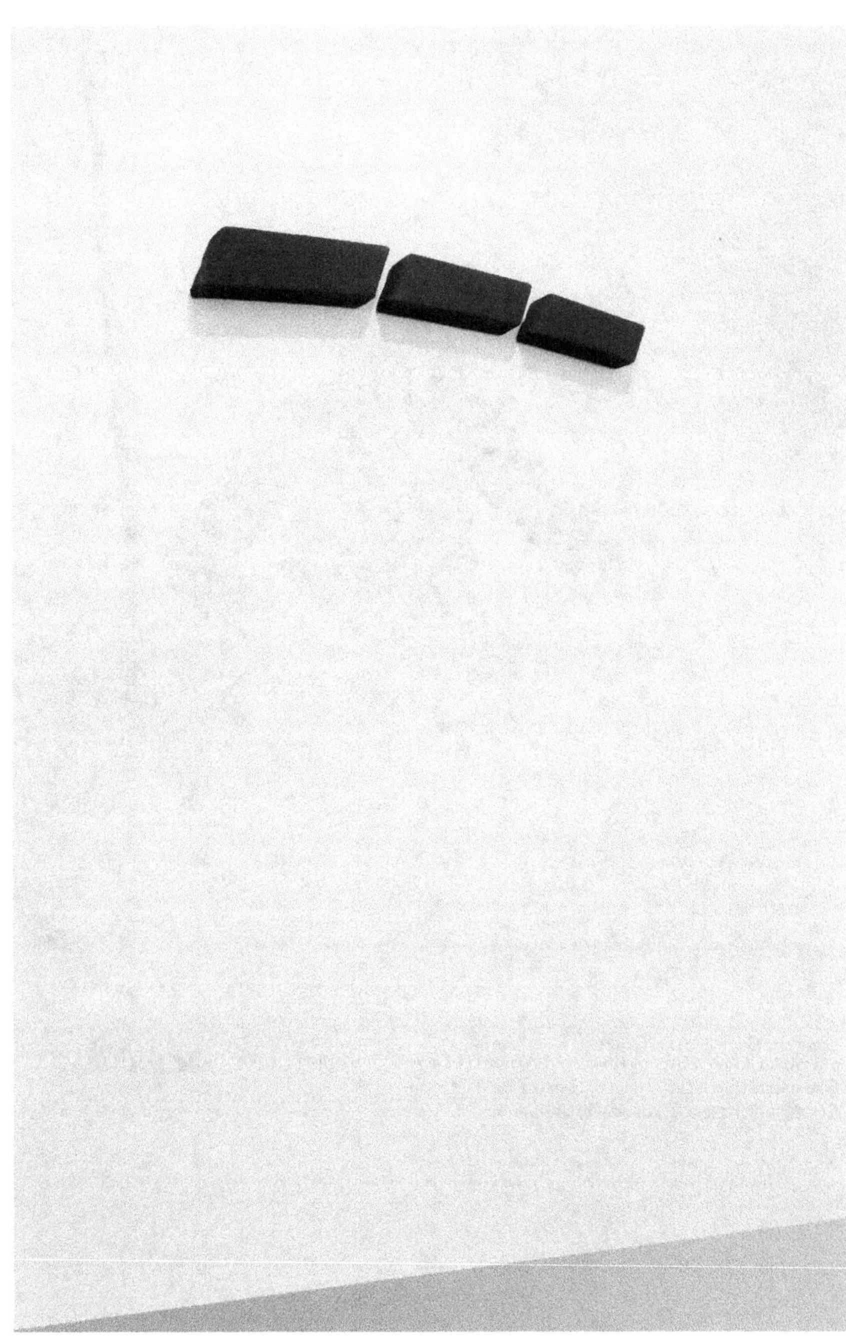

Pino Pinelli, *Pittura GR*, 1976

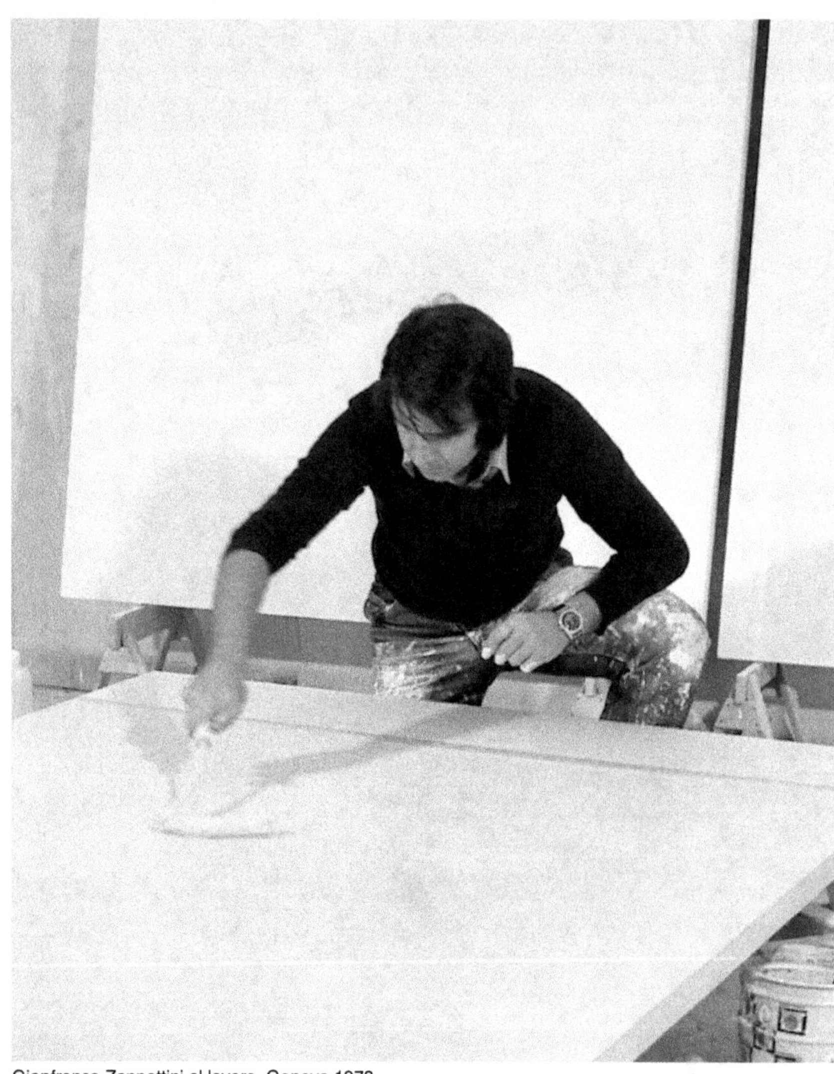

Gianfranco Zappettini al lavoro, Genova 1973
Courtesy Fondazione Zappettini, Chiavari

per *Fare pittura*; a Ferrara, Palazzo dei Diamanti si affidò a Giorgio Cortenova per *Un futuro possibile: nuova pittura*; ad Acireale, infine, la Rassegna internazionale d'arte che lì si teneva da qualche anno incaricò Filiberto Menna, Italo Mussa e Tommaso Trini per *La riflessione sulla pittura*.

Rimane arduo, comunque, riconoscere l'atto fondativo di un fenomeno che si è imposto con una catena di mostre germinate in modo dispersivo, con assortimenti e promotori sempre diversi. Nei tempi a seguire, Roma e Milano avrebbero catalizzato le uscite: tra presenze assidue, inserimenti generosi e scomparse inspiegabili, tuttavia, le rassegne proseguirono con disordine analogo[25]. Perché?

La prima ragione va cercata nell'assenza di un'efficace regìa critica. Costruire un mirato discorso teorico con una sequela di testi, sfrondare i comprimari dai capifila, gestire con calcolo le scelte espositive: nessuno si prestò a queste e a simili operazioni. Il *revival* pittorico di inizio Settanta ha concesso istanti di auge a figure di secondo ordine che non seppero, o non vollero, approfittarne. Ad altri – cioè a Vittorio Fagone, Gianni Contessi, Giorgio Cortenova e Italo Mussa – , ha offerto una visibilità ancora sconosciuta, se non la possibilità di scendere per la prima volta nell'agone della critica. In un caso speciale – quello di Filiberto Menna – ha permesso di licenziare alcune tra le pagine più ispirate di una carriera. Questi nomi hanno però preferito cedersi a turno il testimone: senza mai volerne fare l'oggetto privilegiato della propria militanza. E poi ci sono stati silenzi pesanti quanto scomuniche. Hanno taciuto, a riguardo, Celant, Bonito Oliva, Calvesi, Boatto, Barilli, Vergine: figure, al tempo, tutte impegnate su altri fronti. Con le eccezioni di Menna e Trini, è dunque rimasto insensibile il fuoco di fila dal quale, in misura e a latitudini diverse, di fatto dipendeva il diagramma delle fortune nazionali.

I conti, parimenti, vanno sbrigati anche sul tavolo degli artisti. Non era certo agile irreggimentare personalità mature per età e corso professionale: ognuna delle quali, proprio per questo, si ostinava a vantare la propria alterità a scapito di una linea comune. Come non bastasse, l'aggravante derivava da una neanche troppo latente logica degli schieramenti interni. È un'animosità incline all'astio – verso i colleghi, gli interpreti, le definizioni cangianti – quella che infatti trasuda dalle dichiarazioni coeve e deve aver concesso ben pochi margini alla coesione corporativa.

La mancanza di un ideologo di spicco, l'assenza di una compagine effettiva, la difficoltà di stabilire un nome condiviso[26]: credo vi sia stato un motivo non proprio aleatorio al fondo di ciò. Diversamente dal precedente, l'Ottavo decennio non favorì la nascita di gruppi guidati da critici. Occorse attendere il 1979 perché se ne imponesse uno, quello della Transavanguardia. È sufficiente ascoltare le voci dell'epoca per intuirne le cause. Le neoavanguardie si erano fatte carico di un rinnovamento dei valori, artistici quanto esistenziali: già il dopo Sessantotto aveva però svelato approdi molto diversi. Non furono in pochi a vivere quel passaggio come un tradimento: querimonie e consuntivi in perdita fanno da basso continuo a tutto il dibattito di inizio decennio[27]. E quanto fossero divenuti impraticabili i modi finora invalsi nella promozione artistica lo spiegava bene Germano Celant nel gesto pubblico col quale, nel marzo 1971, si congedava amaramente dalla sua stessa arte povera[28].

Eppure sulla nuova pittura si scrisse moltissimo. Per quanto congestionate da un lessico di conio semiologico e talvolta marxista, siffatte scritture appaiono istruttive, nei casi migliori addirittura rassicuranti. Alla prova dei fatti, tuttavia, può capitare di trovarle clamorosamente invalidate. Il caso di una figura di sicuro valore come Carlo Battaglia è emblematico. Egli ha sempre rivendicato un coefficiente lirico ed emotivo, per quanto raffreddato, alla base delle proprie tele. Il resto – a voler credere alle sue parole – lo ha invece dissuaso: "Non ho mai creduto in un'operazione metalinguistica, che mi vede anzi profondamente ostile. Non credo a una 'indagine sugli strumenti' come 'soggetto' del lavoro"[29]. Per quanto spiazzanti, a queste e simili uscite gli interpreti non daranno troppo peso: neppure quando, col tempo, le si vedrà accumulare in tale copia da scoraggiare ogni possibile discorso comune[30].

Il lavoro al centro

A torso nudo, tracciano segni su un supporto adagiato al suolo (Griffa). Direttamente con le mani, impastano il cemento poi steso e lisciato sulla tela (Cacciola). Con la pistola a spruzzo, distribuiscono il colore con movimenti verticali (Olivieri). Inginocchiati a terra, sagomano i profili di una garza da incollare (Cotani). Muniti di cerchiografo, allineano sulla parete una fitta teoria di punti (Gastini). Non a caso i pittori hanno corredato le presenze sulla pubblicistica con istantanee che li ritraggono febbrilmente all'opera. Una perizia artigiana, prima ancora che artistica, emerge da quella galleria fotografica allestita per esaltare il rapporto muscolare tra artefice e prodotto. Colpisce l'operosità di chi, nella pittura, identifica soprattutto un lavoro, un esercizio quotidiano dotato di un intrinseco coefficiente etico.

Era stato il Sessantotto a rinnovare il mito dell'artista impegnato socialmente e votato ai fatti dell'attualità. Quella che Pierre Restany chiamò sùbito "maturità politica dell'artista"[31] impose la coscienza del proprio *status* di integrato al pari di ogni altra figura borghese. Ispirati dalle teorie marcusiane, per molti contestazione significò aprirsi alle forme dell'*happening* e dell'azione collettiva. Ai più infervorati parve necessario allontanarsi dalla causa artistica per darsi alla militanza extraparlamentare *strictu sensu*. In un caso come nell'altro, quello stato di tensione consentì finalmente di "portare l'arte alla vita, ma non più sotto metafora"[32], come aveva auspicato Michelangelo Pistoletto in un libriccino che fece proseliti.

Già al principio del nuovo decennio, tuttavia, le cose subirono una correzione di tiro. A fronte del mancato sbocco rivoluzionario e dell'involuzione terroristica, nel Paese si aprì la stagione dei ripensamenti. Era un "ritorno allo specifico" quanto si prese a invocare tra molti protagonisti della cultura[33]. Guadagnava campo l'idea che solo tornando nel solco della propria professione si poteva garantire un contributo al miglioramento della società. Non era un atteggiamento dimissionario: si trattava piuttosto di confidare nei tempi lunghi necessari all'azione riformista e di assolvere le proprie passioni politiche senza per forza intrecciarle alla sfera dell'arte. Di questa fatale ripresa dei ruoli, la nuova pittura è stata l'evento più sintomatico.

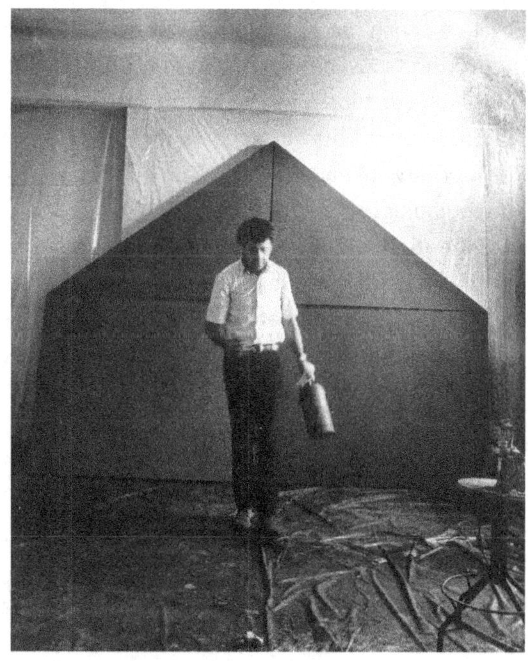

Rodolfo Aricò al lavoro, Milano 1974
Courtesy Archivio Rodolfo Aricò

"Quando affronto un lavoro – ha dichiarato Griffa nel 1973 – non propongo un'altra utopia storica, ma semplicemente tiro del colore sulla tela e basta. Scelgo coscientemente di privare il lavoro di ogni connotazione che riguardi sia un'ipotesi sociale, sia la sensibilità personale. Cerco di raggiungere il massimo grado di coscienza su questa attività di stendere il colore"[34]. Il passaggio dell'artista torinese è formidabile, e non solo perché ne riassume l'intera poetica. Nessuno, appena qualche stagione prima, avrebbe potuto pronunciarlo: ora lo sottoscrivono quanti al vagheggiamento di un'"utopia storica" preferiscono la cognizione più strenua del proprio lavoro.

Dinnanzi alla difficoltà di esprimere concetti così complessi, gli artisti hanno trovato sostegno nella scrittura pubblica. Nella forma del testo programmatico, della dichiarazione o dell'intervista, è usuale incontrarla al fianco delle opere edite su riviste e cataloghi. Scrivere, per l'artista di inizio Settanta, è una pratica intellettuale dai tanti significati. Va chiarito a parole ciò che le forme ermetiche di un lavoro non possono spiegare; c'è poi da esibire la propria *vis* polemica combinata a un'insoddisfazione perenne; nondimeno occorre allinearsi a quei concettuali che avevano dato dignità di opera a dichiarazioni, enunciati o regesti. Scrivere con tanta solerzia, soprattutto, è la spia di un disagio. Al cospetto di un collegio critico che sovente si reputa inetto e al quale solo di malavoglia si cede la delega di rappresentanza, non resta infatti che armarsi di carta e penna per esprimere direttamente la propria visione del mondo.

Proprio i nuovi pittori sono stati i più prolifici redattori di pagine della stagione. Sfrondata da teorie, perifrasi cautelative e varie professioni di fede, è norma che la loro prosa insista sul discorso tecnico. Messe a verbale con puntiglio didattico, le informazioni sulla fattura di un quadro certificano una disciplina sottratta ad atteggiamenti mitici. Caduto il primato romantico dell'artista autore di gesti eccellenti, rimane un mestiere da adempiere nei suoi aspetti più concreti. Per chi vi si intrattiene, l'impressione è quella di misurarsi con un disciplinare che non ammette troppe deroghe. Le due pagine riservate da "Flash Art" a Rodolfo Aricò nella primavera 1974 rappresentano a riguardo un documento efficace. Eccone uno stralcio:

"A) Stendo la tela sui telai che non sempre preparo con vinavil: è una scelta che influenzerà il colore da applicare.

B) Preparo due, tre, quattro colori nella quantità di circa un litro o più, l'uno. In alcuni la percentuale d'acqua (uso colori acrilici) è maggiore in un colore che in un altro; il quale non sarà necessariamente molto dissimile.

C) Verso il colore in una pompa, di quelle che usano i contadini per ramare le viti. Attribuisco a questo mezzo così vecchio ed empirico un calore umano che me lo rende familiare. Vi immetto una quantità d'aria: l'esperienza mi ha insegnato a contare i colpi di pressione utili per una intensità debole, media o forte, così da ottenere un getto variato di colore.
- Il lavoro è alquanto laborioso, poiché dopo aver riversato il colore restante nel recipiente che lo conteneva, devo lavare la capiente pompa perché riceva il successivo colore il più possibile non contaminato dal precedente.
- Riverso il nuovo colore più o meno ricco d'acqua e spruzzo sulla tela ancora bagnata da quello precedente.
- E così via per i colori preventivati o altri che decido alternativi nel corso del lavoro"[35].

La prospettiva di Aricò nell'esporre la gestazione dei propri quadri, dunque, è quella di chi ha mani e occhi squisitamente interni. È un approccio condiviso nella coeva comunità di artisti: stupisce confrontarlo con gli atteggiamenti esibiti sullo stesso tema appena qualche stagione innanzi[36]. Nel frattempo pensiero e mestiere, ragionamento e pratica artigianale avevano garantito alla pittura nuove vie per rinnovarsi.

1. Bonomi Giorgio (a cura di), *Pittura 70. Pittura pittura e astrazione analitica*, catalogo della mostra, Edizioni della Fondazione Zappettini, Chiavari 2004; Rigoni Alberto, *La nuova pittura in Italia. Pittura-pittura e pittura analitica, 1972-1978*, Edizioni della Fondazione Zappettini, Chiavari 2007; Cerritelli Claudio, *Pittura aniconica. Arte e critica in Italia, 1968-2007*, Mazzotta, Milano 2008; Feierabend V. W. – Meneguzzo M. (a cura di), *Pittura analitica*, Silvana Editoriale, Cinisello Balsamo 2008; Rigoni Alberto, *Le superfici opache della pittura analitica*, Edizione della Fondazione Zappettini, Chiavari 2009; Solimano Sandra (a cura di), *Pensare pittura. Una linea internazionale di ricerca negli anni Settanta*, catalogo della mostra, Silvana Editoriale, Cinisello Balsamo 2009.

2. Dichiarazione datata ottobre 1973, in *Un artista dipinge per avere qualcosa da guardare*, catalogo della mostra, Edizioni della Galleria Vinciana, Milano 1973, p. n.n.

3. Riout Denis, *La peinture monochrome. Histoire et archéologie d'un genre*, Chambon, Nîmes 2003.

4. Alloway Lawrence (a cura di), *Systemic Painting*, catalogo della mostra, Guggenheim Museum, New York 1966. Cfr. anche Rorimer Anne, *New Art in the 60s and 70s. Redefining reality*, Thames & Hudson, Londra 2001. Specie sulla scena newyorkese, cfr. Siegel Katy (a cura di), *High Times, Hard Times. New York Painting, 1967-1975*, Independent Curators, New York 2006.

5. Vivaldi Cesare, "Nuovo astrattismo romano", in "Collage", n. 8, dicembre 1968, pp. 78-79.

6. Il dato emerge in Fagiolo M. – Battaglia C., "Che cosa dipingo? Dipingo", in "Bolaffi Arte", n. 50, maggio-giugno 1975, p. 64. Cfr. inoltre Fagiolo Maurizio, "La pittura pittura", in "Capitolium", n. 1, aprile-maggio 1973, pp. 56-60.

7. Trini Tommaso, "Strategie dopo le avanguardie", in "Data", n. 10, inverno 1973, pp. 34-39.

8. Menna Filiberto, *La linea analitica dell'arte moderna. Le figure e le icone*, Einaudi, Torino 1975, p. 83. Dello stesso autore cfr. anche *La nuova pittura*, vol. 110 della collana *L'arte moderna*, Fabbri Editori, Milano 1977.

9. Sul critico, cfr. Trimarco Angelo, *Filiberto Menna. Arte e critica d'arte in Italia. 1960/1980*, La città del sole, Napoli 2008 e inoltre Cascavilla Arcangela (a cura di), *Bibliografia degli scritti di Filiberto Menna, 1958-1989*, Edizioni 10/17, Salerno 1991.

10. Lippard Lucy, *Six Years: the Dematerialization of the Art Object from 1966 to 1972*, University of California Press, Berkeley-Los Angeles 1973.

11. Lara Vinca Masini, in Peccolo Roberto (a cura di), *Tempi di percezione*, catalogo della mostra, Livorno 1973, p. n.n.

12. Celant Germano, *Giulio Paolini*, Sonnabend Press, New York-Parigi 1972; Trini Tommaso, "Giulio Paolini, un decennio", in "Data", nn. 7-8, estate 1973 pp. 60-67 (parte I) e n. 9, autunno 1973, pp. 38-41 (parte II).

13. Al n. 91 di Feierabend V. W. – Meneguzzo M. (a cura di), *Claudio Verna, catalogo ragionato*, Silvana Editoriale, Cinisello Balsamo 2010.

14. Marco Gastini in Crispolti Enrico (a cura di), *Oltre il concettuale*, pieghevole della mostra, Edizioni della Galleria Blu, Milano 1974, p. n.n.

15. Pleynet Marcelin, *L'insegnamento della pittura*, Mazzotta, Milano 1975.

16. *Les années Supports/Surfaces dans le collection du Centre Georges Pompidou*, catalogo della mostra, Centre Pompidou, Parigi 1998.

17. Argan Giulio Carlo, Prefazione, in Mussa Italo (a cura di), *I colori della pittura. Una situazione europea*, catalogo della mostra, s.e., Roma 1976, p. 21.

18. Sulle proprietà percettive del quadrato, cfr. il classico Arnheim Rudolf, *The Power of the Center. A Study of Composition in the Visual Arts*, University of California Press, Berkeley-Los Angeles, 1982 [trad. it.: *Il potere del centro. Psicologia della composizione nelle arti*, Einaudi, Torino 1984, pp. 157-172].

19. Krauss Rosalind, "Grids", in *The Originality of the Avante-Garde and Other Modernist Myths*, MIT Press, Cambridge 1985 [trad. it.: "Griglie", in *L'originalità dell'avanguardia, e altri miti modernisti*, Fazi, Roma 2007, p. 13].

20. LeWitt Sol, "Paragraphs on Conceptual Art", in "Artforum", vol. V, n. 10, 1967, pp. 79-84.

21. Honnef Klaus, *Pittura programmata. Tentativo di definire un tema*, in *Geplante Malerei*, catalogo della mostra, Monaco 1974, p. 347. "La nuova pittura – ha chiosato a sua volta Fagiolo – raggiunge il più alto traguardo che un lavoro estetico possa aspirare: l'opera d'arte come evasione dalla dorata schiavitù della riproducibilità tecnica", in Fagiolo M. – Battaglia C., *Che cosa dipingo?... cit.*, p. 64.

22. Dichiarazione dell'artista in Feierabend V. W. – Meneguzzo M. (a cura di), *op. cit.*, p. 330.

23. Dichiarazione dell'artista datata gennaio 1974, in "Flash Art", nn. 44-45, aprile 1974, p. 12.

24. Contessi Gianni, *Per pura pittura. Appunti sulla nuova astrazione in Italia*, in *Per pura pittura*, catalogo della mostra, Trieste 1972, p. n.n.

25. Un regesto esaustivo delle uscite è oggi in Feierabend V. W. – Meneguzzo M. (a cura di), *op. cit.*, pp. 216-219.

26. Sulle molte definizioni date al fenomeno cfr. Rigoni Alberto, *op. cit.*, pp. 34-37.

27. I documenti di prima mano a riguardo sarebbero copiosi, qui bastino: Vergine Lea, "I chierici continuano a tradire", in "Ubu", n. 4, marzo 1971, pp. 17-18; Battisti Eugenio, "Una funzione da riscoprire", in "Marcatre", nuova serie, nn. 6-7, s.d. (ma 1971), pp. 76-77; Natali Aurelio, "Linguaggio e crisi dell'arte", in "L'uomo e l'arte", n. 7, dicembre 1971, pp. 3-4.

28. Celant Germano, "Senza titolo", in "Domus", n. 496, marzo 1971, pp. 47-48.

29. Battaglia Carlo, *La disciplina della pittura*, in Teodoro C. Federico (a cura di), *Cronaca. Percorso didattico attraverso la pittura americana degli anni 60 e la pittura europea degli anni 70*, catalogo della mostra, Cooptip, Modena 1976, p. 59.

30. Ecco un piccolo florilegio polemico: "Il concetto di indagine implica un comportamento attivo, di critica, di analisi o ricerca sui mezzi che si usano, sulle loro connotazioni fisiche e sulle loro possibilità virtuali. Nel mio lavoro non mi pare ci sia questo atteggiamento", Giorgio Griffa, in Mussa Italo (a cura di), *La riflessione...* cit., p. n.n. "Troppo spesso la pittura che si dice nuova mi sembra pesantemente tributaria di vecchie regole o di rigori scolastici che ne fanno spesso un caso di restaurazione reazionaria", Claudio Olivieri, "La continua alterità", in "Data", n.13, autunno 1973, p. 44. "Non credo al ritorno alla pittura come viene proposto. E poi non mi pare ci sia molto in comune fra quello che faccio io e il modo di intendere la pittura che si dà oggi" Marco Gastini, in Fossati Paolo (a cura di), *Marco Gastini*, catalogo della mostra, Galleria Battello, Torino 1974, p. n.n.

31. Restany Pierre, *Libro bianco*, ed. della galleria Apollinaire, Milano 1969 (ma scritto nell'estate 1968), p. 22.

32. Pistoletto Michelangelo, *Le ultime parole famose*, stampato in proprio dall'autore, Torino 1967, p. n.n.

33. Cfr. Prandstraller Gian Paolo, *Arte come professione*, Marsilio, Venezia-Padova 1974, in particolare il capitolo *Ricupero della professionalità?*, pp. 97-124. Per un quadro storico, ideologico e sociale della stagione: Ventrone Angelo, *"Vogliamo tutto". Perché due generazioni hanno creduto nella rivoluzione 1960-1988*, Laterza, Bari-Roma 2012.

34. "Come e perché dipingono. Dialogo di Carlo Battaglia, Giorgio Griffa e Claudio Verna", in "Data", nn. 7-8, estate 1973, p. 52.

35. Aricò Rodolfo, in "Flash Art", nn. 46-47, giugno 1974, p. 12.

36. Interrogati a riguardo nella primavera 1968 molti artisti avevano glissato preferendo ricondurre il proprio lavoro a questioni più ideali, cfr. Lonzi C. – Volpi Orlandini M. – Trini T. (a cura di), "Tecniche e materiali", in "Marcatre", nn. 37-40, maggio 1968, pp. 66-85.

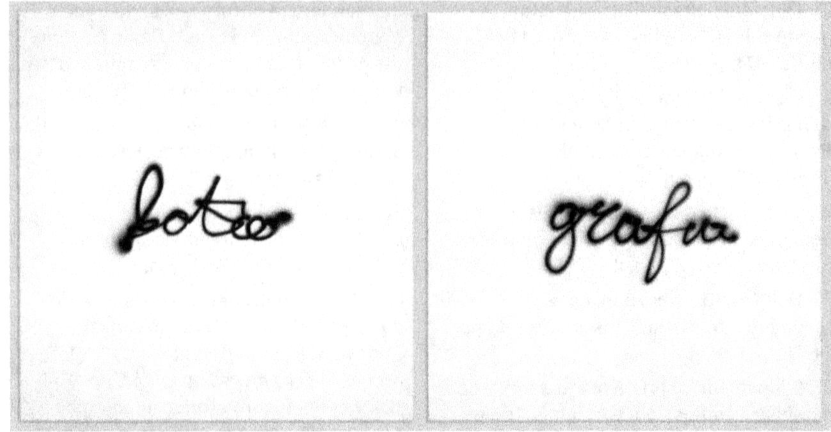

Bruno Di Bello, *Foto/grafia*, 1976
tela fotografica, due elementi di 120 x 120 cm. ciascuno

Sulla fotografia, con la fotografia.
La riflessione intorno all'immagine e al procedimento fotografico nelle opere di alcuni protagonisti della cultura visiva tra gli anni Sessanta e Settanta in Italia

CRISTINA CASERO

Esaurite tutte le possibilità, nel momento in cui il cerchio si chiudeva su se stesso, Antonino capì che fotografare fotografie era la sola via che gli restava, anzi la vera via che lui aveva oscuramente cercato fino allora.
Italo Calvino[1]

Una riflessione sul linguaggio fotografico in seno alle ricerche espressive in Italia tra gli anni Sessanta e Settanta conduce, necessariamente, a riconoscere il ruolo da protagonista che la fotografia va assumendo nel lavoro di molti artisti e, parallelamente, alla constatazione di come siano pochi gli autori che non hanno mai fatto ricorso, sebbene in molti casi non in maniera esclusiva, al mezzo fotografico o all'immagine, anche realizzata da altri.

Se la fotografia viene usata come mezzo di documentazione delle *performance* e di tutte quelle esperienze artistiche, sempre più diffuse, che non si risolvono in un'opera intesa nel senso più tradizionale del termine, è indubbio che, già a partire dai finali anni Sessanta, sono sempre più numerosi gli artisti che ricorrono alla fotografia in quanto forma espressiva particolarmente congeniale alle loro ricerche. Come giustamente nota Roberta Valtorta, "si avvia proprio allora quel processo di compenetrazione tra media artistici non solo sul piano tecnico e operativo ma anche e soprattutto su quello dell'intenzionalità, che impedirà in seguito, dagli anni Ottanta in avanti, di porre distinzioni tra fotografo e artista e di immaginare ancora 'combattimenti' tra pittura e fotografia"[2].

Una così capillare diffusione della fotografia in ambito artistico[3] si coniuga con un vivo interesse nei confronti dell'immagine fotografica, declinato sul piano teorico, sia in senso critico, filosofico e sociologico[4], sia sul piano della pura indagine storica. I numerosi contributi che indagano la natura della fotografia, pur secondo differenti inclinazioni, ne mettono in luce soprattutto il complesso e ambiguo rapporto con il referente, destituendone, decisamente quanto definitivamente, la fama di documento oggettivo, che risolverebbe il suo rapporto con il reale trascrivendolo meramente. L'attenzione verso questa forma comunicativa si traduce anche nell'urgenza di restituire a quel procedimento affascinante e misterioso una storia. Nel 1967, "Ulisse" dedica un intero numero alla fotografia con 23 saggi che la analizzano da differenti punti di vista sotto il titolo *Cento anni di fotografia*[5]. Una rilettura storica, oltre che critica, che ha l'obiettivo di fare luce su un mezzo espressivo tanto diffuso, ma paradossalmente ancora poco conosciuto.

Quasi simbolicamente, gli anni Settanta si chiudono con un'importante iniziativa: *Venezia 79. La fotografia*[6]. Tra le numerose mostre che collaborano a dar vita a questa rassegna, importante ed epocale, accanto agli affondi monografici dedicati ai maestri internazionali[7], c'è una esposizione incentrata sulla *Fotografia italiana contemporanea*. Curata da Italo Zannier, essa presenta opere realizzate da "quarantaquattro fotografi italiani, individuati tra coloro che hanno efficacemente caratterizzato lo sviluppo storico della fotografia italiana, dal 1945 a oggi"[8]. Basta scorrere l'elenco degli invitati[9] per comprendere come la mostra abbia la sua ragione d'essere soprattutto nell'intenzione di fare il punto sullo stato dell'arte. Ci sono fotografi di diverse generazioni e autori che hanno inteso la fotografia in accezioni differenti, dal puro reportage alla sperimentazione linguistica.

Nell'ampiezza della mostra e nell'ambizione che ne caratterizza l'impianto si sente l'eco di un'altra importante rassegna tenutasi nella primavera del 1973, questa volta a Torino, che aveva però un taglio più specifico: *Combattimento per un'immagine*[10]. L'idea di questa mostra è originale, innovativa e affronta un tema che, evidentemente, ormai è di estremo interesse[11]: come subito nota Renato Barilli, non si poteva "scegliere un tema più attuale e urgente su tutti i piani d'indagine: da quello storico, di una vivace e drammatica storia della cultura, a quello pratico operativo, di una altrettanto vivace ricerca sulle tecniche delle avanguardie, di ieri come di oggi"[12]. Pur essendo una rassegna a matrice fondamentalmente storica, che indaga i rapporti tra arte e fotografia ad ampio raggio e con grande spazio dedicato all'Ottocento[13], essa si colloca anche nel pieno del dibattito contemporaneo intorno all'immagine fotografica, come ricorda Palazzoli, co-curatrice della mostra: "[...] ci si è accorti che il potere va smascherato [...] nei meccanismi di comportamento, che sono poi di carattere concettuale, intellettuale, economico, sociale e politico. In fondo, il filo conduttore della mostra era proprio questa storia"[14]. Nel testo in catalogo, la studiosa ha sinteticamente ricostruito la storia degli intrecci, più che del combattimento citato nel titolo, e dei reciproci arricchimenti che costellano la dialettica relazione tra l'arte e la fotografia, concludendo con una considerazione sul ruolo della fotografia nel contemporaneo[15], ritenuta importante poiché "interviene come un ideogramma dell'informazione, come un concentrato delle possibilità della fotografia di essere oggetto e soggetto al tempo stesso. Per quanto il ruolo sintetico che si arroga induca questo tipo di arte a essere spesso astratta e non produca quelle soddisfazioni sensoriali cui altre forme artistiche ci hanno abituato, non per questo essa partecipa di meno alla dialettica delle forze in gioco"[16]. In effetti, possiamo dire che entra in gioco addirittura da protagonista, e non solo come immagine "astratta".

Non è questa la sede per affrontare in tutta la sua articolata ampiezza una questione di tale rilevanza, ma per comprendere alcuni importanti cambiamenti nel modo di intendere la fotografia, che si sono sviluppati proprio nel corso degli anni Settanta, mi pare interessante proporre una breve riflessione su come e in quali termini essa sia stata oggetto da parte di artisti e fotografi, di una attenta, anche quando implicita, analisi. Molti, infatti, non si sono limitati a sfruttarne le potenzialità espressive e le valenze concettuali ma si sono interrogati sulla sua natura e sui suoi caratteri, in sintonia con quanto stava accadendo sul piano critico e storico. Atteggiamento, questo, particolarmente significativo soprattutto in un momento in cui non basta affermare che la fotografia diventa uno dei media più diffusi tra gli artisti, ma accade qualche cosa di più importante[17]. In questa congiuntura culturale, il nesso tra arte e fotografia si rivela, infatti, quanto mai profondo e sostanziale. Secondo Claudio Marra la stretta connessione che si viene a creare è il risultato di un lungo processo, tutto interno allo sviluppo delle vicende artistiche nel corso del Novecento, che prende il via nell'età delle avanguardie storiche e arriva al suo culmine negli anni Settanta. Le ragioni di questo connubio stanno nel fatto che la fotografia è "prelievo allo stato puro, è clonatura assoluta e immediata, potenzialmente non inquinata dall'intervento della mano e dunque complice ideale per quella tensione concettuale tanto manifestata da tutta l'arte del Novecento"[18]. In un momento in cui buona parte delle più innovative esperienze artistiche stanno recuperando il verbo duchampiano, la fotografia diventerebbe quindi un mezzo necessariamente, fisiologicamente, adatto ad essere impiegato. Il rapporto tra la natura del ready made e quella della fotografia è stato al centro di un ampio e approfondito dibattito teorico, con interventi di fondamentale portata, come quelli di Rosalind Krauss. Pur non addentrandoci qui in una questione tanto complessa, sicuramente dobbiamo ricordare che in Italia è proprio un fotografo, Ugo Mulas, tra i più lucidi teorici sul mezzo, a proporre tra i primi un esplicito parallelo tra la natura dell'operazione fotografica e il procedimento duchampiano, considerando l'atteggiamento verso il reale sotteso alla scelta del fotografo simile a quello che sta alla base del prelievo dadaista. Nel 1973, in un testo che si pone in guisa di consuntivo della sua esperienza di fotografo, scrive: "al fotografo il compito di individuare una sua realtà, alla macchina quello di registrarla nella sua totalità. Due operazioni strettamente connesse ma anche distinte che, curiosamente, richiamano nella pratica certe operazioni messe a punto da alcuni artisti negli anni Venti: penso ai ready made di Marcel Duchamp, a certi oggetti di Man Ray, dove l'intervento dell'artista era del tutto irrilevante sotto l'aspetto operativo, consistendo nell'individuazione concettuale di una realtà già materializzata che bastava indicare perché prendesse a vivere in una dimensione 'altra' [...]"[19]. Un'affermazione, questa, che sottintende in realtà un'idea della fotografia, o meglio del processo fotografico, molto interessante, che di fatto si allontana definitivamente dall'idea che l'immagine fotografica possa essere una trascrizione del referente: la fotografia, al contrario, isolando il soggetto 'indicato' dalla trama della realtà che lo contiene, traduce il brano di reale in una 'dimensione altra'[20]. Tale concezione è, a sua volta, alla base della ricerca che ha condotto Mulas alle celebri *Verifiche* che, "essenziali ai fini della sua opera", "nate dal laboratorio, realizzate nello spazio critico che c'è tra il fotografo e le sue macchine, e non oltre queste protesi dell'occhio, contengono in forma didattica [...] il pensiero di un fotografo creatore, pareggiato con quello di vecchie (Duchamp) e recenti (concettualismo) forme analitiche dell'arte"[21]. Se è fondamentale il contributo di Mulas alla riflessione sul linguaggio fotografico è proprio perché attraverso questi lavori il suo pensiero si esprime nella concretezza del fare, nella pratica della fotografia condotta con chiari accenti di marca concettuale, in termini autoriflessivi e metalinguistici: le *Verifiche* sono, come giustamente nota Paola Mattioli, una "analisi fenomenologica attraverso le immagini"[22]. Che nonostante l'evidente rapporto di analogia tra l'immagine fotografica e il suo soggetto essa non si possa considerare una semplice copia della realtà è cosa nota, da tempo; il livello del ragionamento di Mulas è, però, differente perché conduce il discorso all'interno della macchina, concentrandosi sul suo funzionamento, sentito quasi come autonomo e caratterizzato da elementi specifici. Mulas, di fatto, ribalta il piano tradizionale dell'analisi, che ha finora postulato l'impossibilità di una totale adesione del mezzo alla realtà per via della presenza dell'autore, che automaticamente compie delle scelte annullando così la neutralità della visione, messa in discussione anche dal contesto in cui viene proposta l'immagine, che necessariamente ne condiziona la lettura. Egli, al contrario, con le sue *Verifiche* arriva ad argomentare a 360 gradi l'impossibilità del fotografo di determinare completamente il risultato, di prescindere dalle caratteristiche intrinseche dell'immagine e del procedimento fotografico. Altro che neutralità del mezzo meccanico. Quella leggera sfasatura che necessariamente si frappone tra la realtà e la sua traduzione fotografica non dipende esclusivamente dall'intervento esterno dell'autore, ma è un fatto tutto interno al mezzo, insito nella macchina stessa, come bene spiegherà anche Franco Vaccari, elaborando il concetto di inconscio tecnologico[23]: "l'inconscio è un centro di attività produttiva indipendente dalla struttura, dà una forma, agli elementi inarticolati che lo attraversano [...]. L'inconscio tecnologico non deve essere interpretato come pura estensione e potenziamento di facoltà umane, ma bisogna vedere nello strumento una capacità di azione autonoma; tutto avviene come se la macchina fosse un frammento di inconscio in attività"[24]. Pensando alla fotografia, bisogna quindi abbandonare il "continuo e implicito riferimento all'uomo, per sostenere un radicale spostamento del punto di osservazione verso lo strumento, che deve essere visto come dotato di un'autonoma capacità di organizzazione dell'immagine

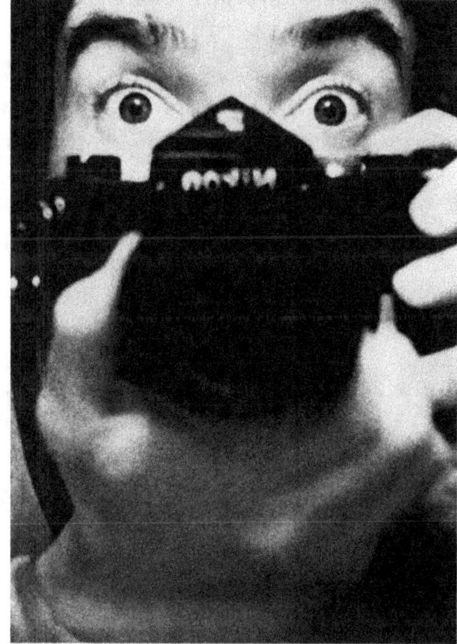

Mario Cresci, *Autoritratto*, 1969
stampa fotografica su carta baritata,
cm. 30 x 40

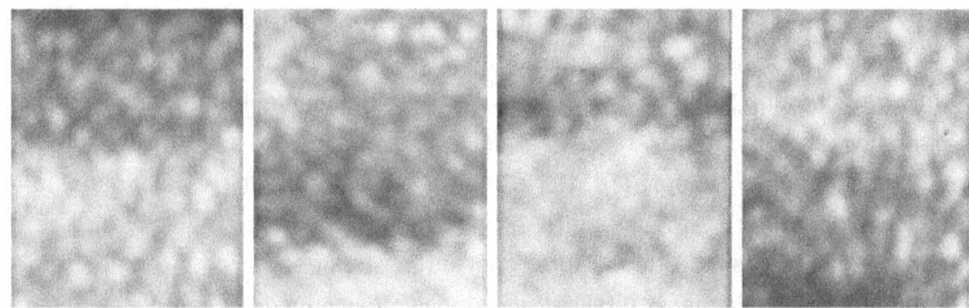

Giulio Paolini, *Quattro fotogrammi della luce (12/5/69)*, 1969, fotografia su tela emulsionata, quattro elementi di 25 x 20 cm. ciascuno, BSI Art Collection. Courtesy Archivio Giulio Paolini

in forme che sono già strutturate simbolicamente, indipendentemente dall'intervento del soggetto. All'inconscio ottico di Benjamin con polarità sull'umano suggeriamo di aggiungere l'inconscio tecnologico con polarità sullo strumento"[25].

La macchina, quindi, struttura lo sguardo del fotografo sul mondo, si frappone necessariamente come presenza ineludibile tra lui e la realtà. Questo è quanto sembrano suggerire, neanche tanto metaforicamente, una delle *Verifiche* di Mulas, *L'operazione fotografica. Autoritratto per Lee Friedlander*, e anche l'autoritratto che Mario Cresci ha realizzato per il suo *environment* del 1969 alla Galleria del Diaframma di Milano.

Infatti, sebbene le *Verifiche* siano un lavoro unico e originale, per l'articolazione e per la profondità dell'analisi, che si concentra esclusivamente ed esaustivamente sui principali elementi tecnici e linguistici intrinseci alla fotografia, non sono mancate, anche in momenti lievemente precedenti, opere di artisti e fotografi che hanno condotto riflessioni analoghe, o che comunque si sono interrogati intorno alla fotografia, contribuendo con i loro lavori a mettere in campo una nuova concezione dell'immagine e del procedimento fotografico.

Penso a Giulio Paolini, artista che usa in più occasioni la fotografia, alla quale attribuisce un ruolo fondamentale, proprio per le questioni che interessano a noi: perché ritiene che abbia "una funzione determinativa ma anche una funzione critica che ci permette di 'parlare' dell'immagine"[26].

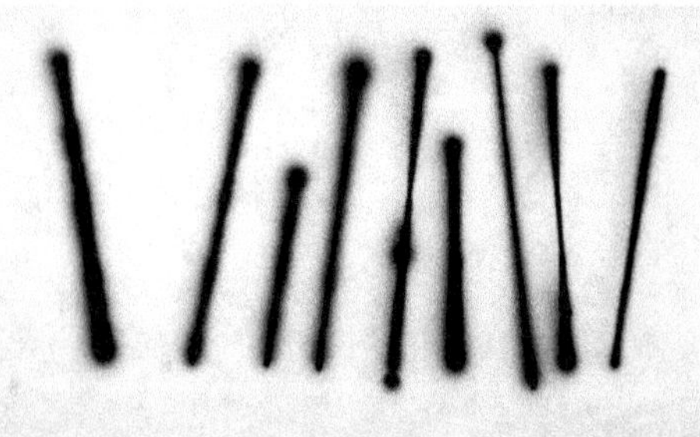

Bruno Di Bello, *Black poles,* 1976
tela fotografica, 120 x 200 cm.

Ancora prima di realizzare celebri opere, quali *Giovane che guarda Lorenzo Lotto* (1967) e *L'ultimo quadro di Velasquez* (1968), nelle quali Paolini ragiona sullo sguardo e sul guardare, credo opportuno ricordare i *Fotogrammi della luce*, lavori nei quali arriva ad esiti che anticipano testualmente le interessanti riflessioni di Mulas sull'ingrandimento[27].

In questa serie di opere, Paolini traduce su tela emulsionata fotogrammi (uno, oppure in sequenza orizzontale, tre, quattro o sette) che sono frutto di un ingrandimento il quale, come accadeva nella quinta verifica di Mulas, non permette più di riconoscere alcun soggetto: il procedimento fotografico consente di spingere lo sguardo ad una analisi così approfondita del reale da renderlo irriconoscibile. Vero, ma non più verosimile. Non è in discussione l'"esserci stato" del soggetto di fronte all'obiettivo, per dirla alla Barthes, ma risulta evidente che la sua rappresentazione è una messa in scrittura, risponde ad un preciso codice, oltre ogni automatismo.

La volontà di riflettere sull'essenza della fotografia, che si è ormai rivelata essere una immagine estremamente complessa, porta in alcuni casi a quello che potremmo definire un ritorno al grado zero del linguaggio fotografico, come risulta evidente nelle ricerche di alcuni artisti che, intorno alla metà degli anni Settanta, sono impegnati ad indagare i linguaggi artistici in quanto codici espressivi[28]. Vincenzo Agnetti, con una forte valenza concettuale, nel

1974 realizza le *Fotografie eseguite a mano libera* e le *Fotografie eseguite a occhio nudo*, off camera, disegnando direttamente su carta sensibilizzata, mentre nel 1979 esegue le *Fotograffie*, nelle quali interviene 'graffiando' la carta impressionata dalla luce. Bruno Di Bello, che riconosce sin dagli inizi la fotografia come mezzo espressivo di elezione, ragiona in molte occasioni sulle potenzialità del mezzo e, sebbene abbia ragione Raffaella Perna nel notare che "nell'opera di Di Bello

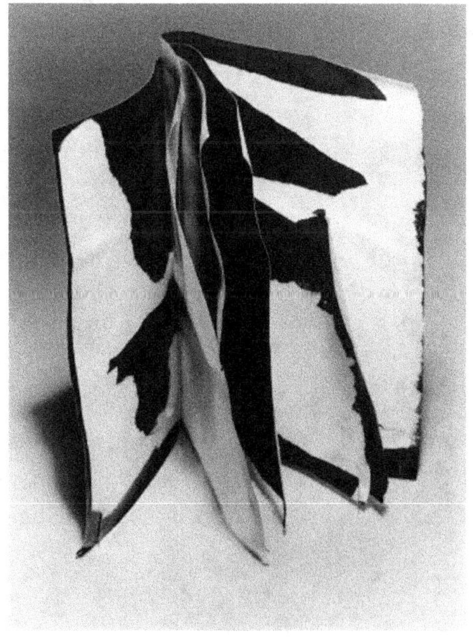

Enrico Cattaneo, *Pagine*, 1970
carta fotografica baritata, cm. 25 x 25 x 25

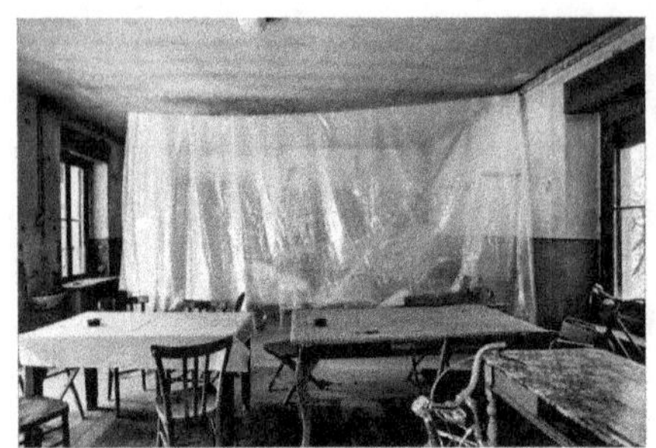
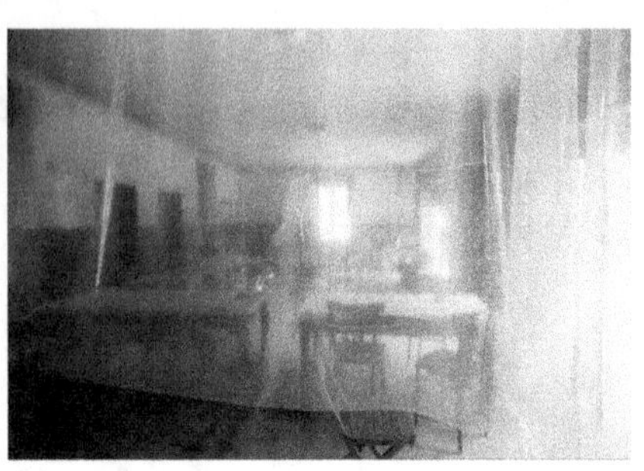

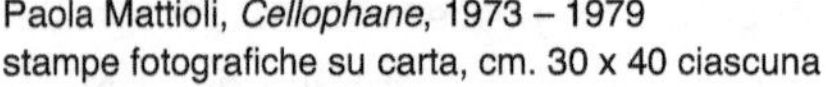
Paola Mattioli, *Cellophane*, 1973 – 1979
stampe fotografiche su carta, cm. 30 x 40 ciascuna

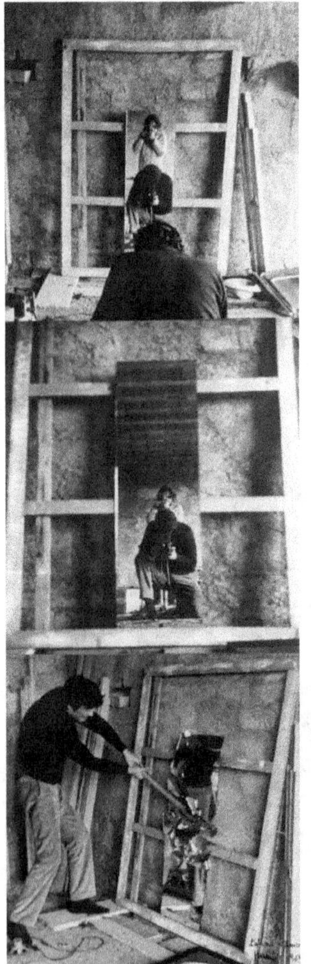

l'indagine sullo specifico fotografico non assume [...] un carattere autoreferenziale, ma è concepita come un'esplorazione tesa a ridefinire la pratica artistica attraverso l'incrocio e l'interazione tra ambiti diversi"[29], quando egli disegna con la luce, lasciando sul supporto segni o scritte, indubbiamente assume toni di marca concettuale, con esplicito riferimento ad una indagine sulla natura profonda del mezzo.

Un'operazione *sui generis*, ma che va letta nella direzione di un'indagine metalinguistica sulla natura del procedimento fotografico, è anche alla base delle *Carte* realizzate in quegli anni da Enrico Cattaneo, fotografo che riveste un ruolo di straordinaria importanza anche per l'aver seguito da vicino e tradotto in immagine alcune delle più importanti esperienze artistiche dell'epoca, dagli interventi in città dei *Nouveaux Réalistes* nell'inverno del 1970 a Milano, alla manifestazione *Volterra 73*, giusto per citarne alcune. In queste carte egli recupera gli scarti del processo di stampa di molte sue immagini e li assume nella loro fisicità di materiale su cui ha agito la luce, che ne ha condizionato anche la forma, visto che le gelatine nell'asciugarsi spontaneamente induriscono.

Renato Mambor, *Ultima riflessione*, 1969
stampa fotografica su carta

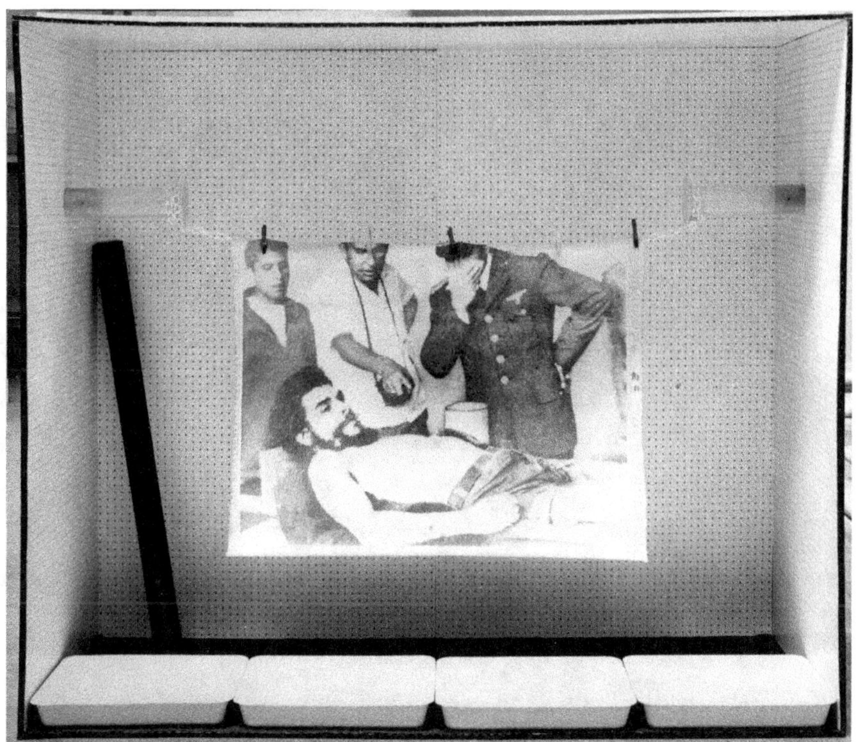

Fabio Mauri, *Camera oscura*, 1968, installazione, 190 x 290 x 100 cm, collezione privata.
Foto di Oscar Savio. Courtesy Archivio Fabio Mauri, Roma

Claudio Parmiggiani dà vita alle sue *Delocazioni*, opere in cui fotografa l'assenza degli oggetti bloccando la loro traccia sul muro: esse si possono leggere come una esaltante metafora della natura stessa della fotografia. Sullo sguardo e sulle sue ambiguità si concentra invece Paola Mattioli, esplicitando chiaramente il pensiero sotteso alla sua ricerca nella serie *Cellophane*, cui si dedica dal 1973 sino al 1979, anno in cui espone uno di questi lavori alla grande mostra veneziana dedicata alla fotografia. In queste opere risulta evidente come la scrittura fotografica non possa essere una scrittura trasparente, implicando di necessità una traduzione della realtà. Ugualmente Renato Mambor in *Ultima riflessione* (1969), ragiona su un tema a lui caro, e su cui tornerà in altre occasioni: l'atto del guardare e dell'essere guardato, del fotografare e dell'essere fotografato, mettendosi nella condizione di essere soggetto e oggetto del vedere e giocando con la multiforme natura dell'immagine, nella

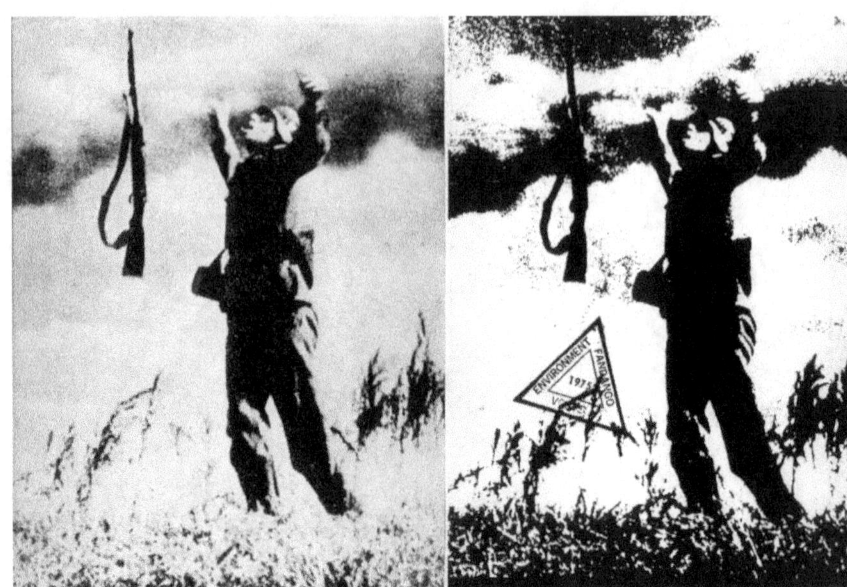

Adriano Altamira, *Area di coincidenza, Due appropriazioni*, tav.4, 1975. In sequenza Gino De Dominicis, fotogramma dal film *Immortalità* e Wolf Vostell, *Fandango*, 1975

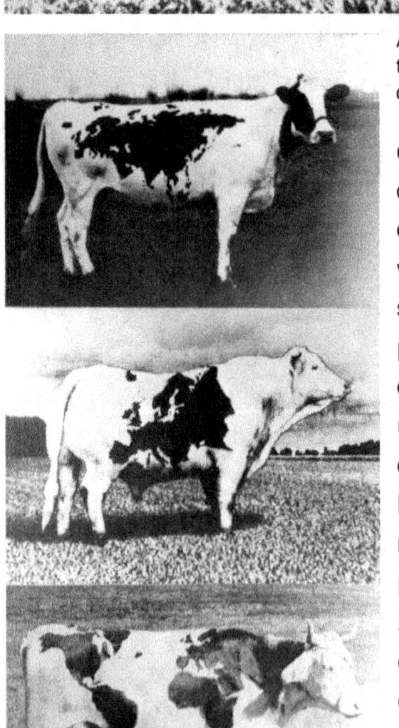

dialettica tra reale, riflesso e fotografia. Ne consegue che l'affidabilità di una fotografia come portatrice di un significato univoco viene messa apertamente in discussione. Lo stesso Mambor, muovendosi sul registro del paradosso, mette duramente alla prova la credibilità dell'immagine fotografica in *Cane*, una serie in cui egli fotografa un cane che, a causa di uno spaventoso innesto, ha due teste. Pur limitandosi a registrare, a documentare la realtà, egli realizza un'immagine che viene percepita come irreale o come manipolata. Anche qui, potremmo dire, a dimostrazione di come il vero sia spesso meno credibile del verosimile e di come il nostro sguardo sulla realtà non sia vergine, ma sempre

Adriano Altamira, *Area di coincidenza, Geomucche (natura e cultura)*, tav.3, 1974. In sequenza Claudio Parmiggiani 1970/72, Timm Ulrichs 1972/74, Jugoslav Vlahovic 1974

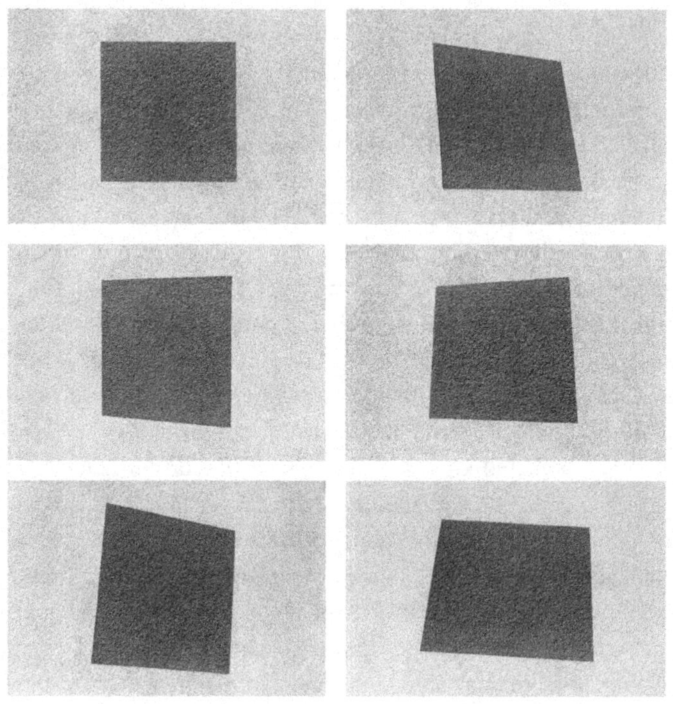

Mario Cresci, dalla *Serie sul quadrato*, 1964
6 stampe fotografiche su carta baritata, cm. 24 x 30 ciascuna

condizionato da ciò che di quella realtà noi sappiamo, o crediamo di sapere. Intorno alle convenzioni che determinano l'attribuzione di senso ad una immagine, riflette esplicitamente Fabio Mauri in *Camera Oscura* (1968). Autore avvezzo a guardare alla comunicazione visiva con occhio fortemente critico[30], denunciandone le mistificazioni, in questo caso egli ricostruisce minuziosamente una camera oscura in miniatura e, quasi a stridere con tanto desiderio di realtà, vi inserisce l'immagine di Che Guevara morto che è stata diffusa dalle autorità boliviane, ossia una immagine ufficiale, universalmente nota, che è diventata sostanzialmente uno stereotipo, una icona.

Anche Aldo Tagliaferro ha ragionato espressamente intorno all'immagine: in lavori come *Analisi all'interno dell'immagine* (1969), essa viene frammentata nei suoi minimi elementi dimostrandone così, in qualche misura, la natura di codice, di insieme di segni.

A proposito dell'ambiguità implicita delle immagini si deve ricordare *Area di coincidenza*, "ricerca sperimentale di critica visuale"[31] portata avanti da Adriano Altamira tra il 1972 e il 1976, che sollecita importanti considerazioni sulla polivalenza semantica dell'immagine e sulle convenzioni, o le casualità, che ne condizionano l'uso e l'interpretazione. Si tratta di un ciclo di opere, ciascuna nata dall'accostamento di più immagini che tra loro sono, di volta in volta, uguali, simili, rassomiglianti, differenti ma vicine per segno se non per senso oppure per significato ma non per forma e che, rispecchiandosi l'una nell'altra, danno vita appunto ad una "area di coincidenza", significativa anche se magari fortuita. Il lavoro si presenta, insomma, come una "indagine sulla frequenza e permanenza di certe costanti"[32] visive, di certi segni e, come tale, si sviluppa efficacemente, facendo riferimento all'ampio alveo della comunicazione visiva del Novecento, in particolar modo del secondo dopoguerra.

Tutte queste esperienze, testimoniano quanto negli anni Settanta fosse sentita l'esigenza di una coscienza linguistica del mezzo, verificata sul campo: giustamente Mauro Corradini registra questa atmosfera, scrivendo nel 1974 che "soltanto con l'avvento della fotografia nell'orbita 'concettuale' [...] si realizza una prima assunzione a livello linguistico del mezzo"[33]. Così, mentre si afferma la fotografia come linguaggio, il documento fotografico diventa un testo, in parte autonomo dal suo referente.

Un autore che ha dato un contributo di grande spessore alle questioni che andiamo indagando è Mario Cresci. Sin dagli esordi, intorno alla metà degli anni Sessanta, egli si muove con coerenza su una linea che coniuga un'intelligente riflessione sulla fotografia con un uso innovativo del mezzo, utilizzato e indagato anche in quanto dispositivo che può attivare dei comportamenti e non solo sulla base del suo esito finale. L'immagine fotografica è al centro di una ricerca che Cresci ha portato avanti, sino ai tempi più recenti, nelle *Geometrie inquiete,* un ampio ciclo di lavori al cui alveo è riferibile anche la serie *Geometria non euclidea,* cui inizia a lavorare nel 1964. In questi lavori, l'autore mette in evidenza come il rapporto tra l'immagine e il suo referente non sia assoluto, bensì relativo, proprio perché mediato dal mezzo. Se una componente concettuale resta sempre, anche solo in filigrana, nelle opere dell'autore, come giustamente scriveva nel 1977 Emmery Taramelli, "la messa a fuoco del lavoro di Cresci impone di stabilire i termini di una ricerca che [...] si precisa come effettiva proposta di intervento dell'operatore visivo sulla realtà. Intervento che assume la fotografia come tecnica di rivelazione e di analisi del reale e, allo stesso tempo, come tecnica di comunicazione da indagare in base alle sue potenzialità linguistiche"[34]. In linea con le più attuali tendenze artistiche, che concepiscono l'arte come esperienza in atto, Cresci valorizza le potenzialità del mezzo fotografico in questa direzione e, già in quella stagione giovanile, le sfrutta appieno, con esiti di grande interesse e originalità. Penso, in particolare, all'installazione realizzata per la mostra curata da Palazzoli a *Il Diaframma* di Milano nel 1969, nella quale egli dispone nei locali della galleria mille cilindri trasparenti che hanno, al loro interno, immagini fotografiche di varia provenienza, le quali evocano brani di vita moderna, consumistica. L'innovativa idea di realizzare un'installazione con la fotografia affonda le sue radici in una importante esperienza cui Cresci ha dato vita l'anno precedente a Roma, quando ha esposto nello spazio urbano dei nastri fotografici, realizzati con fotogrammi di un video fatto da amici e incentrato sugli scontri di Valle Giulia. Le immagini che Cresci usa, di cui non è nemmeno l'autore ma che 'preleva' dalla realtà, non assumono un valore solo per quello che rappresentano, ma sono utilizzate per il loro essere oggetti, così come le fotografie confezionate in scatole trasparenti dell'*environment* di Milano traggono senso proprio dal fatto che l'immagine fotografica viene oggettivata[35]. Tale concezione della fotografia come oggetto in qualche misura autonomo e non puro analogo del referente, che suggeriscono anche le succitate esperienze di uso autoriflessivo del mezzo, rappresenta un passaggio cruciale. Per niente astratta, ripensando alle parole di Palazzoli, è

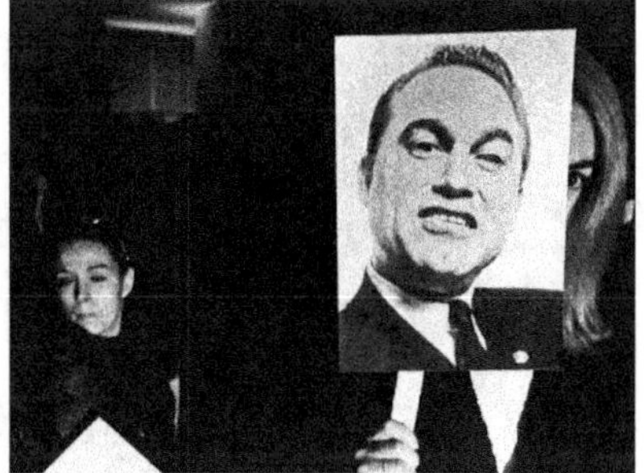

Franco Vaccari, *Maschere*, azione fotografica, 1969

pure la fotografia di Franco Vaccari, il quale, con notevole intelligenza, utilizza il dispositivo fotografico per innescare azioni, comportamenti, esperienze. Vaccari chiaramente si muove su una linea concettuale e utilizza non tanto la fotografia quanto piuttosto il processo ad essa sotteso, come dimostra una delle sue più celebri esposizioni in tempo reale, l'operazione che presenta alla biennale di Venezia del 1972, della quale Trini sottolinea come "il processo in tempo reale" sia "praticato contro i differimenti dal concetto all'oggetto, dall'oggetto alla sua presentazione, dall'artista al suo pubblico. L'esposizione non più deposito di opere finite, né depositaria di valori prestabiliti, ma esposizione in atto, accumulo di testimonianze esistenziali, predeterminate solo dal meccanismo riproduttivo offerto: la fotografia"[36].

La fotografia come processo, che può anche implicare una riflessione sulla stessa fotografia, per altro. Penso ad una operazione come *Maschere* tenutasi alla Galleria Civica di Varese nel 1969, nella quale l'autore mette in luce la reazione del pubblico che tende a proteggersi il viso con le maschere di fronte a Vaccari armato di macchina, per difendersi dall'eccesso "di individuazione che l'uso della fotografia può determinare"[37]. Oppure a *Le tracce* svoltasi nel 1971, alla Galleria Fiori di Firenze[38], nella quale Vaccari innesca un procedimento che si autoalimenta, facendosi fotografare mentre cammina attraverso la galleria e poi collocando le foto nella galleria stessa in modo che vadano a trasformare l'ambiente che a sua volta in ogni immagine muta. In questo modo l'irripetibilità dell'azione, una volta cristallizzata in una polaroid, viene paradossalmente negata, coinvolgendo la fotografia in un cortocircuito temporale. Come per i lavori di Cresci, anche nella ricerca di Vaccari c'è una forte carica ideologica nel sovvertire l'uso abituale del mezzo, valorizzato in quanto procedimento meccanico. "Oggi c'è un eccesso di bombardamento visivo e in qualche modo ho voluto contrastarlo. A modo mio mi sono comportato come un iconoclasta, ma più che altro ho preso di mira l'artista e l'aura che circonda le opere d'arte.

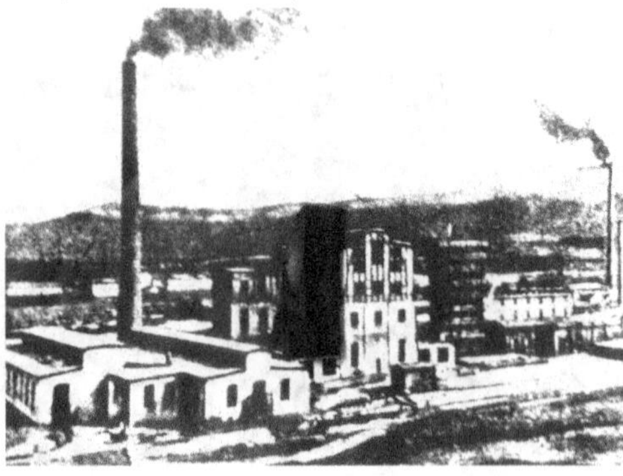

Franco Guerzoni, *Dentro l'immagine*, 1974
fusaggine su foto di Luigi Ghirri da libro,
cm. 35 x 50

[...] A me interessava provocare un mutamento del rituale connesso con le esposizioni e suscitare nel visitatore un salto nella coscienza dell'esserci. [...]. È proprio l'assoluta semplicità del meccanismo, la scansione regolare delle foto che si oppongono ad un uso personalistico di questo medium. È come se una specie di inconscio tecnologico inglobato nella macchina opponesse una rigida resistenza alla manipolazione. Col procedere dell'operazione questo inconscio si autosvela, e noi assistiamo alla costruzione di un mondo parallelo che è contemporaneamente una nostra immagine; questa è tanto più significante in quanto i tic mentali, gli atteggiamenti aprioristici, vengono cortocircuitati, azzerati e noi siamo indotti a vedere quello che non sappiamo"[39].

I lavori di Franco Guerzoni, che con Vaccari come con Ghirri ha in quegli anni una quotidiana frequentazione, un serrato confronto oltre che una fertile collaborazione professionale, mi sembrano in questo contesto particolarmente significativi: egli, infatti, realizza operazioni di chiara matrice concettuale nelle quali il documento fotografico viene utilizzato con una logica apparentemente molto vicina a quella del ready made in quanto egli sceglie delle immagini su cui poi interviene, ma con risvolti molto più interessanti, che contribuiscono a mettere a fuoco la natura dell'immagine fotografica stessa. Infatti, nel suo intervenire, tramite "adattamenti dell'immagine con forme grafiche", egli mira ad "un prolungamento dello sguardo verso l'interno dell'immagine" per "aumentarne la portata espressiva"[40], postulando così una concezione aperta dell'immagine, che si offre come un campo di possibili, infiniti, interventi che, nel ridefinirla senza snaturarla, di fatto la scollano sempre più dal suo referente nella realtà[41].

In linea, quindi, con l'idea che della fotografia mostra di avere Ghirri, con cui spesso Guerzoni collabora usando per i suoi lavori proprio le sue fotografie. Ghirri, le cui immagini hanno spesso il sapore straniante di un prelievo forzato o sembrano derivare da accostamenti surreali, opera in alcuni casi in una maniera molto particolare: come è stato più volte notato, ridefinisce

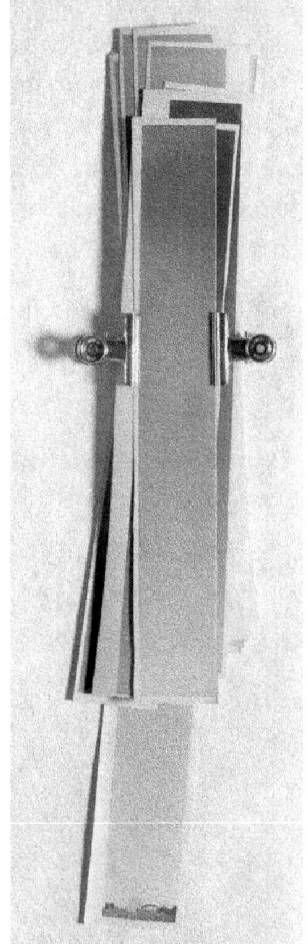

Franco Guerzoni, *Un paesaggio infinito*, 1973
fotografie di Luigi Ghirri trattenute da mollette
metalliche, cm. 63 x 14

il senso delle immagini, ricomponendole in diverse combinazioni "come tessere all'interno di un sistema di significazione seguendo i principi dell'accostamento archivistico", rimescolando "anche anni dopo lo scatto, le fotografie dei diversi progetti come mazzi di carte da gioco, creando sempre nuovi accostamenti"[42].

Il significato di una fotografia si definisce in base al contesto in cui egli sceglie di collocarla: una volta estrapolata dalla realtà, dal suo contesto di origine da cui traeva senso, essa è disponibile a subire un processo di risignificazione, diventando un segno che insieme ad altri segni può comporre un lessico, ogni volta differente e perdendo così definitivamente il legame automatico e indissolubile con il referente. Si stanno ponendo le basi, quindi, di un processo che Francesca Alinovi prontamente registra: sul finire degli anni Settanta la "tecnologia viene usata come illusione e come inganno", mentre "un tempo i mezzi tecnologici venivano usati prevalentemente come strumenti di ricognizione del reale, dell'ambiente, di sé, degli altri"[43]. La fotografia, quindi, può non essere più concepita come un documento di realtà, ma come una immagine ingannevole, in quanto può vivere di vita propria, come segno linguistico. E questo le apre la strada a nuovi utilizzi. Come diceva bene Altamira, i protagonisti della generazione postconcettuale non usano più la fotografia "in senso meramente 'dimostrativo' e documentario, ma in chiave spettacolare e piacevolmente pittorica". Usano, insomma, "la fotografia *come se fosse pittura*, mentre la generazione precedente l'aveva usata *al posto della pittura*"[44].

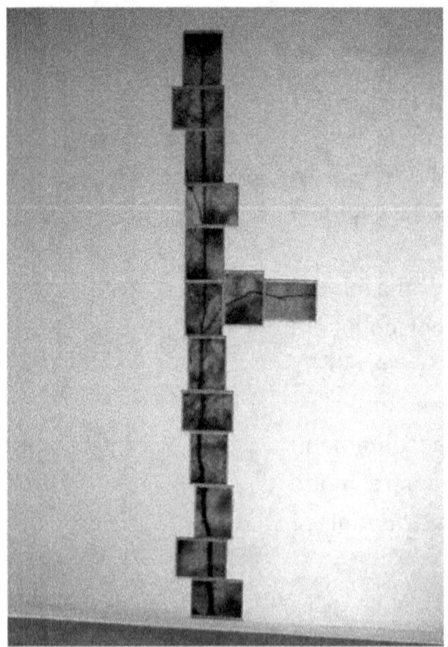

Giuseppe Maraniello, *Albero*, 1977
installazione con fotografie. Opera distrutta

Atteggiamento, questo, che appare evidente nelle opere di alcuni autori della nuova generazione, che si affacciano sulla scena artistica sul finire del decennio, oppure di artisti come Giuseppe Maraniello, il cui rapporto con la fotografia, praticata per tutto il decennio, si avvia alla conclusione. Quando sta per dedicarsi con maggior impegno alla pittura, egli realizza opere, concettualmente già pittoriche, attraverso l'articolazione sintattica di immagini fotografiche, come avviene in *Albero* del 1977. Un procedimento,

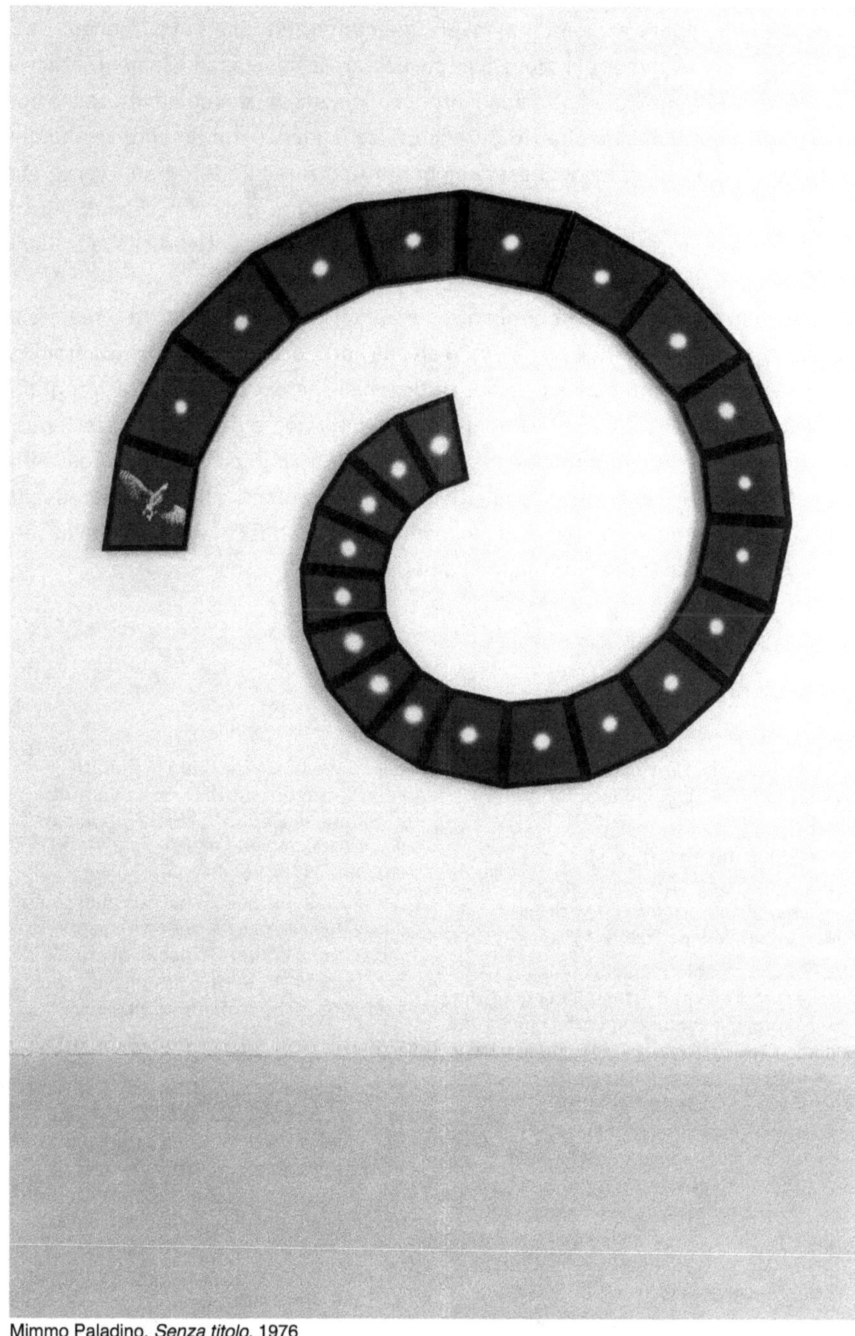

Mimmo Paladino, *Senza titolo*, 1976
fotografia in cornici di legno, cm. 190 x 240 x 4,5, collezione dell'artista

questo, che appare evidente nei lavori di alcuni artisti che poi avrebbero dato vita alla Transavanguardia. Penso, in particolare a Francesco Clemente, Nicola De Maria e Mimmo Paladino, i quali intorno alla metà del decennio utilizzano con inusitata libertà l'immagine fotografica. Trascendendo totalmente qualunque istanza di rappresentazione, essi sembrano ricorrere alla fotografia per le sue valenze segniche, allusive ed espressive, addirittura pittoriche, dando vita a composizioni in cui l'immagine viene reimpiegata in un contesto che la traduce in una dimensione quasi astratta.

La piena consapevolezza di quanto sia complesso il rapporto tra il reale e la sua immagine fotografica apre il varco ad una sorta di disillusione, che si traduce in una decisa compromissione del tradizionale nesso di senso tra fotografia e realtà. Si rovescia definitivamente la consuetudine e il paradosso letterario di Calvino si fa meno paradossale: per la fotografia, in difficoltà nel restituire il referente "esattamente", esaustivamente, si aprono nuovi e interessanti orizzonti, che ne determinano anche inediti utilizzi, ormai ben oltre il suo essere assunta come un'immagine analogica della realtà.

1. Calvino Italo, *L'avventura di un fotografo*, in *Gli amori difficili*, Einaudi, Torino 1970, p. 45.

2. Valtorta Roberta, *Il pensiero dei fotografi. Un percorso nella storia della fotografia dalle origini a oggi*, Bruno Mondadori, Milano 2008, p.163.

3. Per una compiuta analisi della diffusione della fotografia nell'arte italiana degli anni Sessanta, ma con uno sguardo aperto anche al decennio seguente, si veda Perna Raffaella, *In forma di fotografia. Ricerche artistiche in Italia dal 1960 al 1970*, Derive Approdi, Roma 2009; a tal proposito segnalo anche Madesani Angela, Fagone Vittorio, *Al limite. Arte e fotografia tra gli anni Sessanta e Settanta*, catalogo della mostra, Chiostri di San Domenico, Reggio Emilia, 29 aprile – 23 luglio 2006, Baldini Castoldi Dalai Editore, Milano 2006.

4. A proposito dei numerosi scritti sulla fotografia pubblicati o tradotti tra gli anni Sessanta e Settanta in Italia si veda l'introduzione di Roberta Valtorta al volume di Franco Vaccari *Fotografia e inconscio tecnologico* Einaudi, Torino 2011, pp. IX – XXII. Basti qui ricordare come la pubblicazione nel 1966 dell'*Opera d'arte nell'epoca della sua riproducibilità tecnica*, che Walter Benjamin aveva scritto nel 1936, apre la strada a numerose traduzioni di importanti saggi che in breve diventano anche nel nostro paese punti di riferimento per la riflessione sull'immagine fotografica: da *Gli strumenti del comunicare* di Marshall McLuhan a *Sulla fotografia* di Susan Sontag, passando per *La fotografia. Usi e funzioni sociali di una arte media* di Pierre Bourdieu, per citarne soltanto alcuni. Vale poi la pena di ricordare che un testo come la *Camera chiara* di Roland Barthes viene pubblicato da Einaudi nel 1980, lo stesso anno in cui è uscita l'edizione originale in Francia.

5. "Cento anni di Fotografia" in "Ulisse", anno XX, fascicolo LXI, novembre 1967. In questo volumetto sono raccolti interventi di: P. Berengo Gardin, C. Brandi, M. Camillucci, R. Chini, G. Dorfles, G. Falzoni, E. Fulchignoni, H. Gernsheim, R. Giani, A. Gilardi, E. Gilson, J. Keim, P. Monelli, G. Moscon, C. Pellizzi, M. Praz, A. Rizzi, E. Servadio, M. Spinella, E. Tarroni, G. Tedeschi, L. Torossi e M. Verdone.

6. Palazzoli Daniela, Sgarbi Vittorio, Zannier Italo (a cura di), *Venezia '79. La fotografia*, catalogo della mostra, Electa, Milano 1979.

7. Tra gli altri, ricordiamo Atget, Capa, Cartier Bresson, Hine, Michetti, Modotti, Stieglitz e Weston.

8. Palazzoli Daniela, Sgarbi Vittorio, Zannier Italo (a cura di), op. cit., p. 281.

9. Gli autori invitati sono: Basilico, Battistessa, Berengo – Gardin, Cagnoni, Campagnano, Carmi, Carrese, Castellano, Catalano, Cavalli, Cerati, Colombo, Cresci, Crocenzi, De Biasi, Donzelli, Finocchiaro, Fontana, Ghirri, Giacomelli, Gioli, Gorgoni, Grignani, Guidi, Jodice, Leiss, Lotti, Mattioli, Mele, Merisio, Migliori, Monti, Mulas, Patella, Patellani, Petrelli, Roiter, Salbitani, Samugheo, Scianna, Secchiaroli, Toscani, Vaccari e Veronesi.

10. *Combattimento per un'immagine. Fotografi e pittori*, a cura di Luigi Carluccio e Daniela Palazzoli, Galleria d'Arte Moderna di Torino, marzo – aprile 1973.

11. Il testo che in modo pionieristico ha indagato i rapporti tra arte e fotografia, *Art and Photography* di Aaron Scharf, viene pubblicato a Londra solo cinque anni prima della nostra mostra, nel 1968, e verrà tradotto in Italia per Einaudi nel 1979 (Scharf Aaron, *Arte e fotografia*, Einaudi, Torino 1979).

12. Barilli Renato, "Combattimento per un'immagine", in "NAC. Notiziario Arte Contemporanea", n. 4, aprile 1973, p. 8.

13. Tale sezione è curata da Luigi Carluccio, mentre Daniela Palazzoli si è occupata del Novecento.

14. Palazzoli Daniela, "Autocritica", in "NAC. Notiziario Arte Contemporanea", n.5, maggio 1973, p. 21.

15. Vale la pena di ricordare, per restituire appieno il senso della mostra e anche lo sforzo di completezza ad essa sottesa, i nomi degli artisti coinvolti, almeno per quanto riguarda le ricerche degli anni sessanta/settanta, nell'ordine in cui appaiono in catalogo: Warhol, Rauchenberg, Oldemburg, Dine, Friedlander, Hamilton, Tilson, Jacquet, Bertini, Rotella, Hains, Siskind, Romagnoni, Di Bello, Tagliaferro, Mariani, Della Valle, Wesselman, Rosenquist, Jones, Blake, Fioroni, Festa, Genovés, Pistoletto, Robakowski, Klasen, Carena, Richter, Johnson, Estes, Goings, Eddy, Close, Kaprow, Christo, Hutchinson, Oppenheim, Olivotto, Long, Agnetti, Arbus, Baldessarri, Dibbets, Fulton, Gilbert & George, Graham, Hallmann, Hendricks, Huebler, Josephson, Kosuth, Lamelas, La Rocca, Metzker, Michals, Mulas, Nauman, Nettle, Parmiggiani, Paolini, Penone, Pisani, Prince, Prini, Reutersawärd, Ruscha, Smith, Vaccari, Watts, Wegmann, Wells.

16. Palazzoli Daniela, *Comunicazione e informazione*, in Carluccio Luigi, Palazzoli Daniela, op. cit., s.p.

17. Valtorta Roberta, op. cit., p. 163.

18. Claudio Marra già aveva sostenuto che "la supposta medianità della fotografia va dunque senz'altro interpretata come un fenomeno positivo, perché perfettamente in linea con quell'assetto culturale che poi ha finito per caratterizzare la nostra epoca. Ma c'è di più, perché crediamo sia ampiamente sostenibile l'ipotesi che a questo assetto la fotografia non abbia partecipato passivamente ma in modo attivo, contribuendo, con quelle stesse caratteristiche che nell'Ottocento Baudelaire era stato costretto a valutare negativamente, alla 's-definizione dell'arte' e insieme all''artisticizzazione della vita'." (Marra Claudio, *Le idee della fotografia. La riflessione teorica dagli anni*

sessanta a oggi, Bruno Mondadori, Milano 2001, p. 12.) Ancora recentemente, Marra ha ripreso questi concetti, sottolineando come la "vocazione mondana" della fotografia sia l'aspetto che la rende essenziale tra gli anni sessanta e settanta, quando si rielabora l'eredità delle avanguardia, Duchamp in testa (Marra Claudio, *Fotografia e arti visive*, Carocci Editore, Roma 2014, p. 105).

19. Mulas Ugo, *La fotografia* (a cura di Paolo Fossati), Einaudi, Torino 1973, p. 147.

20. Anche Vaccari, dopo qualche anno, paragona esplicitamente l'operazione fotografica alla pratica del ready made : "con Duchamp esplodono le attività artistiche dove la quantità di lavoro esibita è minima. Quanto è stato detto per Duchamp può essere ripetuto per la fotografia; in fondo ogni fotografia è un ready made" (Vaccari Franco, *Fotografia e inconscio tecnologico*, a cura di Valtorta Roberta, Einaudi, Torino 2011, p. 64). Mi piace qui ricordare che anche la ricerca di Luigi Ghirri, già nel 1979, è stata intelligentemente letta in stretta relazione con la pratica dadaista del prelievo (Mussini Massimo, *Luigi Ghirri – "Vera fotografia"*, in *Luigi Ghirri*, catalogo della mostra, Università di Parma, 1979, Quaderni del Centro Studi e Archivio della Comunicazione n.44, Università degli Studi di Parma 1979, p. 23).

21. Trini Tommaso, *Ugo Mulas. "Le verifiche e la storia delle Biennali"*, catalogo della mostra, Magazzini del Sale alle Zattere, 16 ottobre – 15 novembre 1974, La Biennale di Venezia, Venezia 1974, pp. 4, 5.

22. Mattioli Paola, *Ugo Mulas alla Pilotta*, in NAC, n. 6-7, giugno luglio 1973, p. 22.

23. Vaccari nel 1979 raccoglie le considerazioni sulla fotografia maturate in anni di pratica in un testo di fondamentale importanza: *Fotografia e inconscio tecnologico*, Punto e Virgola, Modena 1979. Va ricordato che la casa editrice Punto e Virgola viene fondata da Paola Borgonzoni, Giovanni Chiaramonte e Luigi Ghirri nel 1978.

24. Vaccari Franco, op. cit., pp. 3, 5.

25. Vaccari Franco, op. cit., pp. 18-19.

26. Paolini conclude il ragionamento affermando: "ogni mia opera, per estensione, è una fotografia: implica un'ottica fotografica, anche quando non lo è materialmente" (Altamira Adriano, *La vera storia della fotografia concettuale*, Area Imaging, Milano 2007, p. 104).

27. *L'ingrandimento. Il cielo per Nini*, in Mulas Ugo, op.cit., pp. 156-157.

28. Ragioni di sintesi mi impongono di citare soltanto alcuni degli autori che si sono misurati con il tema qui considerato in quegli anni. Bisogna però almeno ricordare, tra quanti si sono esplicitamente impegnati in queste riflessioni o comunque hanno contribuito, anche implicitamente, con le loro opere a svelare la natura ambigua della fotografia, anche Anna Valeria Borsari, Luciano Fabro, Paolo Gioli, Luca Maria Patella, Michelangelo Pistoletto, Emilio Prini e Michele Zaza.

29. Perna Raffaella, *Dall'arte meccanica ai segni di luce: l'opera di Bruno Di Bello tra gli anni Sessanta e Settanta*, in Nicolaci Michele, Piccioni Matteo, Riccardi Lorenzo, *In corso d'opera. Ricerche dei dottorandi di Storia dell'Arte della Sapienza*, Campisano Editore, Roma, in corso di stampa.

30. Esemplare in questo senso il progetto che Mauri inizia nel 1971 e conclude nel 1976, con la pubblicazione di *Manipulation der kultur | Manipolazione di cultura*, un libro in cui l'artista raccoglie e rielabora immagini riferite al fascismo e al nazismo. La sua operazione consiste nel manipolare "a livello linguistico le immagini per alludere alla manipolazione della realtà operata dal potere" (Boràgina Federica, *Fabio Mauri "che cosa è, se è, l'ideologia nell'arte"*, Rubettino, Roma 2012, p. 86).

31. Altamira Adriano, *Area di coincidenza*, Edizioni Nuovi Strumenti, Brescia 2001, p. 5.

32. Altamira Adriano, op.cit., p. 15.

33. Corradini Mauro, "La mediazione della fotografia", in "NAC. Notiziario Arte Contemporanea", n.12, dicembre 1974, p. 14.

34. Taramelli Emmery, "Mario Cresci. Fotografia come pratica analitica", supplemento di

"Fotogarfia Italiana", n.229, settembre 1977, p.1.

35. Leonardi Nicoletta, *Fotografia e materialità in Italia. Franco Vaccari, Mario Cresci, Guido Guidi, Luigi Ghirri*, Postmedia, Milano 2013, p. 61.

36. T.T. (Trini Tommaso), "Franco Vaccari", in "DATA. Pratica e teoria delle arti", anno III, n.7/8, estate 1973, p. 94.

37. *Tre esposizioni in tempo reale: 1969-1971*, Tipo-lito Toschi, Modena, 1972, s.p.

Esposizione in tempo reale n.1. Maschere, Galleria Civica di Varese, 1969.

38. *Ibidem*

39. Vaccari Franco, "Analisi dell'esposizione in tempo reale 'Lascia su queste pareti una traccia del tuo passaggio' di Franco Vaccari", in "DATA. Pratica e teoria delle arti", anno IV, n.14, inverno 1974, p.94 (ora pubblicato anche in *Feedback. Scritti su e di Franco Vaccari*, a cura di Nicoletta Leonardi, Postmedia Books, Milano 2007, pp. 110 – 112).

40. Bizzarri Giulio (a cura di), *Nessun luogo da nessuna parte viaggi randagi con Luigi Ghirri*, Skira, Milano 2014, p. 48.

41. Secondo Altamira, Guerzoni "giunge alla conclusione che un'immagine, nella pratica, si definisce attraverso una serie di incongruenze, in una specie di stratificazione geologica, che ci ritorna ancora una volta, o l'immagine di una ridondanza, o quella di una sovrapposizione culturale" (Altamira Adriano, "Il collezionista d'immagini", in "Gala", n.76, marzo 1976, p. 18).

42. Leonardi Nicoletta, op.cit., p. 115. Per Mussini, Ghirri considera le sue immagini alla stregua di "elementi mobili di un discorso sempre aperto, come cellule di un organismo che continuamente si trasforma pur restando sempre se stesso. Modificando l'ordine e l'accostamento delle fotografie non viene a mutare infatti il significato generale del discorso; muta soltanto al possibilità di stimolare il flusso dell'immaginazione mossa in continuazione dai rimandi fra le immagini, suggerendo per associazione di idee rimandi nuovi, interrelazione che diventano ad un tempo liberazione d'impulsi inconsci e moti coscienti, dunque attività 'creativa' quasi nel senso dato all'azione da Duchamp alchimista" (Mussini Massimo, op.cit., p. 28).

43. Alinovi Francesca, *L'arte mia,* Il Mulino, Bologna 1984, p. 128.

44. Altamira Adriano, *La fotografia postconcettuale negli anni Settanta*, in *Gli anni Settanta lo sguardo, la foto*, catalogo della mostra, Palazzina dei Giardini, Modena, 15 luglio – 19 settembre 1993, Nuova Alfa Editoriale, Bologna 1993, pp.10,12.

3ª biennale
internazionale
della
giovane
pittura

GENNAIO 70

COMPORTAMENTI
PROGETTI
MEDIAZIONI

Ente
Bolognese
Manifestazioni
Artistiche

Gennaio 70, copertina del catalogo della mostra

Né "opera" né "comportamento":

la natura del linguaggio video alle origini

Elena Di Raddo

Il titolo *Opera o Comportamento* della mostra presentata nel corso della 36ª Biennale d'Arte di Venezia (1972) sintetizza i termini di un dibattito centrale per la ricerca artistica dell'inizio degli anni Settanta che si può estendere anche alla prima videoarte, soprattutto italiana: la questione del dissidio tra opera d'arte oggettuale e azione-comportamento. In quella edizione della Biennale tale dissidio cercava una risposta, sebbene non del tutto coerente, nell'impostazione di una rassegna che prevedeva una netta distinzione tra due modalità di espressione artistica, anche attraverso la suddivisione della curatela tra Francesco Arcangeli, sostenitore dell'opera e Renato Barilli, che appoggiava invece il comportamento. Tale distinzione, tuttavia, non è del tutto pacifica come il titolo della mostra lasciava intendere, dal momento che i confini tra opera, "pezzo di tela o tavola, quella superficie piana, e convenzionalmente rettangola"[1] - come scrive Arcangeli - e ricerche comportamentistiche non erano facilmente definibili[2].

La videoarte costituisce proprio uno degli ambiti in cui natura oggettuale e immateriale dell'opera, pur ponendosi in diretto rapporto con forme d'arte comportamentali, risulta particolarmente sfuggente, ma allo stesso tempo luogo di un interessante dibattito critico. È innegabile infatti che la nascita del video sia avvenuta in stretta relazione con la registrazione di happening, performance e opere di Land Art, ma il video, almeno nei primi anni in cui si è diffuso, è strettamente connaturato anche alla sua oggettualità. Quando i video appaiono per la prima volta nelle mostre italiane infatti, volendone sottolineare la loro natura oggettuale, vengono definiti video-nastri o videotape. L'uso del video, quindi, nasce con al suo interno il problema della definizione del suo linguaggio: opera d'arte oggettuale o, per usare la definizione di Barilli, medium "senza peso"?

L'impossibilità di identificare l'opera d'arte esclusivamente con i mezzi tradizionali della pittura o della scultura è dimostrata in quella Biennale proprio dalla sezione in cui si espongono i "video-nastri" proposti da Gerry Schum[3]. Si tratta della prima presenza significativa del video a Venezia, dopo gli ambienti *Omaggio a Venezia. Electronic de-coll-age-happening. Room 1959-1968* di Wolf Vostell nel 1968. Nella mostra il videotape viene presentato sia come strumento di documentazione a disposizione di artisti che operano nell'ambito della performance, dell'happening, della Body Art e della Land Art, sia come mezzo espressivo in se stesso, sotto forma di "video-oggetto" (così appunto viene indicato in catalogo). E proprio su quest'ultimo aspetto si gioca la questione. Il videotape è infatti oggettuale, ma allo stesso tempo fruibile come esperienza dilatata, comportamentistica. Nel catalogo della rassegna Renato Barilli si chiede se non si possa già cogliere qualche "tendenza alla fissità del prodotto" anche entro l'ambito di ricerche comportamentistiche e affida proprio al video tale ruolo: "I video-nastri o i libri inventati sono del resto indubbiamente dei modi di oggettivare la fluidità del comportamento [...]"[4]. Paradossalmente il video pertanto, anziché essere vissuto come un mezzo non oggettuale, in quanto formato da immagini, oggettiva secondo Barilli forme e linguaggi artistici di per sé non racchiudibili in un'opera oggettuale. Il videotape assume il valore di oggetto-opera. Anche Gerry Schum del resto insiste molto nell'introduzione alla sua sezione sulla natura di nuovo mezzo del videonastro, che va ad aggiungersi a quelli tradizionali della pittura, della scultura, della fotografia, e ribadisce la sua natura oggettuale sottolineando la differenza di tale medium con il sistema cinematografico: "il segnale video (visivo e sonoro) può essere svolto a ritroso subito dopo la registrazione. È anche possibile controllare l'immagine e il suono su un monitor durante la registrazione su nastro, vale a dire durante il processo in atto nella realizzazione. Questa possibilità di un controllo immediato consente all'artista un accesso diretto al suo lavoro televisivo. Inoltre l'immagine registrata sul nastro può essere facilmente cancellata [...] e pertanto mettono l'artista in grado di lavorare con il nuovo mezzo allo stesso modo che gli era familiare nella pittura e nella scultura" e conclude: "gli artisti possono ora considerare i video-oggetti come le loro proprie opere, in tutto e per tutto equivalenti alle pitture o alle sculture"[5].

Pertanto è utile evidenziare, quando si parla di videoarte, che fin da subito gli artisti più consapevoli si rendono conto di trovarsi di fronte non solo a un nuovo strumento tecnico in grado di registrare delle azioni o degli eventi reali, ma di fornire un piano linguistico inedito e creativo che si pone, appunto, a metà strada tra l'opera d'arte oggettuale e quella dimensione comportamentale o processuale che in quegli anni stava sempre più prendendo piede nell'arte.

Tale consapevolezza, soprattutto in ambito italiano, emergerà con lentezza e ritardo nel corso di tutti gli anni Settanta, ma avrà comunque una sua importante definizione in eventi espositivi, centri di produzione video e dibattiti critici internazionali.

La sezione curata da Schum assume particolare importanza non solo nella storia della Biennale, ma anche nel contesto artistico italiano proprio perché costituisce, dopo la mostra *Gennaio 70* di Bologna, il primo vero e proprio riconoscimento di questa forma artistica in Italia, ponendo anche una netta distinzione tra la nascente videoarte e la produzione di film d'artista degli anni precedenti. Ricordando la sua famosa opera *TV Land Art*, andata in onda sulla televisione tedesca nel 1969, Schum infatti precisa nel testo introduttivo la natura specifica di questo nuovo mezzo, distinguendola dal cinema d'artista: "In quella che è da considerarsi come una precoce anticipazione dell'arte concettuale o come un estremo risultato della Minimal Art, i problemi formali risultavano ridotti al minimo. Questa era una delle fondamentali differenze tra il ricorso da parte degli artisti ai mezzi TV o filmici, e le esperienze da parte dei filmmakers sul film come mezzo artistico"[6]. É proprio questa sua duttilità ad attrarre gli artisti, che possono usare il video come un'emanazione diretta della loro creatività, potendo registrare, ma anche cancellare e rivedere quanto filmato[7]. La natura stessa della videoarte, intrinsecamente diversa dal film, che prevede un montaggio e quindi un tempo di realizzazione più dilatato, prevede una registrazione, su nastro magnetico, di tempo reale. Questa peculiarità lo rende molto adatto a un intervento sul reale come testimone dell'evento, perciò si presta ad essere usato dagli artisti in quegli anni caratterizzati anche dall'impegno sociale per registrare azioni o per documentare azioni politiche. Nelle prime videocamere le manipolazioni visive erano infatti esigue, ma la possibilità di un'attiva percezione temporale appare estremamente interessante. Ciò che viene esaltato è il tempo presente, l'attimo in corso, e notevoli sono le possibilità di giocare sulla percezione reale del presente, soprattutto attraverso la comparazione di sequenze riprese in tempi differenti.

Nella sezione dedicata al video non mancavano a Venezia la sperimentazione e l'apertura a forme di creazione artistica in presenza. Vi era infatti anche un'area dedicata alla realizzazione di "video-oggetti", che sarebbero poi stati resi visibili su una serie di schermi televisivi e un "video-laboratorio" destinato alla realizzazione di progetti audiovisivi. In questo modo i curatori - Schum, ma anche Barilli - intendevano integrare la sezione nel progetto più ampio della 36a Biennale dedicata a sondare i due aspetti dell'opera e del comportamento. "Il mezzo televisivo - scrive Schum - risulta straordinariamente atto a registrare e trasmettere processi, atteggiamenti, ovvero appunto comportamenti"[8]. Il videonastro quindi ben si prestava a inglobare entrambe le anime di quella biennale: l'oggetto, appunto, in quanto cassetta e il comportamento come registrazione di immagini.

La prime mostre in Italia

La mostra che per prima in Italia presenta opere di videoarte si apre nell'inverno del 1970 e raccoglie al Museo Civico di Bologna opere legate alla registrazione di azioni performative. Curata da Renato Barilli, Maurizio Calvesi, Tommaso Trini e Alberto Emiliani, *Gennaio 70* intende mostrare gli esiti più recenti dell'uso del video in ambito concettuale e comportamentale.

Con un sistema di trasmissione a circuito chiuso e da una postazione unica vengono presentate le registrazioni di azioni di alcuni protagonisti di quelle tendenze, espressamente concepite per essere riprese su nastro magnetico e trasmesse nei monitor. Gli artisti coinvolti erano protagonisti dell'Arte Povera, come Giovanni Anselmo, Gilberto Zorio, Pierpaolo Calzolari, Mario Merz, Giuseppe Penone, Alighiero Boetti, Michelangelo Pistoletto, Jannis Kounellis, Luciano Fabro, Gino de Dominicis e artisti indipendenti di matrice concettuale, come Marisa Merz, Emilio Prini, Luca Patella, Claudio Cintoli, Eliseo Mattiacci, Mario Ceroli, Gianni Colombo, Gianni Emilio Simonetti.

Queste esperienze non si possono definire impegnate politicamente, ma l'idea di controinformazione era in nuce. I video realizzati nella mostra *Gennaio 70* sono indicativi soprattutto della volontà di sperimentare un nuovo mezzo e di confrontarsi con quanto accadeva all'estero, un timido approccio voluto a priori dagli organizzatori Barilli e Trini. Tra gli artisti coinvolti figurano alcuni che avevano già avuto esperienza nei film d'artista, ad esempio Pistoletto, Anselmo, Boetti, Calzolari, De Dominicis e Merz, tutti presenti nella trasmissione televisiva *Identifications* (1970) di Gerry Schum. Ma anche in quel caso il progetto del video era dell'ideatore Gerry Schum e gli artisti furono da lui sollecitati a confrontarsi.

Le opere degli artisti italiani erano accompagnate inoltre dal video *Land Art* di Gerry Schum, già andato in onda sull'emittente televisiva tedesca nel 1969, dal video *Eurasienstab* (1968) di Henning Christiansen dedicato all'attività di Joseph Beuys e dal video *Festival Danza Volo Musica Dinamite* (1969) sull'omonimo festival tenutosi presso L'Attico di Fabio Sargentini. Nell'ambito della mostra viene inoltre presentato il documentario su Pino Pascali girato nel 1968 da Luca Patella, parte del film *SKMP2* dedicato anche ad azioni artistiche sue, di Eliseo Mattiacci e di Jannis Kounellis.

Il video costituisce per gli artisti un mezzo molto adatto per sperimentare i diversi linguaggi della creatività (cinema, pittura, scultura, teatro), azzerando allo stesso tempo le singole specificità; un'ottima soluzione per andare oltre la

√ <u>c a m e r a   f o l t a   (a, a, a,)</u>
(acquitrino, ansietà, artificio)

a cura di:

√Gianni-Emilio Simonetti
~~Thereza Bento~~
Alberto Conti

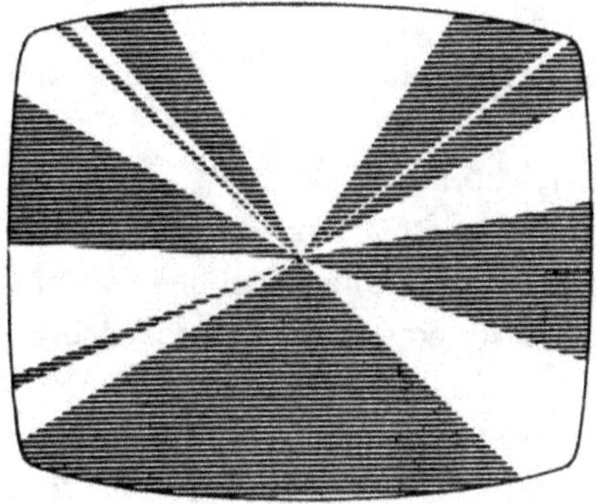

√ un videotape semiprofessionale 'philips',
    una telecamera el8000/01/12 modificata da Alberto
un luogo e gli oggetti come sono stati trovati nel lab
oratorio il giorno della registrazione.

Gianni Emilio Simonetti, *a.a.a. camera folta!*, 1970
dal catalogo della mostra *Gennaio 70*

separazione tra "opera e comportamento", tra oggetto e progetto. Realizzare un film o un video, per gli artisti visivi è un'esperienza che si inserisce nella natura autoriflessiva e concettuale della loro pratica artistica. L'aspetto che più li attrae è "la sua disponibilità a modificarsi, perfino a cancellarsi, in sintonia con la nuova estetica che privilegiava la dimensione processuale ed esperienziale del fare artistico e concepiva l'opera come qualcosa di non definitivo, ma in trasformazione come la realtà"[9]. Non sorprende quindi che tra i primi artisti che in Italia si interessano al video, come appare nella mostra *Gennaio 70*, vi siano coloro che, sull'esempio di Robert Morris, Richard Serra, Bruce Nauman si inseriscono nelle correnti Anti-Form e comportamentistiche. I video realizzati per la mostra di Bologna sono appunto in gran parte registrazioni di azioni concepite appositamente per essere fissate dalla telecamera, rielaborando contenuti già sondati dagli stessi artisti in opere a carattere installativo o performativo. Permane pertanto, ad eccezione del video di Gianni Colombo, una forma molto vicina a quella dei film d'artista. Nonostante ciò è proprio in quell'occasione che comincia ad emergere in Italia la coscienza critica dell'arte video come una forma artistica dotata di una propria autonomia linguistica.

La registrazione dell'azione: il video come specchio

Pur essendo strettamente legato alle opere comportamentali il video, in virtù della sua mediazione, fa assumere alle azioni una connotazione molto diversa rispetto alle performance in presenza. Lo riconoscono gli stessi curatori della mostra di Bologna, pur non avendo ancora ben chiara la possibilità di un'autonomia del video come forma d'arte. Calvesi ipotizza l'idea di sostituire il quadro con il video, che ha la peculiarità di esprimere "l'azione dell'artista, senza trasformarla in un'opera di regia"[10]. Anche Barilli rileva nel catalogo della mostra la potenzialità futuribile dell'uso dei video e, soprattutto, in un articolo su "Marcatré" comincia a chiedersi se tali mezzi, siano "semplicemente sussidiari dell'esperienza estetica, o costitutivi di essa"[11].

La registrazione del resto non si definisce come un semplice trasferimento di opere all'interno del sistema di ripresa e trasmissione elettronica, ma è una riformulazione, è il passaggio a uno strumento visivo diverso che necessariamente produce una trasformazione. Esposta al pubblico, la registrazione dell'evento diventa essa stessa evento; l'azione transitoria, una volta fissata nell'immaterialità dell'immagine riprodotta, composta da un flusso vibrante di impulsi luminosi, si configura e si legge come un'altra opera, che tende ad acquisire modalità proprie; si modificano le relazioni tra osservato e osservatore, tra spazio e tempo, attraverso le potenzialità autoriflessive dello sguardo meccanico del video.

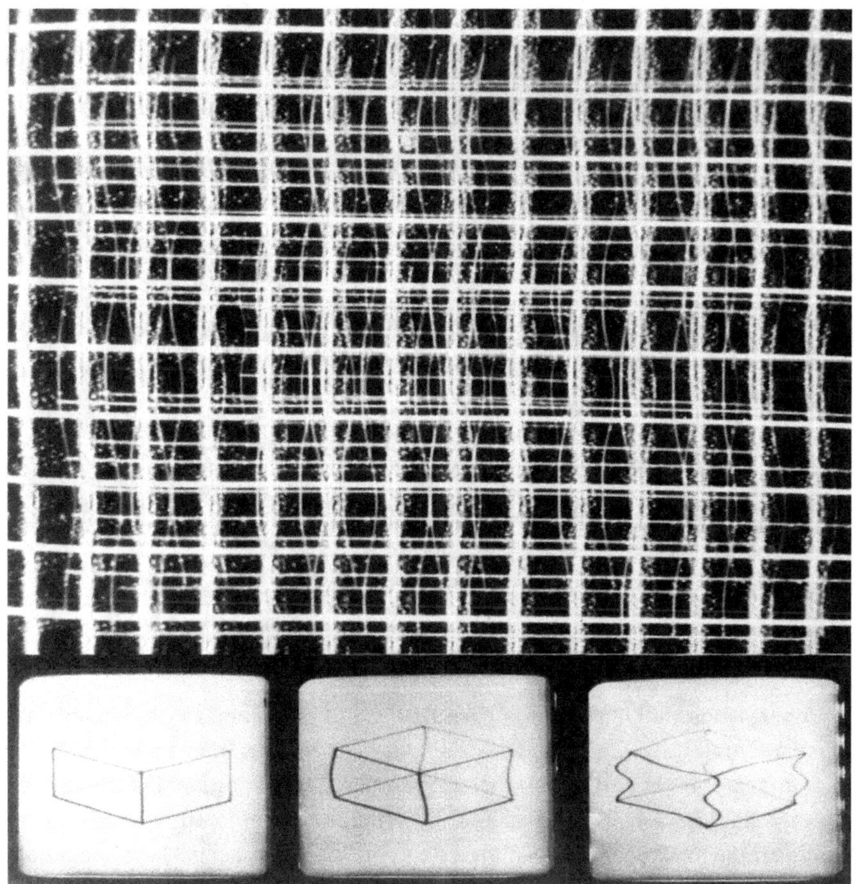

Gianni Colombo, *Segnali Vobbulati*, 1970, dal catalogo della mostra *Gennaio 70*
Courtesy Archivio Gianni Colombo

La realizzazione creativa dell'opera di videoarte - che ha il suo sintomo più evidente nel passaggio dal semplice schermo televisivo alla sua collocazione nello spazio (la videoinstallazione) - ha rivoluzionato anche i canoni dell'estetica e della critica. La videoarte è strettamente legata alla società, allo sviluppo delle sue forme di aggregazione, al suo pensiero dominante. Non sorprende quindi che Rosalind Krauss abbia potuto definire l'estetica del video come l'estetica del narcisismo. Partendo da questa affermazione Mario Perniola afferma che il termine narcisismo è quello più adeguato per definire la società post-sessantottesca o post-moderna: "in una società in cui

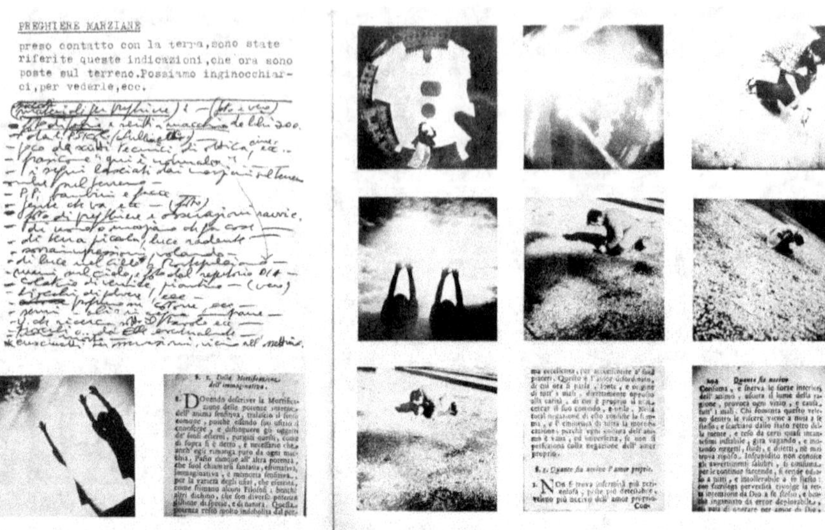

Luca Patella, *Preghiere Marziane*, dal catalogo della mostra *Gennaio 70*

l'elaborazione dell'immagine e il suo controllo diventano la preoccupazione fondamentale, il narcisismo, si rivela come il paradigma teorico più adeguato per interpretare la cultura del video"[12]. In questa prospettiva il video assume la valenza di specchio della società. Facendo riferimento alle interpretazioni dello studioso francese Raymond Bellour, Perniola abbraccia l'idea secondo la quale nella videoarte si assiste al passaggio dall'autobiografia all'autoritratto e di conseguenza a un'arte non più fondata sull'interiorità della coscienza, ma sul "risultato del lavoro svolto dalla personalità narcisistica nell'elaborazione della propria immagine"[13].

Tra i protagonisti dell'evento bolognese Luca Patella, che nella mostra *Gennaio 70* presenta *Preghiere Marziane*, proseguirà appunto, un iter e un interesse per il video nato già in precedenza dal suo lavoro filmico, inerente al tema dell'autopresentazione, come aveva fatto, ad esempio in *Tre e basta!* del 1965, dove l'artista roteava la cinepresa riprendendo a braccio in modo fluido, come nel video. O anche nelle *Auto focus*, le fotografie scattate a sé stesso nell'atto di fotografare. Tali fotografie rappresentavano un intento di autodocumentazione, esprimendo in *nuce* l'esigenza autodocumentativa che lo porterà ad adottare il video nei primi anni Settanta (il suo primo video *Ovide/ Video* è del 1969), come mezzo idoneo a connettere le diverse sfaccettature del suo operare. Caratteristica peculiare del suo uso del video è anche la realizzazione di video ambienti come videoinstallazioni a circuito chiuso quali *Controllo della comunicazione nel laboratorio di psicovita di Luca* del 1973 o ambienti/performances come *Pianta parlante con Luca* del 1971. Nel corso degli anni Settanta inoltre collabora con altri videoartisti girando opere insieme alla moglie Rosa Foschi, con Luciano Giaccari (*Luca Patella e il test Luscher dei colori* del 1974), Alberto Grifi (*Gazzetta Ufficiale di Luca Patella*, del 1976) e Carlo Ansaloni (*Porci in alto non è il caso!* del 1977).

Il video delle origini è uno specchio attraverso cui gli artisti indagano le proprie azioni o quelle del pubblico. Il video ritratto non a caso è uno degli ambiti più praticati nella videoarte degli anni Settanta e costituisce un'indagine del sé e dell'altro attraverso la mediazione della telecamera. In *Portrait of Maria Gloria* (1975) di Lucio Pozzi, ad esempio, il volto di Maria Gloria Bicocchi è sdoppiato attraverso un effetto di split screen. I primi piani, uno verticale e l'altro orizzontale, vengono presentati in un'unica immagine trasmessa con velocità temporali differenti, creando una modulazione della trasmissione dell'immagine. L'artista performativo Urs Lüthi in *Self/Portrait* (1974) e in *Morire d'amore* (1974) presenta due immagini parallele che tagliano in verticale lo schermo. Un sonoro amplificato contribuisce a unire le due immagini giustapposte. L'artista sfrutta le potenzialità cinematografiche del video utilizzando, come già nelle sue fotografie, effetti di luce e di oscurità (nel secondo video illumina a intermittenza il suo volto con una torcia) per cercare suspence e mistero e suggerire ciò che sta "dietro" l'immagine. Vito Acconci in *Theme Song* (1973), opera presentata alla mostra *Arte Video e Multivision* a Milano, guarda attraverso la telecamera in modo estremamente ravvicinato e, steso sul pavimento della sua stanza, comincia a cantare canzoni dei Doors e di Bob Dylan. In questo modo riesce a instaurare grazie all'inquadratura della ripresa video un dialogo diretto e intimo con lo spettatore. Anche Gino De Dominicis in *Videotape* (1974), con la ripresa del volto rivolto verso la telecamera opera una ricerca metalinguistica

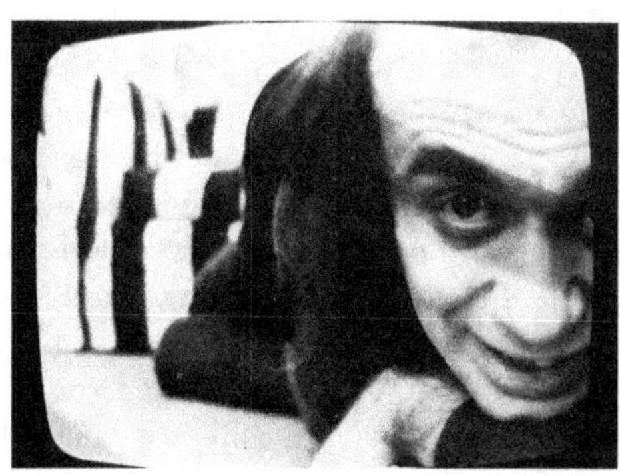

Vito Acconci, *Theme Song*, 1973
Courtesy Archivio Biennale di Venezia

sul medium. Lo spazio è compreso in una sorta di circuito chiuso: la telecamera fissa e puntata sulla performer che è seduta difronte e che a sua volta orienta lo sguardo verso la telecamera frontalmente e di lato. Nel contempo dal "fuori campo" proviene la voce dell'artista che dialoga con la performer. Si tratta pertanto di una riflessione sull'atto stesso dello sguardo nel suo costituirsi attraverso il video.

Oltre la televisione: attitudini, forme, concetti

Negli anni Settanta il video tuttavia non viene usato dagli artisti solo come mezzo a supporto della loro poetica, come medium a servizio della propria espressione artistica, ma anche come mezzo sul quale riflettere, attraverso il quale realizzare opere che indagano sul linguaggio stesso del video. Ovviamente in questo secondo aspetto l'uso del video necessitava di competenze tecniche specifiche, mutuate dal campo cinematografico, che consentissero di intervenire sulle componenti strutturali del mezzo (tempo, segnale elettronico, rumore) manipolandole. Per questo l'esperienza video nella mostra *Gennaio 70* risulta per molti artisti presenti solo un episodio sporadico all'interno della loro ricerca, come del resto avverrà anche in seguito per molti artisti che nel corso degli anni Settanta decidono di sperimentare il nuovo mezzo elettronico all'interno della propria poetica. Tuttavia proprio in quella mostra particolarmente interessante per il confronto con il linguaggio intrinseco del video è invece il lavoro di Gianni Colombo, che in *Segnali vobbulati*, crea un'opera in cui ottiene delle immagini attraverso il disturbo del flusso elettronico del segnale televisivo. Ispirandosi alla poetica di Nam June Paik e facendo tesoro della sua precedente esperienza di artista cinetico e pertanto interessato al rapporto arte e tecnologia, Colombo va oltre la semplice funzione di registrazione per agire sulla sua matrice tecnologica.

"Grazie alla televisione, – scrive Gerry Schum – l'artista può ridurre il suo lavoro a un'attitudine, a un semplice gesto, che si riferisce a un concetto"[14]. In tal senso appare interessante il lavoro realizzato in seguito da Gianni Colombo insieme a Vincenzo Agnetti, elaborando esperimenti con il video di natura prettamente teorica volti a sondare le potenzialità autoriflessive stesse del medium elettronico. A proposito di *Segnali vobbulati*, Colombo spiega di voler utilizzare "la televisione quale possibilità per indagare 'segnali' ottenuti elettronicamente e non come strumento di registrazione di oggetti ripresi dalla realtà"[15]. Nel video *Vobulazione e Bieloquenza Neg.*, realizzato insieme a Vincenzo Agnetti, l'artista sonda la possibilità del video di generare elettronicamente su uno schermo un pattern quadrato bianco su fondo nero sul quale sovrapporre delle bande che, con diverse varianti, contribuiscono a movimentare e definire lo spazio. Il video, che unisce la sua

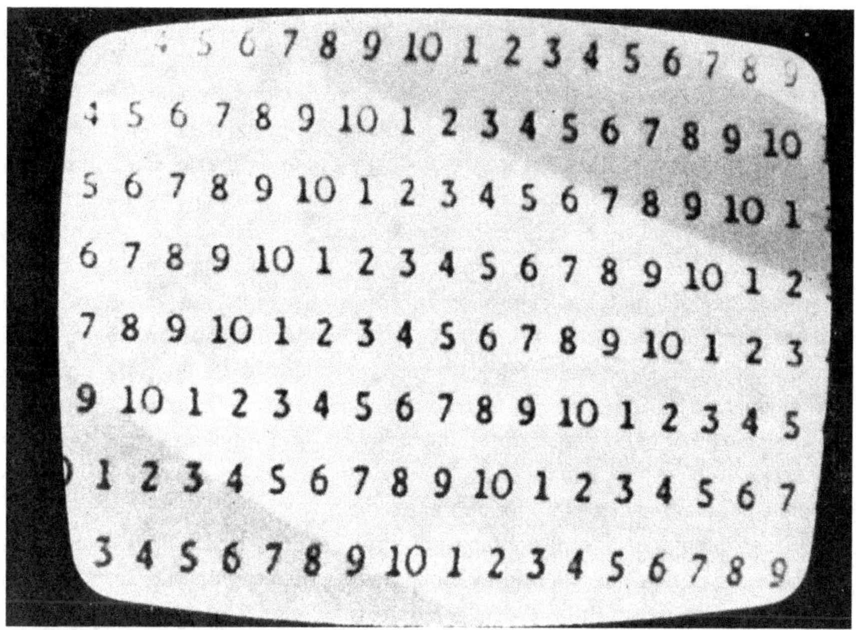

Vincenzo Agnetti, *Documentario n. 2*, 1973
Courtesy Archivio Vincenzo Agnetti

ricerca spaziale con quella linguistica di Agnetti si avvale inoltre di una parte
sonora sviluppata da quest'ultimo con l'apparecchio "neg", uno strumento
rilevatore di pause. Anche in *Documentario n. 2*, realizzato nel 1973, Agnetti
utilizza la registrazione come strumento interlinguistico: una serie di numeri
corrispondono alla lettura del suo testo *Amleto politico*.

La videoarte nasce del resto proprio in stretto rapporto con il monitor
televisivo e dal confronto con esso deve essere fatta risalire la matrice prima
della sua origine. Secondo molti critici del video, inoltre, e in particolare
Silvia Bordini[16] sarebbe nata proprio in ambito italiano la prima vera e propria
riflessione critica sulla natura del mezzo video in ambito artistico e in particolare
con Lucio Fontana: sia attraverso i suoi manifesti pubblicati tra il 1947 e il 1952,
sia nella sua collaborazione con la Rai TV di Milano per la realizzazione della
trasmissione sperimentale del 17 maggio 1952. Ma è soprattutto nel *Manifesto del
Movimento Spaziale per la Televisione* - firmato nello stesso 1952 da Ambrosini,
Burri, Crippa, Deluigi, De Toffoli, Dova, Donati, Fontana, Giancarozzi, Guidi,
Joppolo, Regina, Milena Milani, Marucchio, Peverelli, Tancredi, Vianello che
Fontana ha cominciato a indagare la natura e le caratteristiche specifiche del
mezzo video: non solo sulla sua natura trasmettente, ma come parte integrante

della ricerca e dell'opera stessa. I punti essenziali della sua riflessione, ribadita anche in altri documenti, come la dichiarazione *Perché sono spaziale* (1952) sono in sintesi: la potenzialità del mezzo televisivo nel rielaborare la nozione di opera come oggetto e nel proporre un modello nuovo di interazione con il pubblico; il riferimento alla dematerializzazione dell'arte; l'idea di spazio come categoria mentale, oltre che fisica; l'accettazione di una concezione evolutiva dell'arte che porta inevitabilmente chi la fa a confrontarsi con le conquiste della tecnologia. "L'impiego della televisione implica l'intenzionalità di rielaborare la nozione di opera come oggetto e di proporre interrogativi sulla sua struttura, sulla percezione, sul rapporto con il pubblico"[17]. Fontana "non solo inaugura, quasi simbolicamente, l'uso della televisione per produrre e trasmettere un'opera d'arte, ma anche, in senso più largo e generale, afferma la necessità creativa di impiegare i nuovi mezzi forniti dalle scoperte scientifiche del suo tempo, e così facendo cattura già la disponibilità del video a collegarsi e rielaborare altre forme e linguaggi dell'arte contemporanea"[18].

Le idee pionieristiche di Fontana sulla televisione sono quindi da mettere in relazione con la nascita e lo sviluppo della videoarte, che sorge proprio in rapporto, anche conflittuale, con il mezzo televisivo. Del resto molti artisti alla fine degli anni Sessanta non si avvicinano al video in modo puramente strumentale, ma cercano di sfruttarne consapevolmente le potenzialità tecniche e soprattutto linguistiche. Proprio in quanto nasceva in stretta correlazione e anche in posizione critica con la televisione - e tra gli artisti coinvolti nella prima mostra di videoarte italiana, in quella che è stata la sua unica esperienza con il video, vi è Gianni Emilio Simonetti, che proviene appunto da un contesto artistico come Fluxus, che ha formulato forti critiche al mezzo televisivo – la videoarte intende recuperare un dialogo con lo spettatore, cercando al contempo un connubio tra immagine-informazione e sensibilità estetica. Proprio la Rai Radio Televisione Italiana nel 1972 mostra un primo interesse verso questa forma d'arte con la trasmissione "Happening" di Enrico Rossetti che nel 1972 trasmette in diretta sul II canale il video di Fabio Mauri *Il televisore che piange* nel quale l'artista compare dapprima sullo schermo con la scritta "The End" poi, in assenza di immagini per sessanta secondi, si sente solo il suono di un pianto angosciato seguito dalla scritta con il titolo del video. Così Mauri, con intento politico, interrompendo il programma, intende far riflettere gli spettatori, incuriositi dall'apparente guasto, sulle contraddizioni della società italiana.

"Il video offre la straordinaria possibilità di materializzazione del pensiero, delle proprie idee – scrive Angela Madesani - Attraverso di esso era possibile materializzare l'incontro del tempo e dello spazio"[19]. La sperimentazione audiovisuale relativa al suo linguaggio specifico ha coinvolto tra la fine degli anni Sessanta e l'inizio dei Settanta, oltre a Fabio Mauri, Vincenzo Agnetti e Gianni Colombo diversi artisti provenienti sia dall'ambito dell'arte visiva, come Gianfranco Baruchello, Mario Schifano, Ugo Nespolo, Luca Patella, sia film-maker come Alberto Grifi, Stefano Agosti, Guido Lombardi e Anna Lajolo, che si occupano soprattutto di video impegnati politicamente.

Le possibilità di mostrare immagini in movimento, di scomporre e ricostruire la sequenza, di isolare segnali visivi e contaminarli con il sonoro, sono tra gli aspetti che hanno portato questi e altri autori ad abbandonare la tela per sperimentare il campo del video.

Centri di produzione video e riflessione critica

Dopo l'esperienza di *Gennaio 70*, le occasioni per confrontarsi in Italia sul nuovo mezzo artistico non mancano di certo. A Milano Tommaso Trini, reduce da Bologna, organizza nel mese di maggio dello stesso 1970 *Eurodomus 3. Telemuseo*, allargando l'invito a Marotta, Martin, Fabio Mauri e lo stesso Trini e nel 1975 cura alla Rotonda di via Besana a Milano *Artevideo e Multivision*, scegliendo di presentare esclusivamente opere non performative, caratterizzate da contenuti di impegno politico e sociale. Con questa mostra, dove erano presenti anche numerosi artisti internazionali, tra cui lo stesso Nam June Paik, Trini intende dimostrare che il video ha oramai raggiunto lo statuto di nuovo medium ed è da intendersi un linguaggio critico e consapevole nei confronti di una fruizione spesso disattenta e acritica della comunicazione di massa. È "una verifica pratica dei presupposti ideologici dell'attività video connessa all'arte e alla cultura alternativa" [...] "la riprova del celebre motto di McLuhan secondo cui 'il mezzo è il messaggio'"[20].

Anche altri critici militanti dell'epoca e interessati ai nuovi mezzi di espressione artistica, come Germano Celant e Daniela Palazzoli, si impegnano nel 1974 a fare il punto sulle nuove ricerche video nella mostra *Nuovi Media – film e videotapes*; mentre nel 1979, Vittorio Fagone, tra i critici più attenti da questo momento alla videoarte, riassume le ricerche del decennio nella mostra *Camere Incantate. Video cinema fotografia e arte negli anni Settanta*, dove compaiono tra l'altro numerose videoinstallazioni, mentre Alessandro Silj a Roma promuove la rassegna *Video '79*. Una sezione di "Videotape e film d'artista" è presente anche nell'importante rassegna internazionale romana *Contemporanea* (1973-1974), che si è svolta in diverse aree del parcheggio di Villa Borghese, così come nella Quadriennale romana del 1973. Nella prima rassegna erano presenti una sezione video curata da Luciano Giaccari dedicata alle nuove forme di autogestione politica e di arte impegnata, con tra l'altro una serie di videotape girati in alcune scuole elementari romane, e una sezione dedicata a una riflessione sull'uso estetico del video. Per queste mostre gli artisti e i curatori si sono avvalsi anche della collaborazione di alcune gallerie romane di tendenza come L'Attico di Fabio Sargentini, che ha promosso insieme a Luciano Giaccari la produzione di alcuni video legati alla performance e la Galleria dell'Obelisco, che dal 1971, con la collaborazione di Francesco Carlo Crispolti, si era trasformata in un laboratorio di ricerca e di produzione[21]. Mentre a Venezia svolge un ruolo attivo in questo ambito, promuovendo mostre e producendo opere in collaborazione con il Filmstudio di Roma, la Galleria del Cavallino di Paolo Cardazzo.

La diffusione del video in Italia si deve allo stesso tempo anche alla nascita di diversi centri di produzione video tra cui art/tapes/22, centro sperimentale di produzione, distribuzione e diffusione di videoarte fondato nel 1973 a Firenze da Maria Gloria Bicocchi, confluito nell'Archivio Storico delle Arti Contemporanee della Biennale di Venezia[22]; lo studio 970/2 aperto a Varese nel 1967 da Luciano Giaccari rilevando uno studio televisivo; il Centro Video Arte al Palazzo dei Diamanti di Ferrara[23], l'unico centro a carattere pubblico, fondato nel 1971 da Lola Bonora. Ciascun centro, con la sua specificità, ha contribuito a diffondere l'uso della videoarte in Italia, sia promuovendo mostre, sia coinvolgendo i protagonisti internazionali.

Un caso particolare è quello costituito proprio dall'attività di Bill Viola, artista video già affermato, tra il 1974 e il 1976, come operatore video e direttore tecnico di art/tapes/22. Il suo compito, come testimoniato dall'artista stesso è stato quello di "tradurre" in video i progetti degli artisti, fossero essi strutturati come quelli di Urs Lüthi o Taka Ito Iimura, o improvvisati come quello di Arnulf Rainer. La difficoltà maggiore era quella di superare il gap tecnico dell'Europa,

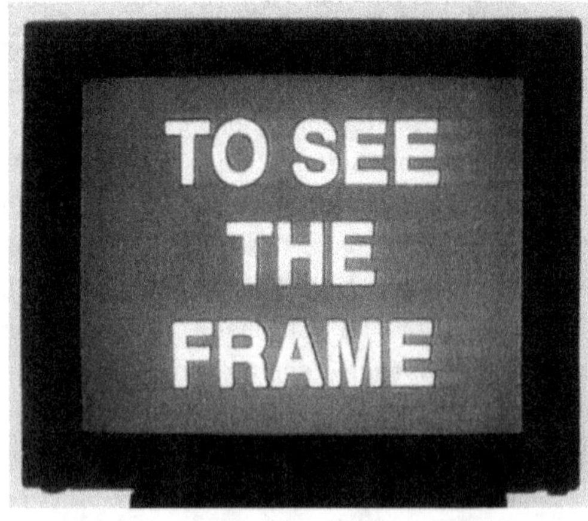

Takahiko Iimura, *Screen Play*, 1963

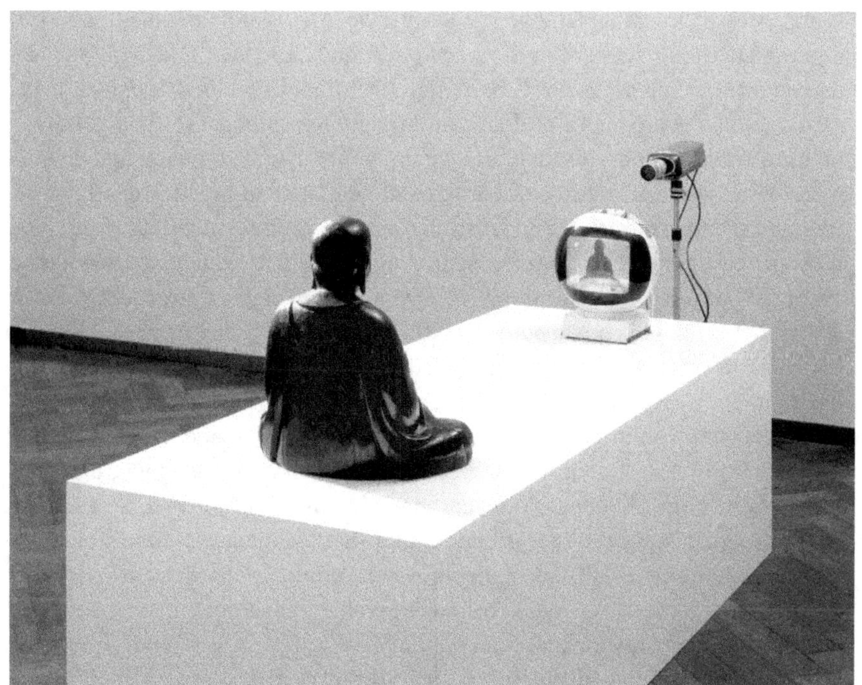

Nam June Paik, *Video Budda*, 1974

rispetto a quello più avanzato degli USA. In una prima fase, infatti nel centro di produzione art/tapes/22 i registratori erano tutti a bobina aperta (*open reel*), con il nastro magnetico che veniva inserito a mano. Il montaggio avveniva registrando l'immagine una seconda volta o, meglio, su un secondo registratore sincronizzato con il primo. Inoltre mentre negli Usa si era giunti negli anni Settanta all'impiego del ¾ di pollice colore in formato NTSC (National System Committee), in Italia vengono utilizzati i nastri ¼ di pollice bianco e nero, dove quasi sempre le durate dei videotape corrispondono al tempo di registrazione, senza interventi di montaggio[24]. Tale aspetto tecnico influisce inevitabilmente sulla qualità e sulla tipologia linguistica delle opere di chi in quegli anni in Italia si occupava di videoarte. Non sorprende quindi che ancora negli anni Settanta tra la produzione video continua a permanere la realizzazione di film d'artista, anche nei centri di produzione più all'avanguardia come quello, appunto, di Firenze[25].

L'attività di Luciano Giaccari è stata invece prevalentemente indirizzata alla registrazione video di performance musicali, teatrali e di danza in chiave documentativa: il progetto è nato nel 1968 con il titolo *Televisione come memoria*, con il proposito di documentare le opere presentate alla "24 ore di no stop Theatre, opere di fumo e di vento, esperimento di nuovo teatro", una manifestazione che prevedeva l'utilizzo di ventiquattro monitor che ogni ora trasmettevano in diretta e in differito gli eventi in corso. Giaccari fornisce anche un contributo teorico molto interessante nella storia del video proponendo nel 1972 una *Classificazione dei metodi di impiego del videotape in arte* (pubblicata da Bolaffi nel 1973) nella quale pone la distinzione di due modalità principali di uso del video in arte: la realizzazione di "videotape", "video performance", "video environment", cioè "situazioni di rapporto diretto artista-mezzo televisivo" e la documentazione di azioni a carattere sociale ("videodocumentazione", "videodidattica", "videocritica"), cioè "situazioni di rapporto mediato artista-mezzo televisivo". A quest'ultima categoria si possono ascrivere, ad esempio, le opere video realizzate dal gruppo militante Videobase, formato nel 1971 a Roma da Anna Lajolo, Guido Lombardi e Lanfredo Leonardi, che si servono della videoregistrazione come "arma leggera" a basso costo per sconfiggere il capitalismo occupandosi di temi politici e sociali, o da altri autori impegnati come Alberto Grifi e il milanese Laboratorio di Comunicazione militante. Particolarmente significativo è il video *Anna* (1974) di Grifi e Massimo Sarchielli che, attraverso la registrazione di momenti di vita vissuta da una giovane hippy, incinta e senza fissa dimora, attua uno scavo psicologico del personaggio e allo stesso tempo una riflessione in chiave sociologica della società alternativa degli anni Settanta. Questi autori sottolineano l'impegno politico del video utilizzato in chiave di controcultura: sfruttano il potenziale sociale del mezzo

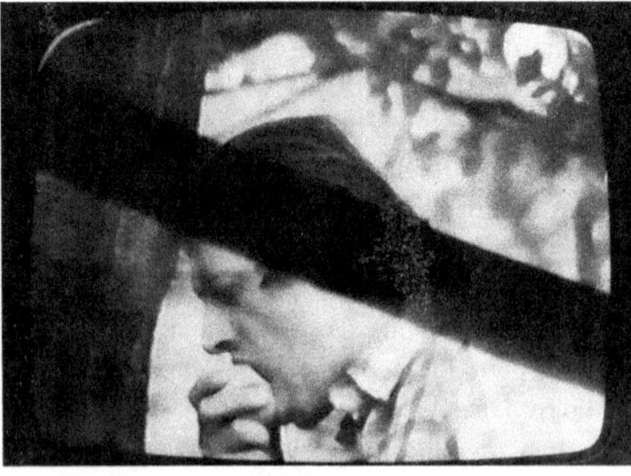

Luciano Fabro, *Apologhi tra l'allegorico e il morale, Arte video e Multivision*, 1975
Courtesy Archivio Carla e Luciano Fabro

di comunicazione per contribuire al cambiamento sociale e culturale, unendo arte e vita, ideologia e critica. Il culmine e l'epilogo di tale forma di uso del video si ha nella mostra romana "Video 79" organizzata da Alessandro Silj, con la presenza di oltre 340 opere di artisti internazionali impegnati sul piano sociale, politico, culturale.

A metà tra arte e controinformazione è il *Laboratorio di Comunicazione Militante* che si forma nel 1976, a ridosso del Parco Lambro, con Tullio Brunone, Giovanni Columbu, Claudio Guenzani, Ettore Pasculli e Paolo Rosa. Tra gli ambiti di interesse della sua produzione video vi sono soprattutto le tecniche di comunicazione e l'analisi tramite il linguaggio video del messaggio televisivi e della portata persuasiva occulta dei "comunicatori di potere". Nel 1976 il *Laboratorio* partecipa alla Biennale di Venezia nella sezione *L'ambiente come sociale* presentando video che svelano le tecniche manipolatorie del linguaggio di personaggi del mondo della politica e della cultura. Scopo principale del lavoro è appunto mettere in evidenza i meccanismi dei processi con cui si costruisce l'informazione, usando il feedback come autoriflessione sui comportamenti. La registrazione a circuito chiuso sarà il procedimento tecnico preferito dal *Laboratorio*, grazie all'immediato coinvolgimento "in diretta" dello spettatore, offerto dalla possibilità di vedersi mentre si è ripresi. L'intensa attività del Laboratorio di Comunicazione tangenziale sia nei confronti dell'arte sia verso la controinformazione, termina però nel 1979, alla fine di una lunga lotta per ottenere in gestione dal Comune di Milano lo spazio di San Carpoforo a Milano, che prosciuga energie e fondi.

Prevale invece nella produzione di art/tape/22 e del Centro Video Arte di Ferrara l'uso del video come videotape nella definizione di Giaccari secondo la quale: "il nastro magnetico audio-video registrato elettronicamente, costituisce il supporto materiale dell'azione artistica (come la carta, la foto, il film). Il videotape è in effetti l'opera stessa e può essere un 'unicum', avere una tiratura più o meno limitata"[26]. Questo aspetto specifico della videoarte è stato messo in luce criticamente da Cosetta G. Saba in occasione della mostra e della pubblicazione *Arte in videotape*, che si è soffermata sul tema della conservazione del materiale documentario del centro di Ferrara confluito nell'Archivio Storico della Biennale di Venezia. Nel considerare l'aspetto restaurativo dell'opera video, infatti, la studiosa riflette sulla natura linguistica dell'oggetto artistico video e al contempo sulla sua natura autonoma rispetto all'opera di cui è documentazione, tornando in un certo senso a chiudere il discorso su quel dibattito sorto alle origini stesso del video in arte. Come nel caso della fotografia, della quale non si può certamente dire che sia obiettiva, così anche per la registrazione video delle performance o la documentazione di opere comportamentali non si può parlare di neutralità: "[...] l'opera, la performance documentata non coincide con la registrazione della performance stessa ovvero con il testo (video) che ne è documento (che dovrebbe essere analizzato in termini sia di funzione documentaria che di forza, capacità documentaria). Ne deriva una sorta di 'filologia reciproca' e in tal senso assume un'importanza centrale il poter rilevare, a livello semiotico, il coefficiente di reciproca modellizzazione – fra 'testo' documentato e 'testo' documento – per non confondere le funzioni delle due forme discorsive e testuali"[27]. Esposta al pubblico, inoltre, la registrazione diventa un evento e richiede pertanto una fruizione diversa rispetto all'azione in presenza, soprattutto quando viene trasmessa attraverso il monitor televisivo. La natura stessa del video presuppone quindi un continuo slittamento linguistico attraverso campi diversi della comunicazione. La sua natura fluida, non solo dal punto di vista del segnale visivo, ma anche nell'aspetto più psicologico, comporta nel fruitore uno sforzo interpretativo ulteriore rispetto a quello dell'arte destinata all'ambito puramente artistico: la confluenza del cinema, del teatro, della performance, della musica rendono la videoarte un linguaggio particolarmente adatto alla sperimentazione interdisciplinare. La videoistallazione inoltre e la videoscultura contribuiscono ulteriormente ad amplificare in termini ambientali la fruizione dell'opera video coinvolgendo lo spettatore a livello sensoriale e determinando un ulteriore passo in avanti verso la definizione del nuovo linguaggio.

1. Arcangeli Francesco, in *36° Esposizione Biennale Internazionale d'Arte – Venezia*, catalogo della mostra, Venezia 1972, p. 91.

2. Lo ha criticamente sottolineato in un suo intervento espositivo Luciano Caramel nella serie di mostre realizzate a Erice tra il 1999 e il 2003 dal titolo *Arte in Italia negli anni Settanta* e in particolare l'edizione del 1999 dal titolo, appunto, *Opera e Comportamento (1970-1974)*, che, giocando sulla congiunzione, ha scelto di intitolare una mostra dedicata all'arte italiana del periodo 1970-1974 *Opera e comportamento*, sottolineando, appunto,

nel titolo, l'impossibilità di disgiungere le due modalità di espressione artistica.

3. In tale sezione vennero presentati tredici artisti, tra i quali anche due italiani, Gino De Dominicis e Mario Merz che si accostavano a John Baldessari, Joseph Beuys, Daniel Buren, Jan Dibbets, Wolfang Knoebel, Klaus Rinke, Peter Roehr, Ulrich Rückriem, Richard Serra, Keith Sonnier, Lawrence Weiner e al documentario sulla Land Art girato da Schum nel 1969.

4. Barilli Renato, in *36° Esposizione*, op. cit., pp. 96-98.

5. Schum Gerry, in *36° Esposizione*, op. cit., p. 30

6. Ibidem.

7. Valentini Valentina, *Il video: un non luogo*, in Saba Cosetta G. (a cura di), *Arte in Videotape, art/tapes/22, collezione ASAC – La Biennale di Venezia. Conservazione restauro valorizzazione*, Milano 2007, p. 89.

8. Schum Gerry, *Videonastri*, in *36° Esposizione*, op. cit., p. 31.

9. Valentini Valentina, *Il video: un non-luogo, in Arte in videotape,...*, p. 89.

10. Calvesi Maurizio, "Schermi TV al posto dei quadri", in "L'Espresso", 15 marzo 1970, ora in M. Calvesi, *Avanguardia di massa*, Milano 1978, p. 226, con il titolo *Azioni al video*.

11. Barilli Renato, "Video-recording a Bologna", in "Marcatré", 58-60, 1970. p. 136.

12. Perniola Mario, *Enigmi*, Costa & Noland, Genova 1990, p. 31

13. Ibidem

14. Schum Gerry, *Ready To Shoot*, Fernsehgalerie Gerry Schum, Düsseldorf, Kunsthalle Düsseldorf, 2004, p. 171.

15. Scheda di Gianni Colombo, in Barilli R., Calvesi M., Trini T. (a cura di), *Gennaio 70. terza biennale internazionale della giovane pittura. Comportamenti Progetti Mediazioni*, catalogo della mostra, Museo Civico di Bologna, 31 gennaio-28 febbraio 1970.

16. Cfr. Bordini Silvia, "Memoria del video: Italia anni Settanta", in "Ricerche di Storia dell'Arte", n. 88, numero monografico dal titolo *Videarte in Italia*, Carocci editore, Roma

17. Ibi, p. 7.

18. Ibidem.

19. Madesani Angela, *Le icone fluttuanti. Storia del cinema d'artista e della videoarte in Italia*, Bruno Mondadori, , p. 95.

20. Trini Tommaso, "Artevideo e Multivision. Alternativa Video", in "D'Ars", n. 75, luglio 1975, p.13.

21. Cfr. Bordini, op. cit., p. 15.

22. La sua storia è ricostruita in *Arte in videotape. art/tapes/22, collezione ASAC – La Biennale di Venezia conservazione restauro valorizzazione*, a cura di C.G. Saba, Silvana Editoriale, Cinisello Balsamo 2007

23. Per approfondimenti si veda: Gallo Francesca, "Il video al museo: il Centro Video Arte di Palazzo dei Diamanti a Ferrara negli anni Settanta e '80", in "Ricerche di Storia dell'Arte", op. cit., pp. 47-61.

24. Ibi, pp. 34-35.

25. Tra i video prodotti dal centro si possono annoverare quelli di Vito Acconci, Joan Jonas, Simone Forti, Richard Landry, Charlemagne Palestine, Marina Abramovic, Joseph Beuys, Guido Patelli, Michele Sambin, Vasulka, Richard Serra, ma vi sono anche i film di Marcel Duchamp e Dennis Oppenheim e le registrazioni di Bruce Nauman, Donald Judd, Richard Serra, Dan Flavin etc.).

26. Cfr. *Impact Art Vidéo Art 74*, Galerie Impact, Lausanne 1974; Cfr. L. Giaccari, "Veni, Video. Vici?", in "BolaffiArte", 49, aprile-maggio 1975.

27. Saba Cosetta G., *La memoria delle immagini: art/tapes/22. Restauro e "riattualizzazione"*, in Cosetta G. Saba, a cura di, *Arte in videotape. Art/tapes/22, collezione ASAC – La Biennale di Venezia conservazione restauro valorizzazione*, Silvana Editoriale, Cinisello Balsamo (Mi) 2007, p. 49.

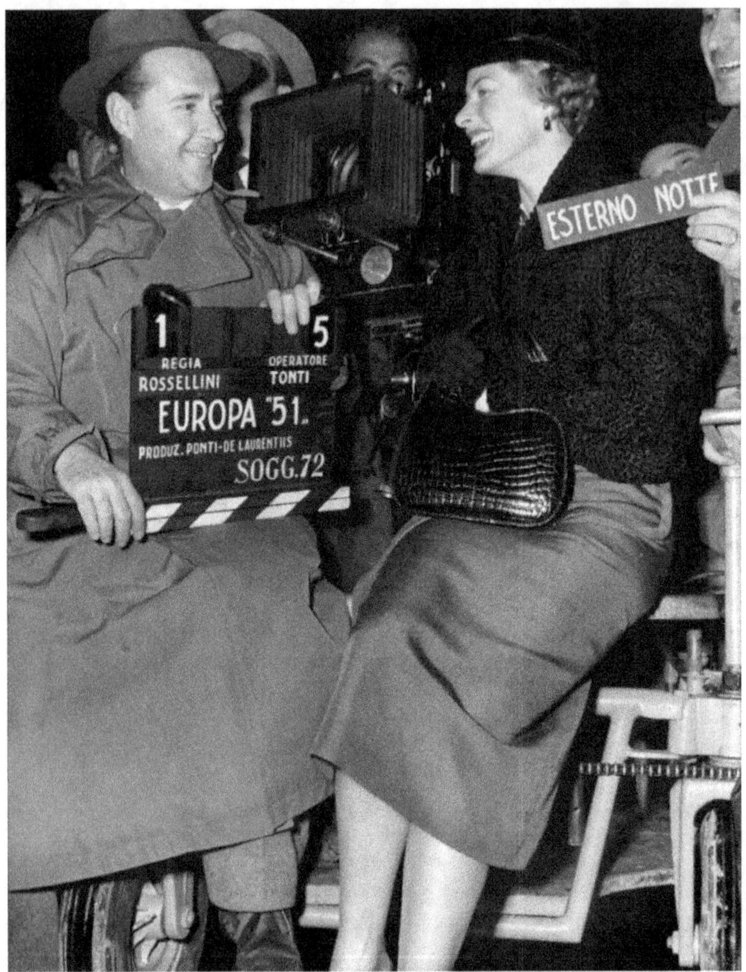

Roberto Rossellini e Ingrid Bergman durante le riprese di *Europa 51*, 1952

La coscienza del mondo:

Rossellini contro il cinema?

MICHELE GUERRA

Il mio grande progetto è di scendere in lotta
molto seriamente e in modo organico
contro il cinema "ufficiale"
Roberto Rossellini[1]

Riparto più o meno da dove ero arrivato nell'intervento contenuto in *Anni '70: l'arte dell'impegno*, volume che, con questo, forma una sorta di dittico su quel decennio. Là parlavo di impegni improrogabili del cinema italiano e osservavo quanto difficile fosse circoscrivere questo concetto di impegno in un giro d'anni piuttosto stretto che va dal 1967 alla metà del decennio successivo. Cosa avevano in comune il così tanto vituperato "rosipetrismo" (che si estendeva ben al di là dei film di Francesco Rosi e Elio Petri) con forme impegnate quali quelle dei Cinegiornali liberi zavattiniani, o di quelli del Movimento Studentesco? Cosa con la Cooperativa del Cinema Indipendente (CCI) o con le proposte del Collettivo Cinema Militante (CCM)? E soprattutto: dove e come militava la critica cinematografica? Dove si rompeva o si rinsaldava la relazione tra un cinema italiano che si voleva in certe sue forme liberare e rifondare ed una critica che aveva ancora al suo centro la linea aristarchiana (ormai ritenuta perfino reazionaria dalle nuove generazioni) e conosceva una spinta dialettica portata dalle riviste più "nuove" come le diversamente militanti "Ombre rosse" e "Cinema & Film" (vicina quest'ultima alla più antica "Filmcritica") o, alcuni anni dopo, la più accademica "Cinema & Cinema"?[2]

Si osservavano, a farla semplice, due strade principali: i) provare a raccontare di nuovo il paese, a formare una nuova coscienza attraverso il film, ricostituendo sul tema impegnato un sistema narrativo coinvolgente e adatto ad avvicinare lo spettatore medio; debole vocazione alla sperimentazione e ricerca di una chiarezza morale già suggerita dal tema scelto. ii) rinunciare alla drammatizzazione, caricare di impegno la cinepresa e le sue possibilità di rivelazione, affidarsi al cinema nella sua forma più pura disinteressandosi del coinvolgimento dello spettatore, anzi lasciando che l'intero coefficiente di impegno del film riposi sull'invisibilità del film stesso; alta vocazione alla sperimentazione e ricerca della moralità nel dispositivo, a prescindere dal tema.

Esiste ovunque una forte spinta educativa, anche laddove questo termine viene respinto per il paternalismo che conserva, ma resta il fatto che si tratta di un momento (quello a cavallo tra fine anni Sessanta e primi Settanta) in cui l'esigenza di prendere di nuovo coscienza torna alla ribalta: coscienza della realtà, ma con la stessa forza coscienza del cinema. I temi etici ed estetici, in qualche modo quell'etica dell'estetica che il neorealismo aveva offerto come unica possibile forma di unità per il movimento, tornano ad incrociarsi su un terreno politicamente più fangoso e più teso, in cui proprio il rapporto con la tradizione risulta di più complicata gestione. Eppure ritroviamo ancora le figure dei padri neorealisti, Zavattini da una parte e Rossellini dall'altra, a spiegare cosa bisogna fare o non fare col/del cinema. Il graduale affievolirsi delle spinte del nuovo cinema italiano di un decennio prima (fine Cinquanta-prima metà Sessanta), lo spegnersi della *golden age* dell'underground (per cui si osserva che proprio il 1970 segnerebbe l'inizio di una nuova era, con la diffusione del videotape)[3], la nuova situazione politica negli anni dell'azione collettiva, nonché il ruolo sempre più ingombrante e stimolante della televisione, hanno portato ad una riflessione che ha investito direttamente l'immagine filmica, un'interrogazione dall'interno, cui molti cineasti, di generazione ed educazione diversa, hanno posto mano.

Proprio Rossellini, che richiamavo nell'altro saggio osservandone la volontaria e solo apparente uscita dall'agone del dibattito, diventa una figura chiave per capire a che punto è giunta la discussione sul cinema, qual è lo stato di salute di questa forma d'arte e quali gli obiettivi da porsi nel nuovo sistema mediale in cui la posizione del cinema all'interno dei mass media è al centro di significativi sommovimenti teorici e sociologici[4].

Prima di vedere come si articola quella che potremmo definire, in modo quasi paradossale, la battaglia di Rossellini contro il cinema da dentro il suo stesso cinema, occorre fare un piccolo passo indietro. Il padre Adamo del nostro cinema (come lo chiamava il suo amico e collaboratore Fellini) era sostanzialmente entrato in rotta di collisione con il cinema italiano immediatamente dopo la sua trilogia della guerra neorealista (*Roma città aperta*, *Paisà*, *Germania anno zero*). Rossellini non capiva sinceramente dove il cinema italiano volesse andare dopo la grande e circoscritta stagione del neorealismo e tutto sommato, per come era fatto, non gliene importava granché: lui avrebbe fatto il cinema che voleva indipendentemente dalle opportunità di mercato e dall'approvazione della critica. Il ciclo dei film "bergmaniani", cioè interpretati da Ingrid Bergman, lo portò sempre più lontano dall'Italia e lo avvicinò invece alla Francia, dove

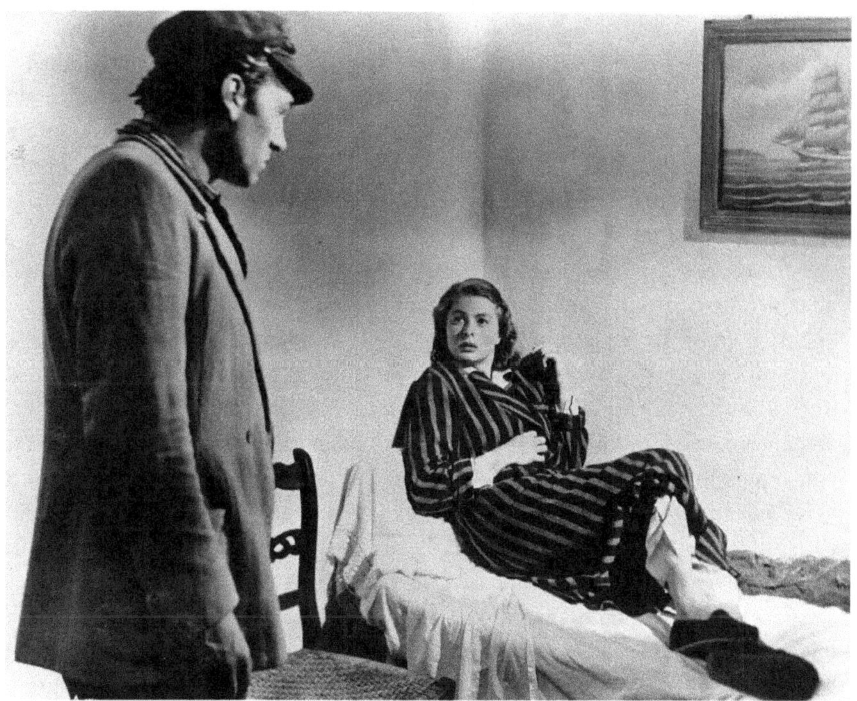

Stromboli (Terra di Dio), Roberto Rossellini, (Italia 1950)

trovò un gruppo di giovani critici pronti a scorgere nel suo modo di fare cinema i germi di una nuova modernità rispetto a quella neorealista, una modernità che innesta il saggio dentro la finzione, come ha osservato il più ferreo e acuto dei "rossellinologi", Adriano Aprà[5]. Oltre all'apprezzamento critico, Rossellini trovò in Francia un calore umano che sempre meno trovava nell'ambiente cinematografico italiano. Cominciava a consumarsi la lunga incomprensione tra l'idea di cinema rosselliniana e il nostro cinema, un'incomprensione che riguardava la svolta spiritualista dei primi anni Cinquanta, la folgorazione indiana e tutto il gossip che ne seguì e che fece più scalpore del capolavoro che Rossellini riportò a casa, e infine la stagione didattica e televisiva. Il mancato incontro tra la critica italiana e Rossellini, fino ad arrivare a parlare di "antirossellinismo"[6], venne però in parte contraddetto proprio negli anni che ci interessano, al punto da far scrivere a Pio Baldelli, nel 1969, che a fronte della lunga preclusione antirosselliniana si andava assistendo alla "recente e smodata infatuazione per i film di Rossellini, idolatrati in blocco"[7].

Attorno alla produzione televisiva si è sviluppato il ripensamento di Rossellini rispetto al cinema ed è su questo periodo che ci soffermeremo, scorgendovi lo spazio per una riflessione sul mezzo che non è soltanto indicativa rispetto alla complessa vicenda personale e autoriale di Rossellini, ma che dà pure conto di un momento di radicale riflessione intorno alla natura e agli usi del film proprio all'alba del decennio che avrebbe infine sancito la più grave e irreversibile crisi del sistema cinema[8].

India Matri Bhumi (1959), *Viva l'Italia* (1961) e *Vanina Vanini* (1961) sono i film della svolta didattica, i film che, seppur nella loro diversità, avviano il processo del ripensamento stilistico, del rifiuto della drammatizzazione tradizionale, dell'"informazionalità" che sarà propria del (tele) cinema espositivo di Rossellini. L'importante diventa il proposito del film, che travalica la figura dell'autore, la sacralità dell'opera, il primato dello stile. Il proposito equivale, in ogni momento, alla volontà di incidere sulla cultura, di tornare a ciò che davvero serve per formare una coscienza del mondo attraverso l'arte, come Rossellini scrive chiaramente nel marzo del 1965 su "Il Giornale d'Italia", nell'anno d'uscita del suo primo grande progetto televisivo: i cinque episodi di *L'età del ferro*[9].

Questo atteggiamento spiega come Rossellini si liberi senza troppi problemi dalla schiavitù dello stile, che invero non ha mai provato, e al contempo dalla schiavitù dell'autore, per cui è perfettamente normale, una volta fissato il proposito, che il film lo giri il figlio Renzo. Come ha scritto Aprà, proprio a partire dall'*Età del ferro*, "la messa in scena [...] non dipende direttamente dalle angolazioni, dai movimenti di macchina o dalla direzione degli attori. Ciò che conta è innanzitutto il *principio* del film, e l'assenza di ogni a priori che possa indirizzare il significato della realtà mostrata". All'uscita di *India*, Godard scrisse in fretta, a caldo, che "l'immagine non è altro che il completamento dell'idea che la provoca" e aggiunse che "*India* congloba il cinema mondiale così come le teorie di Riemann e Planck conglobano la geometria e la fisica classica"[10]. Rossellini risolve (o meglio, cerca di farlo) il problema della contiguità tra cinema e pensiero e porta alle estreme conseguenze la forza debordante del film, liberata da ogni strettoia narrativa, visiva, produttiva: è il film che esce, in tutti i sensi, dallo schermo di cui parlava a Bertolucci Henri Langlois per le opere di Renoir e Rossellini[11]. È il nuovo modo di stare vicini alla verità, che è "sempre sbracata, sfocata, sbrindellata..."[12], cioè, sembra suggerire, anti-cinematografica.

In un recente intervento sul Rossellini televisivo, Sandro Bernardi conclude dicendo che Rossellini va in cerca di "un cinema come scrittura di pensiero, in cui vedere vuol dire capire"[13], che ricorda lo slogan di Alfredo Leonardi secondo cui "vedere è un modo di pensare". Voglio dire che questo nesso tra il vedere e il pensare è il vero nucleo delle diverse riflessioni sul cinema, attorno al quale gravitano le filosofie dei cinegiornali zavattiniani, dei *ciné-tracts*, dei film sperimentali. Si tratta, in ogni caso, di rieducare alla visione passando attraverso lo studio del funzionamento del film e tornando, se esiste, al grado zero della scrittura cinematografica, cioè alla registrazione, a un cinema "espositivo", "presentativo", "teatrale"[14] che ci respinge verso attrazioni elementari che stanno nel gesto, nella voce, nel palpito del reale che ora Rossellini sembra recuperare in una dimensione storica del tutto diversa rispetto a quella del suo cinema precedente. Come non vedere il terreno comune che lega queste riflessioni di un vecchio maestro ai territori più intransigenti dell'underground, che prima di tutto volevano capire come pensare attraverso il cinema? Come non vedere una matrice comune con quel Godard che poi prenderà vie del tutto differenti, anche quando si confronterà con la televisione? Come non scorgere un contatto addirittura con Straub, di cui Rossellini, nel 1974, confessa di non aver visto nemmeno un film?[15] Come, infine, negare un preciso impegno militante dello sfuggente Rossellini (si pensi a quanto si spende, tra scritti, interviste e pubblici dibattiti per questo nuovo progetto) rispetto ai temi del linguaggio cinematografico?

Dunque negli anni in cui il cinema sperimentale è il luogo della metariflessione sopra una forma d'arte che sembra non poter più restare la stessa se non altro per la crescente concorrenza che le si para davanti nel campo mediale e tecnologico, Rossellini è di nuovo in prima linea tra gli sperimentatori. In televisione precederà i cosiddetti "sperimentali televisivi", autori non semplici, sempre tra la fine dei Sessanta e la prima metà dei Settanta, come il primo Gianni Amelio, Peter Del Monte, Gianni Amico, Luigi Faccini, fino anche a Marco Ferreri[16]. Direi addirittura che Rossellini è il più utopista di tutti, il più difficile da seguire: da una parte perché è difficile condividere e accettare la sua posizione circa il fatto che l'arte e il cinema non dicano nulla di noi, della nostra civiltà e non giochino alcun ruolo veramente culturale; dall'altra perché l'apparente semplicità ed ingenuità dei suoi assunti si incarna in immagini che vorrebbero rinnegare il cinema frustrandolo, appiattendolo, banalizzandolo, rendendolo grezzo e sciatto ed è proprio lì che invece dovrebbe compiersi quel miracolo della visione che è tutt'uno con la libertà del vedere e del capire insita nei telefilm rosselliniani.

Come ha scritto Dileep Padgaonkar nel suo meticoloso resoconto dell'avventura indiana, Rossellini nei suoi film cercava di fare fondamentalmente una cosa: "concentrarsi sui punti in cui concetto e materia, idea e realtà collidono, si fondono, si annientano o, in modo stupefacente, producono un miracolo"[17]. Si intuisce subito che siamo oltre qualsiasi linea politica da cinema impegnato (Rossellini che diceva di usare la parola "impegno" solo al Monte di

Pietà)[18] e anche oltre qualsiasi ermetismo o elaborazione concettuale. Siamo in un momento di trapasso, in cui l'immagine in movimento, fuori da ogni vincolo estetico, si libera e sembra poter passare dallo schermo al teleschermo senza che cambi il "proposito"[19].

Certamente rimangono delle ambiguità e anche delle aporie, rimane ad esempio la difficoltà ad eccitarsi, ad emozionarsi non tanto davanti alla nuova idea di cinema espanso rosselliniana, quanto piuttosto davanti ai suoi esiti; non v'è neppure lo spazio per la sublimazione intellettuale che garantisce il godimento di certo cinema sperimentale. Resta l'impressione di essere di fronte ad una lezione: *India* è anzitutto una lezione di geografia, diceva il suo autore[20], ma è proprio a questo livello che si ritrovano, nella loro essenzialità, le questioni chiave che riguardano ancora il film-saggio, la storicità del cinema, per non dire di quella curiosa divaricazione tra cinema "orale" e cinema "scritto" che ben si sposa con la vocazione del nuovo mezzo televisivo e che ha portato Aprà a separare, nella scivolosa filmografia rosselliniana, i film orali da quelli scritti: nei film orali "permane una certa ruvidezza di scrittura, un residuo documentaristico, la sensazione di 'non finito', di improvvisato; gli altri sembrano invece concepiti come opere tendenzialmente 'perfette', senza sbavature"[21]. Un discorso, questo, che potrebbe funzionare altrettanto bene per il cinema di molti tra i più moderni sperimentatori in Italia, Europa e Stati Uniti.

La puntualità di Rossellini rispetto ai temi caldi della meditazione sul cinema dall'interno del cinema si riflette in quella che, come abbiamo visto, Baldelli definiva la smodata fortuna critica rosselliniana (il che potrebbe sembrare perfino ironico) negli anni che questo volume prende in considerazione. Del resto, al libro di Baldelli del 1969 sul cinema dell'ambiguità (un tema che anni dopo ritroveremo in due numeri monografici di "Filmcritica"[22] in cui si identificherà in *Anno Uno* un buon esempio di ambiguità filmica) sarebbero seguiti, tutti nello stesso anno, la monografia dello stesso Baldelli, *Roberto Rossellini* (Samonà e Savelli, Roma, 1972), il *Dibattito su Rossellini* curato da Gianni Menon (Partisan, Roma, 1972), il volume *La Tv di Rossellini. Socrate, Pascal, Agostino di Ippona* (Coines Edizioni, Roma, 1972 con prefazione di Gian Paolo Cresci).

Per capire bene qual era l'impatto di Rossellini in quegli anni e per capire quale peso avesse il suo magistero per chi intendesse riflettere sul cinema occorrerà partire dal *Dibattito su Rossellini*. Tra il 23 e il 26 maggio del 1969, si riunì a Pisa un gruppo di giovani di età media molto bassa (tra i venti e i ventitré anni) che a titolo diverso andavano interessandosi di cinema. Alcuni di loro sarebbero diventati registi, sceneggiatori, organizzatori culturali, critici e studiosi di cinema: Paolo Benvenuti, Franco Ferrini, Faliero Rosati, Marco Melani, Enzo Ungari, Fabio Carlini, Alfredo Rossi. Il motivo della riunione era dibattere attorno alla figura di Roberto Rossellini, attraverso incontri seminariali estremamente liberi e se si vuole un po' folli, in cui ognuno potesse partire da Rossellini e arrivare molto più lontano, tra cinema, politica ed esperienze private. Non si trattava dunque di lezioni, quanto di una specie di seduta analitica in cui il cinema fungeva da analista cui raccontare tutto, liberamente. A coordinare le giornate vi erano due giovani cinefili, Adriano Aprà, che poi dedicò molta della sua vita di studioso a Rossellini, e Gianni Menon, che tre anni dopo curò la trascrizione di quei seminari.

La condizione di quei giovani e dei loro "maestri" era quella di individui che vogliono capire in che modo, attraverso il cinema, dare un senso alla loro vita civile e culturale. Il che, mentre lo scrivo, suona utopico, ingenuo e perfino datato, ma allora non lo era affatto ed anzi si collegava, senza saperlo, alla strenua difesa rosselliniana della semplicità e dell'ingenuità, che spesso confinano con la follia[23]. Ma la cosa anche più interessante è che quei giovani rappresentavano molto bene le diverse coloriture dell'impegno cinematografico e metacinematografico di quegli anni: da una parte erano assai politicizzati, pochi arroccati su posizioni intransigenti, i più vicini alle nuove esperienze critiche di "Cinema & Film" oppure ai "Cahiers du Cinéma", dall'altra cercavano un cinema libero che identificavano quasi esclusivamente nell'underground. C'era insomma la voglia di resettare un certo cinema e l'immaginario ad esso legato e spingersi verso quel già menzionato grado zero della scrittura cinematografica e non è un caso che proprio due dei partecipanti a quel dibattito, Paolo Benvenuti e Faliero Rosati, avessero deciso di formare a Pisa il "Gruppo Cinemazero" e di cominciare a fare film.

Uno potrebbe chiedersi: come mai dopo questo underground, in quegli anni così caldi, in mezzo a quei giovanissimi, portare Rossellini e il suo cinema?[24] Le risposte potrebbero essere tante, ad esempio che di quel padre del nostro cinema in pochi erano davvero profondamente a conoscenza, oppure che finalmente si era avuto modo di apprezzare alcuni suoi film incompresi (*Europa '51*, appunto) che avevano emozionato fino alle lacrime, a Venezia, i giovani partecipanti ad un altro seminario sessantottino di Menon e Aprà. Ma vorrei invece proporne un'altra. Immaginiamoci un gruppo di giovani con la passione per il cinema che cerca nei film una moralità che non può più passare soltanto per l'impegno dei temi. Giovani che nascevano negli anni del neorealismo, erano adolescenti negli anni Sessanta del nuovo cinema italiano e dell'underground e poi maggiorenni nel Sessantotto. Ora, tutte queste persone vogliono sostanzialmente capire, alla loro età, quale senso il cinema può dare alle loro vite, cioè quale incidenza reale quella strana ed evasiva attività può avere sulla realtà. Cinema d'intervento militante? Cinema sperimentale per giovani diversamente comunicativi? Cinema didattico? E per chi?

Non esisteva, io credo, nessuna persona che meglio di Rossellini potesse soddisfare queste domande. Dico soddisfare, non rispondere. Piuttosto di domande ne sarebbero venute fuori anche di più, ma sarebbero state *le* domande sul cinema, che restano fisse, in lontananza, come *le* domande sulla vita, ma che conservano quella forza di attrazione che ci permette di muoverci. Questo discorso poteva anche sfuggire ai lettori di quel piccolo libretto del 1972, ma diventa chiarissimo a chi lo rilegge oggi, nella riedizione curata da Aprà e contenente le riflessioni dei partecipanti, e non solo, a quelle giornate[25]. Già Renzo Rossellini nota come questo strano "documento di antropologia culturale sul '68 e sugli anni successivi"[26] dimostri le resistenze e le difficoltà di giovani politicizzati a capire quanto vicino ai loro ideali fosse tutto il cinema di Rossellini. Ma, aggiungerei, quel documento rivela altresì la straordinaria capacità del cinema di Rossellini di infrangere quelle resistenze e di appianare gradualmente le difficoltà. Goffredo Fofi, da parte sua, nel ritrovarsi oggi più vicino all'etica del regista e del dibattito, spiega quali erano le ragioni della polemica antirosselliniana in seno alla critica più impegnata che voleva il cinema militante, o anche più ermeticamente il cinema "della negazione": *in primis* vi è una ragione politica, legata alla trasversalità di Rossellini, che aveva estimatori a destra e sinistra e che senza dubbi rifuggiva gli schieramenti anche a costo di sembrare più che ambiguo, motivo per cui Baldelli, con tono anche canzonatorio, inviterà a diffidare di certo Rossellini e particolarmente di quello televisivo, che in alcuni casi, come ad esempio *L'età del ferro*, offrirebbe "un quieto servizio all'industria capitalistica"[27]. Poi v'è il fatto che Rossellini non guardasse più alle potenzialità del cinema e si stesse definitivamente spostando sulla televisione; questo punto risulterà centrale per noi, perché rivela un'altra delle ambiguità di Rossellini e cioè l'apparente abbandono del cinema che invece cela una profonda riflessione sul cinema stesso che pone al centro il "proposito" dell'immagine in movimento, questione che non preclude, né a Rossellini, né ai suoi esegeti, la strada del ripensamento linguistico del film. Infine v'è il dubbio "mistico", da cui a dirla tutta nessuno spettatore o anche lettore rosselliniano può essere immune. Rossellini è un mistico cui non dispiace la parte del folle e che favorisce un atteggiamento critico a sua volta mistico, che si ritrovava in Francia nella venerazione dei "Cahiers du Cinéma" e in Italia su "Filmcritica" e poi su "Cinema & Film"[28].

Dunque allo sganciamento politico, che dovrebbe piacere, in quegli anni caldi, agli oppositori del "rosipetrismo", non corrisponderebbe quell'altro tipo di militanza "negazionista" che crede fondamentalmente in un rinnovamento del cinema da dentro il cinema, capace di sradicarne le drammaturgie più condivise. Eppure l'apertura di Rossellini, il suo sfiorare la militanza rifuggendola ogni volta che rischia di divenire esplicita, gli avvicina, proprio negli anni in cui medita l'abbandono del cinema, figure di giovani autori quanto mai diverse: si pensi al "manifesto" pubblicato sui "Cahiers du Cinéma" nell'ottobre del 1965 e ispirato del tutto dalle idee rosselliniane, firmato anche da Gianni Amico, Adriano Aprà, Gian Vittorio Baldi, Bernardo Bertolucci, Tinto Brass e Vittorio Cottafavi[29].

Il progetto televisivo di Rossellini si fonda sulla rinuncia all'autore (espressa dalla scelta di far girare senza problemi alcuni film al figlio Renzo), sulla rinuncia apparente all'attore (che diviene veramente mezzo e mai fine), sulla rinuncia allo stile e perfino all'estetica del film. Non è difficile scorgere in queste scelte radicali i contatti con certe frange di quel cinema "negazionista" cui Rossellini sembrava essere opposto. Il nuovo cineasta deve, secondo Rossellini, andare oltre, oppure fermarsi al di qua del suo punto di vista[30], non deve prefissarsi uno stile, ma lo deve in qualche modo trovare ogni volta in un confronto serrato con le pretese della sua storia[31], deve disinteressarsi di dove il suo film vada a finire, della grandezza dello schermo, del fatto che il pubblico lo veda a colori o in bianco e nero[32]. Sono questioni che rivelano quanto importante sia per Rossellini la "sostanza", persa, a suo dire, in quelle forme d'arte che vogliono fare la rivoluzione con il linguaggio e che gli sembrano tanto ribelli nella forma quanto retrive nella sostanza[33].

Ciò non toglie, però, che proprio mentre lancia la sua rivoluzione di sostanza, Rossellini finisca *naturaliter* per interrogare la forma. Si tratta allora davvero di tradire in qualche misura Rossellini stesso e andare a leggere la "scrittura latente" dei suoi telefilm e di capire veramente quale lavorìo teorico ci sta dietro[34]. In un numero di "Filmcritica" del 1977 a lui dedicato dopo la sua scomparsa, Edoardo Bruno scrive: "la sua ricerca nella progressiva spoliazione dell'immagine muove verso la strutturazione di un linguaggio capace di ridefinirsi ogni volta, trasgredendo i suoi codici. Il suo cinema 'nudo' è il tramite necessario di una comunicazione aperta. Da questo punto di vista il lavoro di Godard, altro grande solitario, può ricongiungersi con quello di Rossellini, nella più recente proposta di un cinema *sur et sous la communication*; anche se in un versante diversamente militante"[35].

Il cinema nudo, il cinema zero, è il cinema aperto, "sopra e sotto la comunicazione", una citazione che, tale e quale, Bruno aveva usato nel numero precedente della rivista in apertura ad un articolo su Alberto Grifi[36]. Ecco che emerge con sempre maggior forza quanto il tema della rifondazione sia molto più profondo della vocazione enciclopedica e soprattutto quanto, pur nel tentativo di fuga dal cinema, questo tema ricada dentro il discorso più urgente e contemporaneo sul film. Nel secondo numero di "Cinema & Film", Maurizio Ponzi scriveva che in quel momento (1967) il parlare di Rossellini derivava da "un bisogno, forse ingenuo da confessare, di ridefinire il cinema, dal bisogno di sottolineare, scegliere, rifiutare"[37]. E questo ci rispedisce all'apertura straordinaria che caratterizzò il *Dibattito su Rossellini* e ci fa capire ora più precisamente perché era così giusto che, in quel coacervo di passioni politiche e cinefile, si "tornasse" a Rossellini.

Prendiamo il caso di Paolo Benvenuti, oggi uno dei più raffinati autori di nicchia del nostro cinema. Al tempo del dibattito ha ventitré anni, viene da una formazione di pittore e si avvicina al cinema per il tramite dell'underground, dei film della CCI, della scoperta di Dziga Vertov. Sarà uno dei fondatori a Pisa del già citato "Gruppo Cinemazero". Rimarrà folgorato da Rossellini e sarà suo assistente volontario sul set di *L'età di Cosimo de' Medici* e poi lavorerà con un autore che, sebbene mai visto da Rossellini, gli è in qualche modo vicino: Jean-Marie Straub[38]. Bene, Benvenuti riconosce che la sua carriera di cineasta (lui giovane politicamente attivo e amante di quel cinema impegnato più di ricerca) si è avviata grazie alla risposta che Rossellini gli diede rispetto al dove posizionare la macchina da presa. Siamo davvero al grado zero della scrittura, all'Abc del cinema, eppure quei giovani sentono che bisogna tornare lì, anche se siamo ormai negli anni Settanta. Come diceva Ponzi nel suo già citato articolo, si trattava in sostanza di imparare a leggere "per poi, casomai, dimenticare alfabeto, grammatica, sintassi"[39]. Appropriarsi del codice per trasgredirlo, per denudarlo. Qualche mese prima di rivolgere questa domanda a Rossellini, Benvenuti l'aveva rivolta a Zavattini. Come ho detto più sopra, era singolare il fatto che fossero ancora i padri del neorealismo a cercare di tracciare le nuove coordinate del cinema negli anni prima e dopo il Sessantotto. Zavattini rispose coerentemente a certe sue posizioni: "Pensa come sarebbe bello poter legare la cinepresa alla coda di un cane!", gettando il giovane Benvenuti nello sconforto e facendogli scrivere che "era il senso stesso del fare cinema che, senza quella chiarezza di metodo, mi diventava estraneo, quasi nemico"[40]. Ma poi arrivò Rossellini a dare questa risposta: "Un soggetto può essere ripreso da infiniti punti di vista, ma ce n'è uno solo giusto, ed è quello che dà il maggior numero di informazioni allo spettatore". Al che, dice Benvenuti, "scrissi quelle parole straordinariamente illuminanti su un tovagliolino di carta che conservo ancora. E su questi due principi fondamentali, dipingere col cinema e inquadrare come diceva Rossellini, ho costruito tutto il mio futuro di regista"[41].

Il telecinema di Rossellini potrebbe tutto racchiudersi in quella frase che il vecchio maestro disse a Benvenuti. Se lo sigillassimo dentro quelle poche parole si presterebbe anche meno agli equivoci e alla mistica. Rimarrebbe però l'apertura, il cinema nudo e aperto a tutto.

Più che aperto a tutto si direbbe che il cinema di Rossellini sia "tutto" e qui incrociamo il problema del confronto con i testi. Dovremo lasciare da parte i film del periodo cinematografico e soffermarci brevemente su quelli del periodo televisivo, che sono, come s'è visto, parte di un progetto davvero totalizzante, enciclopedico appunto. Il Rossellini televisivo è poco studiato, talvolta del tutto ignorato, talaltra addirittura motivo d'imbarazzo rispetto alla filmografia precedente. Sergio Trasatti, che nel 1978 scrisse un libro interamente dedicato al Rossellini televisivo, calcolava come, quanto ad ore di proiezione, la televisione finisse col rappresentare "praticamente la metà della sua opera omnia"[42]. Inoltre, abbiamo visto che segni di quell'idea cinetelevisiva ce n'erano già stati in precedenza e basterà rileggersi l'acuta e profetica *Lettre sur Rossellini* di Jacques Rivette, apparsa nell'aprile del 1955, in cui, come in un'agnizione dopo aver visto e riflettuto su *Viaggio in Italia*, il futuro cineasta osserva che il cinema di Rossellini sembra vicino a quella che potrebbe definirsi "une esthétique de la télévision" e scrive: "mais voilà ce que j'ai vu: c'est que le films de Rossellini, quoique pelliculaires, sont eux aussi soumis à cette esthétique du *direct*, avec ce que cela comporte de gageure, de tension, de hazard et de providence"[43]. Dal lato opposto si cercherà di ricondurre quella televisione dentro l'alveo del cinema, enfatizzandone ad esempio "una consapevolezza lucidamente e conchiusamente 'cinematografica'" e parlando di "un vastissimo repertorio di calchi e reminiscenze, riferimenti e sviluppi" rispetto alla sua precedente filmografia[44], senza però che questi calchi e queste reminiscenze vengano sottoposte ad una verifica analitica. Questo atteggiamento riflette quanto il problema dello "specifico" cinematografico e televisivo sia fortemente sentito nel dibattito teorico di quegli anni[45] e come non abbia affatto attecchito la speranza rosselliniana di fondere cinema e televisione in nome dell'immagine in movimento rifiutando che esista un'estetica del cinema diversa da un'estetica della televisione[46].

Rimane allora un'incertezza che fa pensare che l'apertura del progetto rosselliniano, al di là della tenuta teorica rispetto al problema cinema/televisione, funzioni piuttosto come cartina di tornasole di un confronto serrato con l'esigenza di resettare il cinema che poi, più semplicemente ahinoi, ha finito con il vedere il cinema assestarsi nel panorama mediale su posizioni meno incisive e prioritarie.

Ma c'è un'altra questione, che è la visione dei film. Noiosi? Lunghi? Didascalici? "Bignameschi"?[47] Sciatti? Sono tutti giudizi che sono stati dati di questi film, sono reazioni che non è difficile riscontrare né in studi su Rossellini, né in chiacchiere più informali tra studiosi o nei commenti delle generazioni più giovani. Certamente nel mondo della comunicazione di oggi i film di Rossellini sembrano essere strani oggetti provenienti da un altro pianeta. Si tratta di un'esperienza straniante, per la quale occorre prendersi molte ore e assaporare le vere questioni che sollevano. Come osservava molto bene in un suo articolo

Tag Gallagher, che peraltro nella sua rimarchevole biografia critica rosselliniana dà largo spazio ai film televisivi, non ci attenderemo di imparare da quei film nulla che non potremmo trovare in qualsiasi voce redatta attorno a Socrate, Pascal o Cartesio. Non ha senso interrogare i film di Rossellini a partire dal tema, ha senso farlo a partire dall'idea dialogica che li struttura: sono film da discutere, film che si discutono e che nella discussione naturalmente coinvolgono la lingua del cinema, il piano-sequenza e lo zoom (peraltro, come si sa, in una versione voluta da Rossellini stesso)[48].

Ecco che allora occorre addestrarsi a questo tipo di visione, come occorre addestrarsi alla visione del cinema sperimentale. Occorre cercare il senso del reale non nella storia, che appare piuttosto straniata e come sotto vetro, ma nello stile, che Rossellini voleva annullare. Seguiamo i long-takes e i piani-sequenza di *Socrate* o di *Blaise Pascal* o di *Cartesius*, l'organizzazione spaziale e la sua destrutturazione e ricomposizione attraverso lo zoom; la funzionalità del montaggio, l'annichilimento della recitazione e i livelli del piano che si sviluppano e si intrecciano lungo le camminate dei personaggi, i loro gesti e il loro prendere posto nell'inquadratura, attorno a quel punto in cui Rossellini aveva detto a Benvenuti che bisognava porre la macchina da presa. Poi la centralità della parola e dei suoni (e qui lo ritroviamo nella zona di Straub). Su *L'età di Cosimo* Giuseppe Turroni scrisse: "si ponga attenzione al brulichio della città, ai rumori, alle voci dei bimbi e delle donne, a quello stridio serale di rondini che sono l'attimo in cui la storia diventa poesia della realtà, come il ritorno a Firenze di Leon Battista Alberti, quel suo contatto diretto con le cose, coi muri"[49].

Certamente rimane l'istanza didascalica che, ora più ora meno, emerge dai film, ma che resta coerente con l'intento divulgativo e didattico del progetto. Tanti dei desideri di Rossellini, tante delle frasi che accompagnarono negli anni il suo progetto le ritroviamo in bocca a Socrate, nel finale di *Cartesius*, o anche prima, quando il grande pensatore dice: "non ho appreso nulla di ciò che può essermi utile nella vita." Nonostante ciò, se si riesce a guardare a quei film come frutto di una radicale riflessione sul cinema, come tentativo di tornare a capire il cinema, penso vi si potrà vedere, nella tensione delle inquadrature e delle scene talora lunghe fino allo sfinimento, la vera interrogazione, che riguarda l'immagine e la sua resistenza, la sua tenuta rispetto alla realtà (o suo surrogato) che vi passa dentro. Mi vengono in mente le parole che usa David Lodge nel suo libro sulle relazioni tra la coscienza e il romanzo, in cui si legge che la letteratura altro non fa che creare "modelli narrativi di come sia 'essere un essere umano' che si muove attraverso il tempo e lo spazio"[50]. Lo stesso vale per tanta ricerca cinematografica, che quel tempo e quello spazio deve quantificare in concreto. Questa idea di coscienza penso sarebbe piaciuta a Roberto Rossellini.

1. La dichiarazione venne originariamente pubblicata nell'ottobre del 1958 in un'intervista su "Filmklub-Cinéclub" col titolo "*Roberto Rossellini vous avez la parole!*" ora si trova in Rossellini R., *Il mio metodo. Scritti e interviste*, a cura di A. Aprà, Marsilio, Venezia 1987, p. 148.

2. Su questi punti rimando dunque a Guerra M., *Impegni improrogabili: le forme "politiche" del cinema italiano degli anni Settanta*, in *Anni '70: l'arte dell'impegno. I nuovi orizzonti culturali, ideologici e sociali nell'arte italiana*, a cura di C. Casero e E. Di Raddo, Silvana Editoriale, Cinisello Balsamo 2009, pp. 171-186.

3. Per una panoramica su questa fase si veda Di Marino B., *Oltre l'underground. Il cinema di ricerca, il videotape e l'animazione d'autore*, in *Storia del cinema italiano 1970/1976*, a cura di F. De Bernardinis, Marsilio-Bianco & Nero, Venezia-Roma 2008, vol. XII, pp. 422-434.

4. Si veda Pescatore G., "La cultura mediale tra consumo e partecipazione", in "Bianco & Nero", fasc. 572, gennaio-aprile 2012, pp. 11-19.

5. Aprà A., *In viaggio con Rossellini*, Falsopiano, Alessandria 2006, p. 29.

6. Sul tema si è tenuto un convegno nel 2006 di cui si possono vedere gli atti: Martini A. (a cura di) *L'antirossellinismo*, Kaplan, Torino 2010.

7. Baldelli P., *Cinema dell'ambiguità. Rossellini, De Sica e Zavattini, Fellini*, Samonà e Savelli, Roma 1969, p. 6.

8. I principali film televisivi di Rossellini, quelli che cioè rientrano a pieno titolo nel progetto di cui stiamo parlando, sono: *L'età del ferro* (1965, cinque episodi supervisionati da Roberto e diretti dal figlio Renzo); *La prise de pouvoir par Louis XIV* (1966); *La lotta dell'uomo per la sua sopravvivenza* (1967-1971, dodici episodi scritti da Roberto e diretti da Renzo); *Atti degli Apostoli* (1969, cinque episodi); *Socrate* (1970); *Blaise Pascal* (1972); *Agostino d'Ippona* (1972); *L'età di Cosimo de' Medici* (1973, tre episodi); *Cartesius* (1974). *Anno uno* (1974) e *Il Messia* (1975), pur segnando un ritorno al cinema, si articolano secondo i moduli narrativi e stilistici che hanno caratterizzato le produzioni televisive.

9. Ora in Rossellini R., *Il mio metodo*, cit., p. 329.

10. Ora in Godard J.L., *Il cinema è il cinema*, Garzanti, Milano 1971, pp. 149-150.

11. Bertolucci B., *La mia magnifica ossessione. Scritti, ricordi, interventi (1962-2010)*, Garzanti, Milano 2010, p. 23.

12. Rossellini R., *Il mio metodo*, cit., p. 351.

13. Bernardi S., *Rossellini televisivo*, in *Storia del cinema italiano 1970/1976*, cit., p. 386.

14. Aprà A., *In viaggio con Rossellini*, cit., p. 83.

15. Rossellini R., *Il mio metodo*, cit., p. 461.

16. Si veda al riguardo Zagarrio V., *La televisione produttrice di cinema*, in *Storia del cinema italiano 1970/1976*, cit., pp. 363-377.

17. Padgaonkar D., *Stregato dal suo fascino. Roberto Rossellini in India*, Einaudi, Torino 2011, p. 110.

18. Rossellini R., *Il cinema è morto, ucciso da registi vuoti*, intervista a cura di L. Tornabuoni, "L'Europeo", n. 38, 1966.

19. Rossellini R., *Il mio metodo*, cit., p. 345.

20. Ivi, p. 326.

21. Aprà A., *In viaggio con Rossellini*, cit., p. 238.

22. Si vedano "Filmcritica", n. 248, ottobre 1974 e n. 251, gennaio-febbraio 1975.

23. Sono componenti che Rossellini aveva fatto confluire nel suo Garibaldi di *Viva l'Italia* (1961), un film cui era molto attaccato (tanto da commuoversi ogni volta che lo rivedeva) proprio perché costituiva un altro e deciso passo verso il progetto didattico. Sulla relazione Rossellini/Garibaldi mi permetto di rimandare alla parte finale del mio *Opera, realismo e feuilleton: Garibaldi sul grande schermo (1905-1961)*, in *Giuseppe

Garibaldi. Il mito, la storia, a cura di Piergiovanni Genovesi, FrancoAngeli, Milano 2011, pp. 111-122.

24. Durante le quattro giornate vennero proiettati, in quest'ordine, i seguenti film: *Roma città aperta*, *Paisà*, *Germania anno zero*, l'episodio *Il miracolo* del film *L'amore*, *Stromboli*, *Viaggio in Italia*, *Europa '51*, *Viva l'Italia*, *Vanina Vanini*, l'episodio *La voce umana* del film *L'amore*, *La presa del potere da parte di Luigi XIV* e le prime due puntate degli *Atti degli Apostoli*.

25. Si veda Menon G. (a cura di) *Dibattito su Rossellini*, nuova edizione a cura di A. Aprà, Diabasis, Reggio Emilia 2009. Oltre ad una Prefazione di Renzo Rossellini ed un saggio introduttivo di Aprà (che riprende nel titolo una bellissima formula di Rossellini, a dire che il cinema va visto con "gli occhi della pelle") il libro contiene i pensieri, quarant'anni dopo, di tredici dei ventuno partecipanti al dibattito, un saggio di Goffredo Fofi (*Per un cinema etico*) che al tempo del dibattito militava su versanti opposti ai rosselliniani, uno di Sandra Lischi (*La scelta dell'indisciplina*) all'epoca diciottenne pisana che gravitava attorno al gruppo dei rosselliniani ed uno del sottoscritto (*Di quale Rossellini parliamo?*) a tentare di capire che significato hanno oggi quelle pagine per le nuove generazioni.

26. Rossellini R., *Prefazione*, in Menon G. (a cura di), *Dibattito su Rossellini*, cit., p. 7.

27. Baldelli P., *Cinema dell'ambiguità*, cit., p. 182. Su quella che (con riferimento alle prefazioni che Gian Paolo Cresci scrisse a due volumi sulla televisione di Rossellini, il primo, già citato, nel 1972 e il secondo, sempre edito da Coines nel 1974 col titolo *La Tv di Rossellini – Cartesius*) viene definita "l'operazione annettente, d'ovvio segno, perseguita dalla Rai di Bernabei", si sofferma Lodato N., *Rossellini: cinepalinodia e telepalingenesi?*, in "Cinema e Cinema", n. 15, aprile-giugno 1978, pp. 51-52.

28. Fofi G., *Per un cinema etico*, in Menon G. (a cura di), *Dibattito su Rossellini*, pp.

169-170.

29. Ora in Rossellini R., *Il mio metodo*, cit., pp. 353-354.

30. Rossellini R., *Il mio metodo*, cit., p. 454.

31. Ivi, p. 349.

32. Ivi, p. 375. Morando Morandini (*Il grande sonno*, in *Teatro e cinema*, n. 1, gennaio-marzo 1969, p. 48) arriva a scrivere che gli *Atti degli Apostoli*, visti dapprima a colori su grande schermo e poi in bianco e nero in televisione, forse si arricchiscono nel bianco e nero, dove la narrazione acquista "una forza brusca e una ruvidezza di accenti" che il colore stempera.

33. Rossellini R., *Il mio metodo*, cit., p. 356.

34. Aprà A., *In viaggio con Rossellini*, cit., p. 47.

35. Bruno E., *Da "Paisà" al "Messia"*, in "Filmcritica", n. 274/275, aprile-maggio 1977, p. 136.

36. Bruno E., *Due paragrafi ad un "materiale" di Alberto Grifi (& C.)*, in "Filmcritica", n. 273, s.d., p. 91.

37. Ponzi M., *Due o tre cose su Roberto Rossellini*, in "Cinema & Film", n. 2, primavera 1967, p 209.

38. Al riguardo mi permetto di rimandare a una lunga e recente intervista rilasciatami da Benvenuti: *Videointervista a Paolo Benvenuti*, "Arabeschi", n. 3, gennaio-giugno 2014, pp. 7-27.

39. *Ibid.*

40. La testimonianza di Paolo Benvenuti è raccolta in *Dibattito su Rossellini*, cit., pp. 129-133.

41. Ivi, p. 130.

42. Trasatti S., *Rossellini e la televisione*, La Rassegna Editrice, Roma 1978, p. 9.

43. Rivette J., *Lettre sur Rossellini*, in "Cahiers du Cinéma", n. 46, avril 1955, p. 19.

44. Faccio riferimento all'articolo di Lodato N., *Rossellini: cinepalinodia e telepalingenesi?*, cit., pp. 48 e 55.

45. Si potranno vedere al riguardo, come documenti di quel preciso momento di dibattito su cinema e televisione, gli atti di un convegno che si tenne a Parma nel dicembre del 1978: Campari R. (a cura di) *Tempo di film – Tempo di Tv*, Università degli Studi di Parma – CSAC, Parma 1979. Particolarmente le relazioni di Farassino A., *Fra cinema e tv: supporti e modi di produzione*, pp. 13-21 e di Grignaffini G., *Film in tv: il cinema "citato"*, pp. 93-99.

46. Rossellini R., *Il mio metodo*, cit., p. 396.

47. Lodato N., *Rossellini: cinepalinodia e telepalingenesi?*, cit., p. 51.

48. Gallagher T., *L'imagination du réel*, in "Cahiers du Cinéma", n. 556, avril 2001, pp. 89-91. Si veda poi, sempre di Gallagher, il monumentale *The Adventures of Roberto Rossellini. His Life and Films*, Da Capo Press, New York 1998.

49. Turroni G., *La colomba e il serpente. Nota su "L'età di Cosimo" di Roberto Rossellini*, in "Filmcritica", n. 231, gennaio-febbraio 1973, p. 19.

50. Lodge D., *La coscienza e il romanzo*, Bompiani, Milano 2011, p. 22.

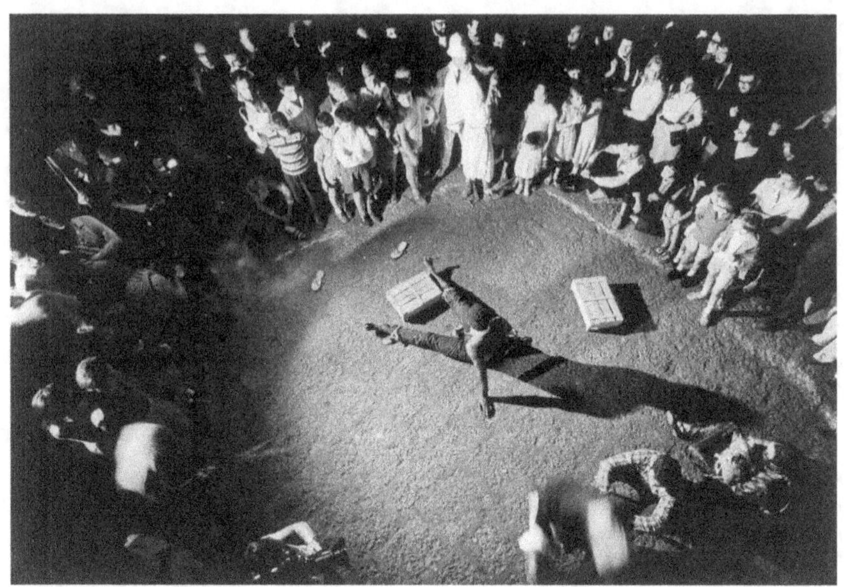
Michelangelo Pistoletto, *L'uomo ammaestrato*, 1968
Courtesy Archivio Pistoletto

L'anomalia italiana:

azioni, interventi e performatività nelle pratiche e

nelle attività artistiche degli anni Settanta.

Caterina Iaquinta

La 'svolta performativa'

Cosa intendiamo quando parliamo di "performance", quali elementi la costituiscono? Qual è l'obiettivo di una performance?

Dalla fine degli anni Cinquanta, le discipline linguistico-filosofiche e socio-antropologiche legate al teatro e alle arti, hanno iniziato a interrogarsi su questi aspetti connessi all'uso della performance, tentando di dare delle risposte dal punto di vista teorico.

Un primo aspetto da tenere presente è che parlare di performance o riferirsi all'aspetto performativo in rapporto ai linguaggi artistici significa focalizzare un modus operandi, una procedura, quasi un principio generatore e, solo in un secondo tempo, osservare forme e estetiche.

Sul finire degli anni Cinquanta, la tendenza delle discipline socio-antropologiche, indirizzate ad indagare le interazioni delle componenti sociali nella vita quotidiana, aveva evidenziato le similitudini fra la situazione dell'attore in scena e la condizione dell'individuo nelle relazioni sociali (Erving Goffman), comparando poi il doppio piano dell'*acting* e dell'*every day life* (Victor Turner), in cui si inseriva la dimensione della 'ripetizione' del comportamento come forma di una ritualità in atto, in grado di creare e di produrre relazioni più che rappresentarle (Richard Schechner).

Tali derive, applicate alla performance, ricaddero sulla formazione di nuovi modelli teatrali e diedero avvio a quella che si può definire una 'svolta performativa'[1], che nel campo dell'espressione artistica corrispose al momento della ridefinizione degli aspetti fondanti dei linguaggi dell'arte e della disarticolazione e ricomposizione di questi su terreni ancora insondati che rinviavano a nuove possibilità di senso.

Si potrebbe retrocedere fino al 1959[2] per collocare il momento di avvio di questa fase, che solo all'inizio degli anni Settanta si stabilizzò nelle arti visive con la formazione delle categorie di Body e Performance art, predisposte per assimilare e spiegare le operazioni che nell'ambito artistico vedevano il corpo non solo agente, ma anche supporto estetico-formale dell'opera.

La nozione di 'performance' che ritroviamo diffusa ampiamente in questo periodo nelle arti (ma anche nel teatro) sarà così destinata a raccogliere il frutto di diverse esperienze: un genere artistico-teatrale (derivato dall'happening e diffuso nella Performance art) e un modo di concepire l'opera d'arte come 'spettacolo' nell'assunzione del punto di vista performativo dalla parte dell'autore e dello spettatore.

Ciò che rientra nell'ambito della Performance art in rapporto al contesto e ai processi artistici, aldilà delle diciture e denominazioni di generi, è il trasferimento dello statuto dell'opera d'arte a operazioni complesse che rientravano all'interno di modalità costruite per realizzare azioni, gesti effimeri, privati o plateali, activity prolungate nel tempo, intrecciate a collaborazioni tra artisti e tra artisti e pubblico, ovvero a operazioni che ostentavano la veridicità del corpo come struttura significante, superficie di iscrizione di soggettività e di tutti quegli atti in cui rientrano le condizioni necessarie a rompere con la situazione presente per aprire il varco a nuovi percorsi.

In questo senso cercare una conferma della Performance art nelle periodizzazioni classiche può risultare fuorviante. Se si considera infatti il fenomeno della performance nella storia dell'arte in maniera progressiva o deterministica (dalle avanguardie alla contemporaneità), questo non si renderà comprensibile nella sua totalità poiché è osservandolo al centro di particolari processi della storia che assume, rinnovandolo ogni volta, il suo significato.

Roselee Goldberg, prima studiosa a redigere un compendio analitico sulla Performance art, affermava che la performance (o la 'Live art') "distrugge le grucce della storia, che la storia dell'arte ha per così tanto tempo fornito come sostegno alla comprensione dell'arte piuttosto che allo sperimentare e all'assorbire atteggiamenti e idee"[3]. Ma la 'storia' raccontata da Goldberg nel volume segue cronologicamente gli eventi e i fatti dalle avanguardie storiche fino alla contemporaneità, momento in cui sembra perdersi la spinta radicale e di rottura da lei stessa dichiarata essere costitutiva della performance.

Cosa succede allora? Non è possibile una storia dell'arte della performance? Oppure per ritrovare quella radicalità, quel ribaltamento di prospettiva e le infinite possibilità di senso offerte dalla pratica della performance è necessario che queste siano riconnesse all'interno di una 'svolta', che è stata anche linguistica, semiotica, sociale e politica prodotta negli anni Sessanta e Settanta?

L'interesse verso la pratica della performance nell'ambito delle arti visive ha significato per il mondo della rappresentazione artistica una rinnovata attenzione e un forte legame all'immagine del corpo (si pensi alle forti influenze esercitate sulla fotografia o all'ambiguo rapporto tra fotografia e documentazione che riproduceva il corpo). Se il corpo può essere assunto come "una delle rappresentazioni culturali di un'epoca, è necessario dunque capire come questo uso del corpo nell'arte avvenga nel contesto di una profonda trasformazione prodotta dagli eventi storici (la seconda guerra mondiale e la coscienza traumatica che ne emerge), dalle rivoluzioni linguistiche (e tecnologiche), dai fatti politici connessi ai movimenti di contestazione"[4], in corrispondenza dei quali al mutare e all'emergere di diverse soggettività, muta e si afferma anche la performance e il concetto di performatività.

'LABORATORIO ITALIA'[5]: FORME D'AZIONE E ANIMAZIONE RADICALE

Nell'ambito della ricerca artistica italiana tra il 1969 e il 1979, si era affermata una tendenza alla destrutturazione della forma estetica su basi compositive e spaziali nuove, grazie all'introduzione di elementi anti-narrativi, anti-mimetici, anti-illustrativi che si manifestavano in opere costruite spazialmente e impostate su simultaneità semiotica, verbalizzazione, irruzione del reale, animazione, evento-situazione, frammentazione, discontinuità, dialogo e inchiesta.

L'Arte Povera tra la fine degli anni Sessanta e l'inizio degli anni Settanta aveva tratto un forte stimolo dall'ambito della performance: le ricerche di artisti come Pier Paolo Calzolari, Jannis Kounellis, Michelangelo Pistoletto attraverso l'azione avevano indagato i rapporti tra materia naturale e fenomenologie estetiche primarie. Quest'ultimo che aveva fondato insieme a Carlo Colnaghi nel 1968 il Teatro Zoo, rappresentò l'estetica poverista degli oggetti più ricorrenti nel suo lavoro (stracci, teiere, sfera di giornali...) in ambito teatrale attribuendo ad essi funzione compositiva e visuale e sperimentando il ruolo d'artista in un'accezione attoriale, come accadde nel primo della serie di spettacoli de Lo Zoo, *Cocapicco e Vestitorio* (Torino, 8 maggio 1968) che sancisce la collaborazione tra Colnaghi e Pistoletto, fino a *L'Uomo ammaestrato* (Vernazza, 7 agosto 1968) e nelle varie riprese dello stesso (Corniglia, Torino maggio ottobre 1969), al *Teatro Baldacchino* e *Play* (Torino 15-16 dicembre 1968).

Body e Performance art negli anni Settanta si svilupparono in Italia progressivamente fino alla fine del decennio soprattutto grazie al supporto di alcune gallerie e critici che cercarono di promuovere performance e azioni artistiche: a Milano la galleria di Luciano Inga-Pin, a Roma L'Attico di Fabio Sargentini, La Tartaruga di Plinio De Martiis e gli Incontri Internazionali d'Arte di Achille Bonito Oliva e Graziella Lonardi Buontempo e a Napoli lo Studio Morra[6].

I molti artisti italiani coinvolti in questo circuito utilizzarono diversamente la performance: come dispositivo di indagine individuale che richiedeva presenza di pubblico e osservatori in cui il termine azione era volto a mettere in atto attraverso tracce di comportamenti ed esperienze, la memoria o la necessità di prendere una posizione politica (Cioni Carpi, Fernando de Filippi, Enrico Job, Ugo Nespolo). Oppure la scelsero per porsi 'contro' l'opera d'arte come oggetto spostando l'attenzione sul processo e sulle dinamiche trasformative che l'azione e il corpo mettono in gioco (Giuseppe Desiato, Eliseo Mattiacci, Vettor Pisani, Michele Zaza) fino anche ad assumere una progettualità di natura intermediale in cui la performatività si esplicitava nei rapporti con installazione, fotografia, video e contesto, pubblico, ambiente, identità (Valentina Berardinone, Marcella Campagnano, Giorgio Ciam, Ketty La Rocca, Luigi Ontani, Luca Patella, Franco Vaccari).

In relazione alle classificazioni Body e Performance art, è necessario inoltre chiedersi quanto nell'economia della produzione artistica abbiano influito queste definizioni 'ufficiali' sugli artisti, se siano state queste davvero comprensive di tutto quanto stava accadendo intorno alle pratiche artistiche che riguardavano l'azione, la messa in scena del corpo, o se quello che si configurava come un momento culminante della 'svolta performativa' comprendeva qualcosa di molto più inafferrabile e allo stesso tempo universale: la performatività come mezzo linguistico e espressivo radicato e non alienabile dallo svolgimento delle istanze dell'attivismo e dell'impegno sociale e politico sostenuto dagli artisti.

La realtà culturale italiana tra l'inizio e la fine degli anni Settanta, segnata da un forte carattere intellettuale-politico, si presentava come una sorta di 'laboratorio' con caratteristiche peculiari che avevano protratto la stagione di contestazioni del Sessantotto per circa un decennio. La vitale produttività che caratterizzava tale situazione derivava dalla continua e problematica relazione tra teoria critica e pratica politica in cui convivevano ideologia e attivismo, pensiero e militanza politica, insieme a forme di sperimentazione artistica in una reciproca e continua interrogazione per la configurazione di nuovi e più liberi spazi di socialità.

In questa dimensione di 'laboratorio' i processi artistici in evoluzione e l'impeto delle vicende storiche contingenti crearono un cortocircuito nella vita artistica e culturale del paese di cui la conseguenza più immediata fu da parte di molti artisti quella di una messa alla prova del sistema politico, economico e sociale stesso all'interno del fare artistico. L'arte divenne così lo strumento per verificare i modelli sociali istituiti, i meccanismi economici e i sistemi di produzione e fruizione dell'arte stessa e il mezzo per sovvertire i ruoli e i registri dell'operatività critica e artistica riformulando i parametri di lettura e

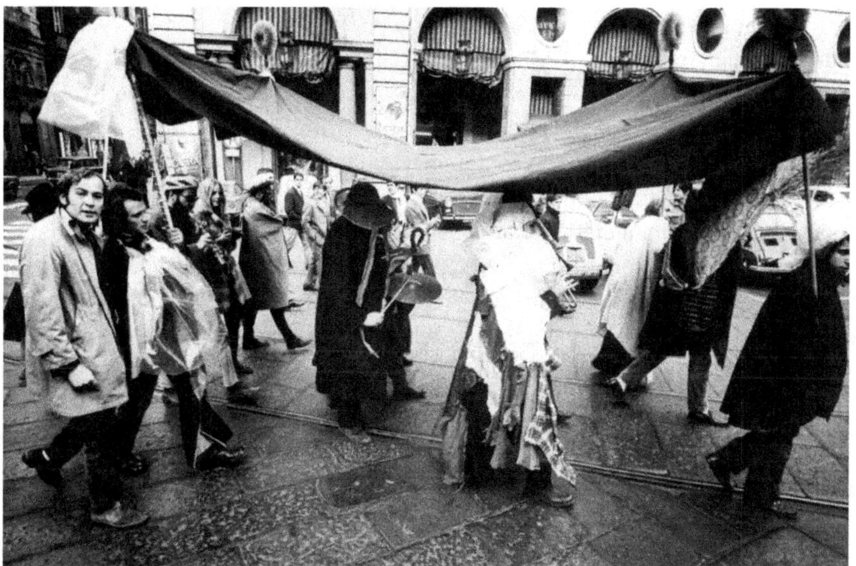

Michelangelo Pistoletto e Teatro Zoo, Teatro Baldacchino, 1968
Courtesy Archivio Pistoletto

composizione dei linguaggi visivi e rifiutando in qualche caso del tutto di esporsi nei contesti ufficiali.

Questo si tradusse in un'inclinazione per le forme assembleari[7], collettive e associative, 'anti-gerarchiche' e circolari e in una estensione del modello del corteo politico nella forma della 'festa', parate scandite dall'intervento di gruppi e collettivi di artisti provenienti anche dal teatro che integrarono al carattere politico delle manifestazioni le forme dell'happening collettivo, performance di protesta, azioni teatrali e teatri d'occasione di brevissima durata.

Quelle che si definirono 'feste'[8], corrisposero alle esperienze che presero forma nei raduni o nei festival in cui la presenza della figura dell'artista era integrata e parte di un sistema più complesso[9]. Tali occasioni, o come le indicarono Piero Gilardi e Paolo Rosa 'meeting giovanili' o 'feste improvvise'[10], erano accomunate da una partecipazione assolutamente svincolata dai sistemi di classificazione ufficiale e impossibili da registrare nella loro simultaneità.

La traduzione artistica di questa tendenza generale che si manifestava nelle diverse articolazioni dell'ambito culturale (anche all'interno del gruppo di Rivolta femminile l'azione quotidiana come pratica creativa e collettiva era considerata un tassello fondamentale nella costruzione dell'espressione di sé e della propria esistenza nel mondo), privilegiava l'azione, la costruzione di circostanze o situazioni in cui poter operare con mezzi che fuoriuscivano dalla consuetudine dei linguaggi artistici e dei luoghi deputati, connotate da una natura performativa che tendeva al comportamento collettivo: dalle animazioni alle azioni nello spazio della piazza e della strada, dai gesti effimeri e simbolici alle activitiy e dalle contaminazioni teatrali alle strutture laboratoriali comunitarie su base politico-sociale.

Nella fase immediatamente post-1968 i termini dell'operare artistico cambiarono in relazione all'impegno politico. Le pratiche messe in campo dagli artisti si definirono sempre di più sia nella volontà di attraversare discipline diverse e contaminare i linguaggi artistici soprattutto con gli elementi del teatro, sia attraverso un rifiuto volontario che corrispose all'emancipazione dalle formule artistiche su cui era possibile esercitare un controllo.

Verso la fine degli anni Sessanta e l'inizio degli anni Settanta, Fabio Mauri maturò una fase di analisi e riflessione sui valori e la specificità della cultura europea e individuò nella 'ideologia' un nuovo oggetto d'indagine. Con quelle che si possono definire come 'azioni ideologiche', Mauri rileggeva drammaturgicamente mettendoli in dialogo, potere, storia e memoria.

Da queste premesse e da un'esperienza personale vissuta dall'artista quando nel 1938 si trovò a partecipare a una cerimonia in occasione della visita di Hitler a Firenze prese corpo *Che cos'è il fascismo* (1971)[11]. L'azione si configurava come il 're-enactment' dei Ludi Juveniles (Giochi della Gioventù) in cui si susseguivano saggi ginnici, incontri di scherma, esibizioni di pattinaggio, sbandieramenti, inni e dibattiti individuali sulla Mistica di Regime, mentre alla fine dell'azione la proiezione dei Film Luce dell'epoca metteva l'accento sulla vacuità e falsità della propaganda. "Un teatro che non è teatro", definiva Fabio Mauri, "la corale evoluzione di un trauma mentale, una drammaturgia agita da tanti"[12].

È invece attraverso una visione antropologica che Antonio Paradiso rifletteva sull'azione artistica sviluppando il suo *Teatro Antropologico* (1977-1983) in cui il recupero della tradizione popolare riviveva nella dimensione collettiva del rituale mescolando i piani interpretativi e gli immaginari collettivi. Formalizzato in laboratori, azioni, recite, performance, teatro d'artista, l'idea di Paradiso è quella di fare teatro "senza teatralità di mimesi", ma lasciandolo emergere dai gesti secolari della cultura dell'uomo come il pianto funebre o la vestizione della sposa. A Martina Franca (9 settembre 1979) celebrò la seconda parte del suo *Teatro antropologico*[13], uno sposalizio-funerale, in cui una sposa in abito bianco, sfilava per le strade del centro cittadino su un carro funebre trainato da due cavalli. L'azione era stata preceduta, nelle campagne tra Santeramo e Matera, dal rito del denudamento e della vestizione, segnando una tappa ulteriore.

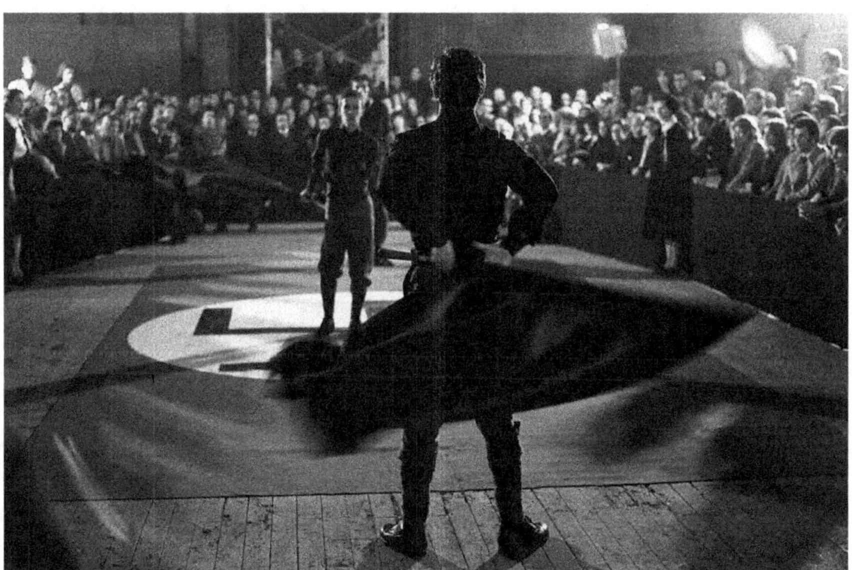

Fabio Mauri, *Che cosa è il fascismo,* 1971
Stabilimenti Safa Palatino, Roma - Foto di Marcella Galassi
Courtesy Studio Fabio Mauri

Dalla rielaborazione degli schemi teatrali, un uso più radicale e manifesto dell'azione nella pratica artistica è rappresentato in due accezioni diverse attraverso l'opera di Gianfranco Baruchello e Piero Gilardi.

Baruchello aveva introdotto nel suo lavoro una dimensione performativa quando fin dal 1966 aveva avviato i suoi 'Long Distance Happening'[14] (o happening a distanza), in cui azioni, gesti attivati attraverso oggetti o serie di oggetti da lui realizzati o scelti e fatti per essere donati, scambiati, venduti (*Multipurpose Object,* 1966 o *Artiflex,* 1967-1968) avevano raggiunto una dimensione pubblica trasformando i confini stessi dello spazio convenzionale dell'esposizione. Come accadde con l'operazione *One Man Billboard* del 1968, che consisteva nell'affissione pubblica da parte dell'artista stesso sui muri di alcuni quartieri di Roma, Milano, Bologna, Napoli di un manifesto dal titolo *L'imagination au pouvoir* (1968) derivato da una sua opera (*Collidoskopio,* 1968). Ma è nel 1973 che si attua un cambiamento radicale: in quell'anno Baruchello, ritenendo concluso il periodo di militanza politica, decise di trasferirsi alla periferia nord di Roma, per trasformare il suo impegno e proseguire le sue indagini in un'esperienza personale sui sistemi sociali ed economici. Costituì la società *Agricola Cornelia S.p.A*, che si sarebbe occupata (dal 1973 al 1981) di coltivazioni in serra e in esterni, orticultura, allevamenti di ovini e bovini e apicoltura facendo interagire i sistemi eterocliti del funzionamento della natura e agendo direttamente sul territorio e le sue strutture instaurando relazioni e rapporti apparentemente estranei all'arte, ma funzionali alla sua essenza più profonda. Così dove lavorava un artista, lavoravano dei contadini, allevatori, apicoltori e insieme collaboravano con pastori, potatori di piante e alberi, orticoltori e giardinieri, una specie di "happening pseudo-politico"[15], che metteva nella condizione di poter considerare come arte una coltivazione di barbabietole o un allevamento di pecore.

Nella pratica artistica di Piero Gilardi il rifiuto del sistema dell'arte si manifestò apertamente nel 1969 quando dichiarò di volersi dedicare alla lotta politica[16]. Il superamento dell'arte intrapreso da Gilardi si connetteva alla rinuncia dell''opera d'arte', per completarsi e trasformarsi in un'attività di animazione e, cioè, un'arte vissuta come pratica esistenziale e politica dentro la quotidianità. Nella prima fase di questa sua nuova vicenda artistica (1974-1976), Gilardi si legò al collettivo 'di base', Circolo La Comune di Torino, sviluppando l'attività iniziata con l'*Atelier populaire* nel 1968 per la realizzazione di pamphlets, bollettini, fogli, sulle condizioni di vita dentro e fuori la fabbrica, murales durante l'affluenza ai cortei, propaganda politica e controinformazione nella forma di striscioni. Nella seconda fase (1976-1979), sempre con La Comune, l'attività si spostò sulla realizzazione di coreografie durante manifestazioni o comizi di piazza, il 'Teatro dei mascheroni', in cui le forme del teatro di strada, si manifestavano nella realizzazione di animazioni con carri e coreografiche di personaggi politici realizzati in gommapiuma (tra i più importanti l'*Andreottile*, presentato il 1° maggio 1977, 1978, 1979 a Torino). Al di là di presentarsi come azioni effimere e improvvisate, Gilardi sosteneva che queste azioni seguivano una propria scansione: gli eventi si articolavano in un gioco che poi si trasformava in rito, che si scioglieva di nuovo in gioco in grado di stimolare negli artisti e nel pubblico un momento di 'istantanea condivisione creativa'.

Infine la combinazione artista-architetto pose la performatività ancora al centro di altre pratiche e cioè di provvedere alla configurazione di spazi per la formazione e auto-formazione culturale autogestita. Riccardo Dalisi svolse questa attività con l'obiettivo di ristabilire la funzione della progettazione architettonica e oggettuale sviluppandola nella comunità del quartiere napoletano del Traiano. Egli propose un modello sperimentale-educativo rivolto alla contestazione della costituzione e applicazione dei modelli dell'architettura tradizionale come determinazione di spazio, come forme che

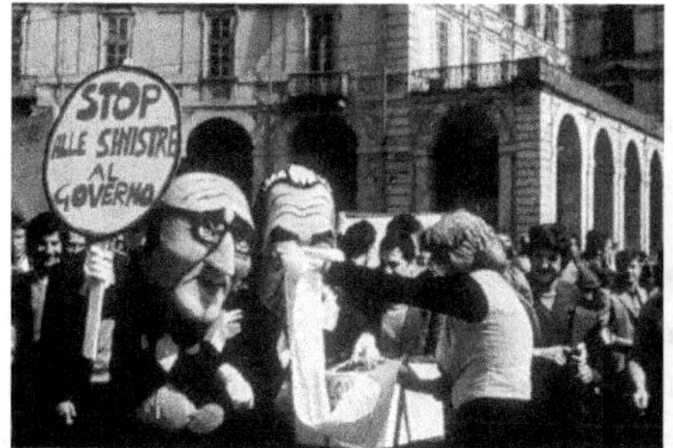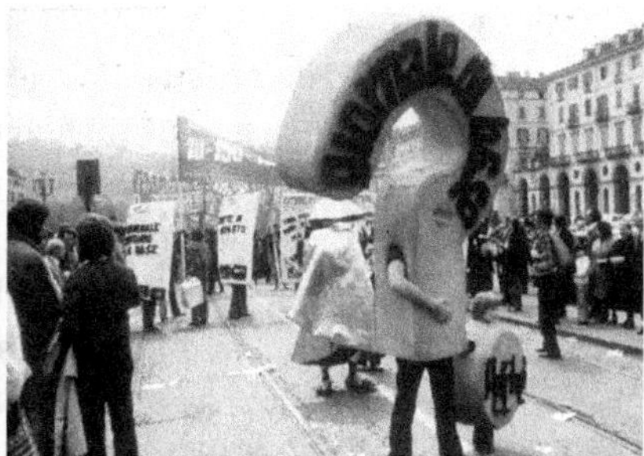

Piero Gilardi, Animazione teatrale, Torino 1° maggio 1976 e 1° maggio 1979
Courtesy Fondazione Centro Studi Piero Gilardi (Torino)

agiscono su chi userà determinati spazi, interpretandone le esigenze ma senza educare al loro uso. Il Rione Traiano di Napoli, secondo Dalisi, rappresentava un caso urbanistico rispetto alla questione funzione-uso delle abitazioni popolari, un progetto, sosteneva, "senza disegno, senza fulcri, senza centro". Dalisi trasferì il suo Corso di Composizione Architettonica del III anno della Facoltà di Architettura di Napoli negli scantinati e nelle strade del rione Traiano con l'obiettivo di mettere in atto un sistema di proposte e strutture spaziali per il quartiere. Il laboratorio si svolse tra il 1972 e il 1975 con i bambini del civico 140 del Traiano e di un asilo (o meglio un 'contro-asilo') della zona, spostandosi in seguito anche in altre zone della città a Ponticelli, Montesanto e nel centro di Napoli. La pratica pedagogica impostata da Dalisi si riconnetteva al diffuso sistema delle animazioni che in particolare negli anni Settanta coinvolsero i quartieri e le circoscrizioni di molte città italiane, rientrando nella politica del "decentramento culturale"[17], focalizzata nell'avvicinamento delle comunità di abitanti di quartieri più emarginati e rivolta attraverso la creatività alla formazione di nuovi modelli sociali.

Un approccio quello di Dalisi non troppo distante dalle sperimentazioni che andava praticando l'architettura radicale in Italia dal 1963. In particolare Ugo La Pietra tra i rappresentanti del gruppo più vicini al mondo dell'arte, trasformava 'performativamente' i rigidi parametri imposti dalla visione e dalla progettazione avanzando un approccio sinestetico della concezione dello spazio architettonico con le *Immersioni* (1968), *Il Commutatore* (1970) o con l'azione *Segnali di fuoco* a Zafferana Etnea (1970).

LA PERFORMANCE NELL'ATTIVITÀ ESPOSITIVA UFFICIALE

L'irregolarità delle attività artistiche osservate sinora che va da aspetti più vicini alla performance teatrale fino a un'operatività attuabile solo attraverso un certo grado di partecipazione esterna o alle interpretazioni individuali, si rispecchia nelle modalità in cui la critica decise di gestire questi fenomeni all'interno dell'attività espositiva ufficiale.

Se si considera il percorso delle esposizioni più ufficiali, attraverso alcuni eventi che in quegli anni diedero spazio alle pratiche artistiche interdisciplinari, alle azioni legate alla militanza attiva o alla performance in quanto tale, si disegna una parabola piuttosto netta e sintetica di questa stagione artistica inaugurata negli anni Settanta in Italia dal libro di Lea Vergine, *Body art e storie simili. Il corpo come linguaggio*[18].

In questo testo che destando non poche critiche si collocò nel panorama internazionale come uno dei primi contributi in merito alla Body art, l'autrice circoscriveva i termini di questo orientamento a tutte quelle pratiche in cui rientrava l'uso del corpo ma anche a quelle azioni con implicazioni dirette alla costruzione di una complicità intima con lo spettatore. Nel titolo, "corpo come linguaggio" è contenuto il riferimento ad una dimensione linguistica (o pre-linguistica) in cui il corpo è una sorta di foglio bianco, un grado zero, per azioni che, rivolte all'esterno, sono proiezioni corrispondenti alle pulsioni umane e in cui il pubblico gioca un ruolo fondamentale. Gli artisti che si esprimono attraverso la Body art, secondo le Vergine, non scelgono di recitare o di interpretare un ruolo a loro estraneo, ma cercano l'"umano-non umano"[19], non castrato dal funzionalismo della società, ovvero l'uomo che sfugge al concetto di profitto.

Dal punto di vista espositivo i termini con cui la Body e Performance art iniziano ad entrare nel circuito delle mostre ufficiali si avvia nel 1972 con la XXXVI Biennale d'arte di Venezia, *Opera o comportamento*, in cui la formula adottata dai commissari Francesco Arcangeli e Renato Barilli indicava il doppio registro rispetto al quale l'azione poteva essere considerata rispetto al piano dei linguaggi visivi, appunto 'opera' o 'comportamento'. Barilli nel suo testo in catalogo lascia emergere la dimensione del 'fare' e dell''agire', più che quella dell''essere' in arte e predilige la categoria 'larga' del comportamento come "la più valida e pertinente a raccogliere in sé tutta una vasta e 'pittoresca' nomenclatura di movimenti specifici: arte povera, arte concettuale, Land Art, Body Art ecc."[20], tema che riprenderà cinque anni dopo con la *I Settimana internazionale della Performance*.

Nel 1973 *Contemporanea* a cura di Achille Bonito Oliva (Roma, 30 novembre 1973 – 28 febbraio 1974, Parcheggio di Villa Borghese) in una caleidoscopica e internazionale visione dell'attualità artistica del periodo, dava largo spazio ai linguaggi performativi: si prevedeva infatti la sezione di "Teatro" curata da Giuseppe Bartolucci e le sotto sezioni "Performance", "Teatro contemporaneo italiano", "Esperienze di animazione" che coinvolsero tra gli altri Odin Teatret, Gruppo Altro, Giuliano Scabia, Riccardo Dalisi, Alberto Grifi e Massimo Sarchielli oltre la sezione "Danza e musica" curata da Fabio Sargentini, che vide la partecipazione di Trisha Brown, Simone Forti, Yvonne Rainer, Steve Paxton, Joan Jonas (che peraltro Sargentini aveva già avuto modo di invitare a Roma presso L'Attico).

Ma fu il Padiglione Italia ai Giardini di Castello per la Biennale del 1976, curato Enrico Crispolti e Raffaele De Grada *Ambiente. Partecipazione. Strutture Culturali* a introdurre nel sistema delle esposizioni ufficiali tutte quelle esperienze che a partire dal mondo dell'arte si rifacevano a questioni sociali e politiche, dedicando l'intero padiglione alle esperienze di animazione e alla documentazione di queste, dei collettivi di artisti, dei gruppi teatrali che come fuoco della loro ricerca avevano in massima parte le questioni sociali (lotta per la casa, condizioni del lavoro operaio, decentramento e distretti culturali...) esposte in azioni temporanee ed effimere e totalmente libere da vincoli legati alla composizione artistica[21].

Crispolti definì i lavori in mostra come "un'esperienza al di fuori dei termini canonici del consumo dell'arte"[22] e riportati nella sede espositiva attraverso la documentazione e l'audiovisivo. Parteciparono tra gli altri: Ugo La Pietra, Riccardo Dalisi e Eduardo Alamaro, Collettivo Autonomo Pittori di Porta Ticinese, Laboratorio di Comunicazione Militante, i muralisti, Gianfranco Baruchello, a/social group di Napoli e molti altri collettivi e gruppi di artisti che si mobilitarono per avviare progetti di riappropriazione e riqualificazione di alcune aree urbane e traducibili in forme auto-organizzate di contropotere cittadino.

Ma come osservava Enzo Mari durante il Convegno *Nuova domanda e modi di produzione culturale del campo delle arti visive* organizzato in occasione della Biennale del 1976, questa occasione sembrava andare incontro alle nuove istanze senza porsi però la questione qualitativa delle partecipazioni e cioè "in termini di giudizio critico, nella sezione italiana le scelte sono fatte in termini di 'documentazione'" inoltre, poneva la questione urgente di una modalità collettiva di progettazione della mostra in cui "il tema dovrebbe essere il modo di realizzazione della sezione italiana"[23].

A Bologna nel 1977, Renato Barilli curava la *I Settimana Internazionale della Performance*, una sei giorni no-stop di quarantanove performance che si svolgevano a ritmo serrato e ininterrotto[24]. Renato Barilli nel testo in catalogo

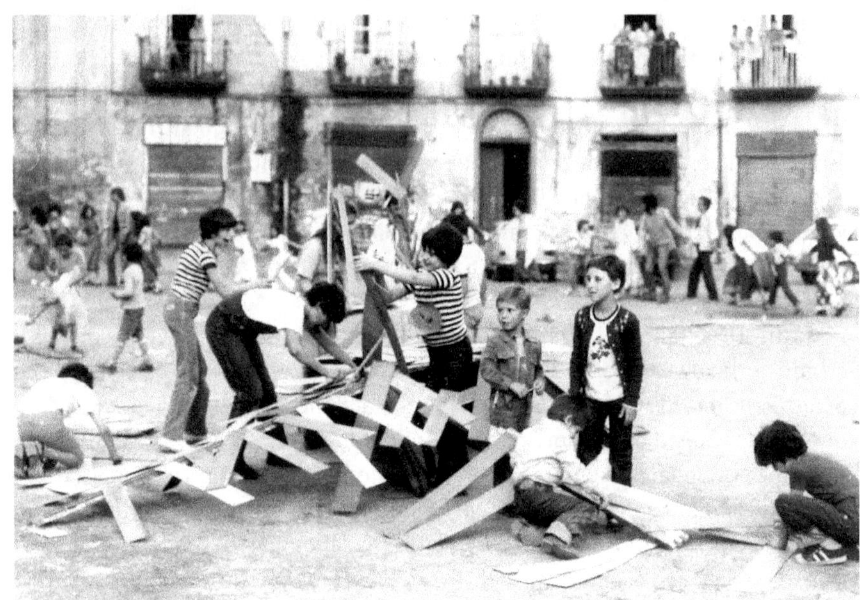

descrive la Performance art ricostruendo la genealogia del termine da quella latina 'per-formare' (nel senso di portare a termine un lavoro, completarlo fino in fondo) fino all'inglese perform (recitare, rappresentare...), riconoscendo in tutta la tematica della performance e del comportamento l'ispirazione "ai miti e ai riti di società arcaiche" in cui considera fondamentale e determinante il ruolo della tecnologia (documentazione). All'interno della mostra viene adottato un sistema classificatorio rispetto al quale la performance risulta declinata in sette accezioni differenti: "Corpo", "Sensi", "Iperestesia", "La ricerca dell'identità" (orientate a separare cioè a definire ciò che si fa sul per il corpo e solo attraverso di esso); "Musica"; "Parola" (lo spettacolo in sé e per sé, nelle sue forme più radicali); e infine "Ricerca sul sociale" (intesa come azione singola o collettiva nel sociale). Parteciparono affermati artisti come Marina Abramovic, Ulay, Vito Acconci, Gina Pane e altri furono affiancati alle esperienze di Fabio Mauri, Franco Vaccari, Fernando De Filippi e Francesco Matarrese, Angela Ricci Lucchi e Yerevant Gianikian, Giuseppe Desiato, Sandra Sandri e molti altri.

Quelle che abbiamo osservato come forme di defezione dal sistema dell'arte per l'impegno nella collettività (Gilardi) o per un'indagine sui sistemi e i valori socio-economici a partire da una personale scelta di vita (Baruchello), ma anche la messa in discussione del teatro stesso come scena per rileggere i rapporti tra potere, storia e memoria (Mauri) o in una definizione e 'antropologica' per intervenire sulla

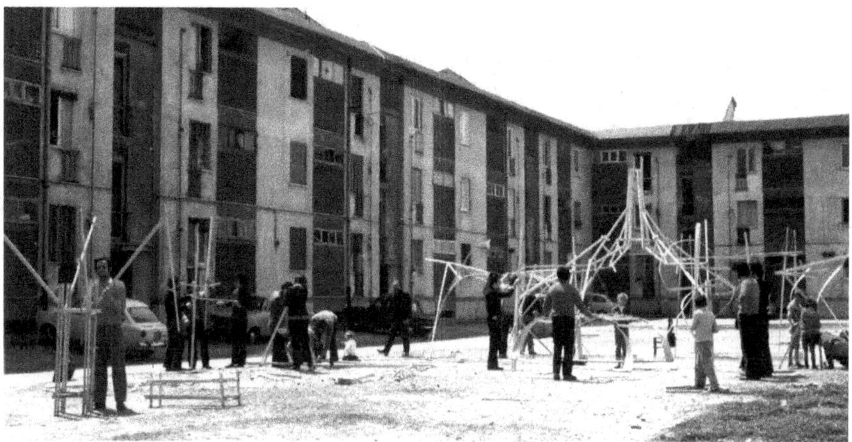

Riccardo Dalisi. Animazione e partecipazione al Rione Traiano 1972-1975
Courtesy Archivio Dalisi

potenza delle trazioni secolari (Paradiso) fino all'architettura attiva come deriva pedagogico-sociale (Dalisi) o sistema di elaborazione sinestetica dello spazio (La Pietra), si articolavano in una politica espositiva ufficiale che se sottolineava la specificità italiana, si poneva più come un 'contenitore' di tali esperienze che come dispositivo di lettura alternativo del momento attuale e inconsapevolmente ne depotenziava la portata politica e critica.

Questi esempi solo alcuni tra quelli più paradigmatici di questa stagione creativa italiana, dimostrano come il lavorare fuori dalle forme, da tutte le forme date per cercare di cogliere nuovi linguaggi nel lavoro di opposizione, rivolta e resistenza, e come tutto quel lavoro minoritario rispetto ai valori tradizionali, classificati e classificabili del proprio tempo, dipendeva da un'incapacità del sistema dell'arte, così per come si andava costituendo in Italia, di contenere la carica di significati, la molteplicità dei piani discorsivi, la trasversalità delle operazioni, le implicazioni sul piano sociale e politico che erano contenuti in tutto questo 'al di fuori' e soprattutto non era in grado di giustificare l'alternativa che alcuni artisti intravidero dell'agire in forma autonoma, costruendo dispositivi di osservazione e critica sul loro tempo, stando nel loro tempo, di sovvertire i linguaggi e di spostare i punti di vista, di fare dell'ideologia un campo di indagine, di ipotizzare la possibilità di inserire l'arte in uno schema di impegno sociale e di emancipazione dei sistemi costituiti, cioè di auto-organizzarsi e auto-determinarsi.

Se, come affermava Lucy Lippard la performance è 'la più immediata forma artistica a cui si possa aspirare per un'immediatezza dell'azione politica'[25], la sostanziale peculiarità del caso italiano rispecchia il potenziale primo dei linguaggi performativi, quel continuo movimento e slittamento di significati che trasforma la performance in pratica e linguaggio artistico e che, nel creare una dimensione performativa diffusa, rende, infine, le opere d'arte dispositivi espliciti di enunciazione artistica ma anche politica.

1. Negli anni Novanta in ambito statunitense la cosiddetta "performative turn" è associata all'affermazione e alla diffusione della Performance Theory e dei Performance Studies.

2. Nel 1959 il Living Theater presenta *The Connection* a New York, Jerzy Grotowsky e Ludwik Flaszen fondano il Teatro delle 13 file a Opole in Polonia e Allan Kaprow realizza il suo primo happening *18 Happenings in 6 Parts* alla Reuben Gallery di New York.

3. Tale prospettiva critica fu quella che RoseLee Goldberg sostenne nel suo *Performance. Live Art 1909 to the Present* (I ed. Harry N. Abrams, New York, 1979). Goldberg segnalava inoltre molte omissioni da parte della storia (dell'arte) nei confronti della 'live art' e della 'performance' e l'impossibilità di definizione di quest'ultima. Vedi Kontova, Helena (a cura di) "The unconscious history. Interview with Roselee Goldberg/Una storia inconscia. Intervista con Roselee Goldberg" in "Flash art", n.90-91, June-July, 1979 pp. 30-36.

4. Subrizi Carla, *Il corpo come pratica significante. Passioni e emozioni nell'arte della seconda metà del Novecento* (*Trauma e esperienza*) in "Critica del testo", XIII/3, 2010, *Cercando l'Europa*, Viella, pp. 295- 316. Ripubblicato in Subrizi Carla, *Azioni che cambiano il mondo. Donne, arte e politiche dello sguardo*, Postmedia Books, Milano 2012.

5. La definizione di 'laboratorio' è suggerita dal capitolo *Introduction: Laboratory Italy* di Michael Hardt, in Virno P. – Hardt M. (a cura di), *Radical Thought in Italy. A Potential Politics*, University of Minnesota Press, Minneapolis/London, 1996, p.1-10.

6. A questi si potrebbe aggiungere in area romana la presenza di spazi alternativi come Gap, La Stanza, S. Agata de' Goti, Jartrakor.

7. L'assemblea divenne "il luogo di una pratica politica, quella dei comitati operai, la costituente della soggettivizzazione dell'autonomia, un'esperienza assoluta di democrazia diretta creativa di teoria, una realtà in fusione e un processo continuo di uscita dalle forme istituzionali date". Intervista a Giairo Daghini in Borio G. – Pozzi F. – Roggero G. (a cura di), *Gli Operaisti. Autobiografie di cattivi maestri*, DeriveApprodi, Roma 2005, p.115.

8. Le "feste non vogliono essere un uso parziale alternativo del tempo libero [...], non devono essere un modo indiretto, quindi strumentale, per propinare comizi [...] Sono un momento di comunicazione e conoscenza. Le feste sono un momento di scontro sul terreno personale, perché sono un momento di sperimentazione dei rapporti umani dei comportamenti di cultura dei giovani". Balestrini N. – Moroni P., *L'orda d'oro (1968-1977. La grande ondata rivoluzionaria e creativa, politica ed esistenziale)*, Feltrinelli, Milano, p. 509.

9. Un caso paradigmatico è rappresentato dal VI Festival del Proletariato Giovanile al Parco Lambro nel 1976. Durante il Festival il pubblico si schierò contro gli organizzatori facendo fallire l'evento. Alberto Grifi presente per documentare le giornate del festival colse l'occasione per trasformare la regia in una strategia attivista riprendendo la rivolta e stravolgendo la funzione della camera rifiutando il ruolo di regista.

10. Il termine fu coniato dal Laboratorio di Comunicazione Militante nel 1976 e si riferiva

ad una sorta di richiamo collettivo per riunirsi in alcune piazze del centro cittadino di Milano che venivano delimitate spazialmente per l'occasione. Ne furono organizzate un paio nel giugno del 1976, la prima realizzata con strutture mobili alle Colonne di S. Lorenzo a Milano e la seconda con strutture gonfiabili presso Piazza S. Sempliciano.

11. L'azione fu presentata per la prima volta nel 1971 a Roma presso gli Stabilimenti Safa Palatino, seguirono altre sei repliche tra cui XXXVI Biennale di Venezia (1974), Performing Garage (1979).

12. Studio Fablo Maurl (a cura dl), *Fablo Maurl. Ideologia e memoria*, Bollati Boringhieri, Torino 2012, p. 68.

13. La prima fase *1. La vita 2. L'usura 3. La morte* fu presentata a Milano presso la Fabbrica di Comunicazione nel 1977. Vedi Paradiso, Antonio, *Teatro Antropologico. La vita. L'usura. La morte 1977-1983 Sette anni di Ricerca*, Milano 1983.

14. Subrizi Carla, *Piccoli sistemi* in Bonito Oliva A. – Subrizi C. (a cura di), *Baruchello. Certe idee*, cat. mostra (Galleria Nazionale D'arte Moderna, Roma, 21 dicembre-4 marzo 2012) Electa, Milano, 2012, pp. 70-73.

15. Ivi, p. 77.

16. La scelta di abbandonare il sistema dell'arte nel '69 matura nell'ambiente sociale e politico torinese della fine degli anni Sessanta, caratterizzato da una rigida impostazione industriale. "Tra il '67 e il '69 ho smesso di fare oggetti artistici e ho cominciato a scrivere e teorizzare perché non vedevo altro mezzo per proseguire, evolvendolo, il discorso sui *tappeti-natura*. Una delle cose che mi misero su questa strada fu la bocciatura degli oggetti nuovi che avevo tentato di fare come sviluppo dei tappeti da parte di Ileana Sonnabend. Da lì la riflessione sulla libertà dell'artista una volta entrato nell'apparato culturale ufficiale mercantile e la ricerca di una nuova soggettività umana dentro la logica iper-razionale della vita sociale di allora. Quelle stesse aspirazioni soggettive cominciavano a trovare uno sbocco nei conflitti politici: le lotte dei movimenti studenteschi, delle minoranze razziali fino al maggio di Parigi e alle prime lotte operaie autonome". Gilardi, Piero, *Sedici anni fa...*, in Gilardi Piero, *Dall'arte alla vita, dalla vita all'arte*, La Salamandra, Milano, 1981

p.11.

17. Come afferma Enrico Crispolti, sostenitore delle politiche di 'decentramento culturale' negli anni Settanta: "una prospettiva di decentramento culturale significa una prospettiva che tenda ad una sollecitazione di compartecipazione culturale locale in senso creativo, anziché ad una semplice condizione di cultura quale fruizione di modelli, di oggetti prodotti ed emessi altrove, ma [...] l'autogestione culturale locale potrebbe infondo portare ad una sorta di autarchia culturale; e questo è indubbiamente un pericolo [...]" Crispolti Enrico, *Arti visive e partecipazione sociale. 1. Da "Volterra 73" alla Biennale 1976"*, 1977, De Donato Bari, pp. 223- 234.

18. Vergine Lea, *Il corpo come linguaggio (La "body-art" e storie simili)*, Prearo, Milano 1974. L'ultima edizione del testo è del 2000: Vergine, Lea, *La "body-art" e storie simili. (Il corpo come linguaggio)*, Skira, Milano 2000.

19. Ivi, p. 9.

20. *36. Esposizione Biennale Internazionale d'Arte*, cat. mostra (1 giugno - 1 ottobre 1972), la Biennale di Venezia, Venezia 1972, p. 95

21. Le sezioni della mostra: "Ipotesi di realtà di una presenza urbana conflittuale", "Riappropriazione urbana individuale", "Partecipazione spontanea", "Partecipazione in rapporto con o attraverso l'ente locale", e una parte di "Documentazione aperta".

22. Crispolti Enrico, *B 76. La Biennale di Venezia. Settore Arti Visive e architettura. Ambiente, partecipazione e strutture culturali*, catalogo generale, 2 vol., Venezia, 1976, pp. 106.

23. Barilli Renato, *La performance*, La Nuova Foglio Editrice, Pollenza-Macerata 1978.

24. Alamaro E. – Bianco G. – Crispolti E. – Dalisi R. – Del Vecchio C. – De Simone V. – Pedicini G. (a cura di), *Area di base.uno*, Beniamino Carucci Editore, Roma, 1978, p. 212.

25. "The most immediate art form, which aspires to the immediacy of political action itself. Ideally performance means getting down to the bare bones of aesthetic communication - artist/self confronting audience/society". Lucy Lippard, cit. in Battcock G. – Nickas R. (a cura di), *The Art of Performance. A critical Anthology*, E.P. Dutton, New York 1984, p. XIII.

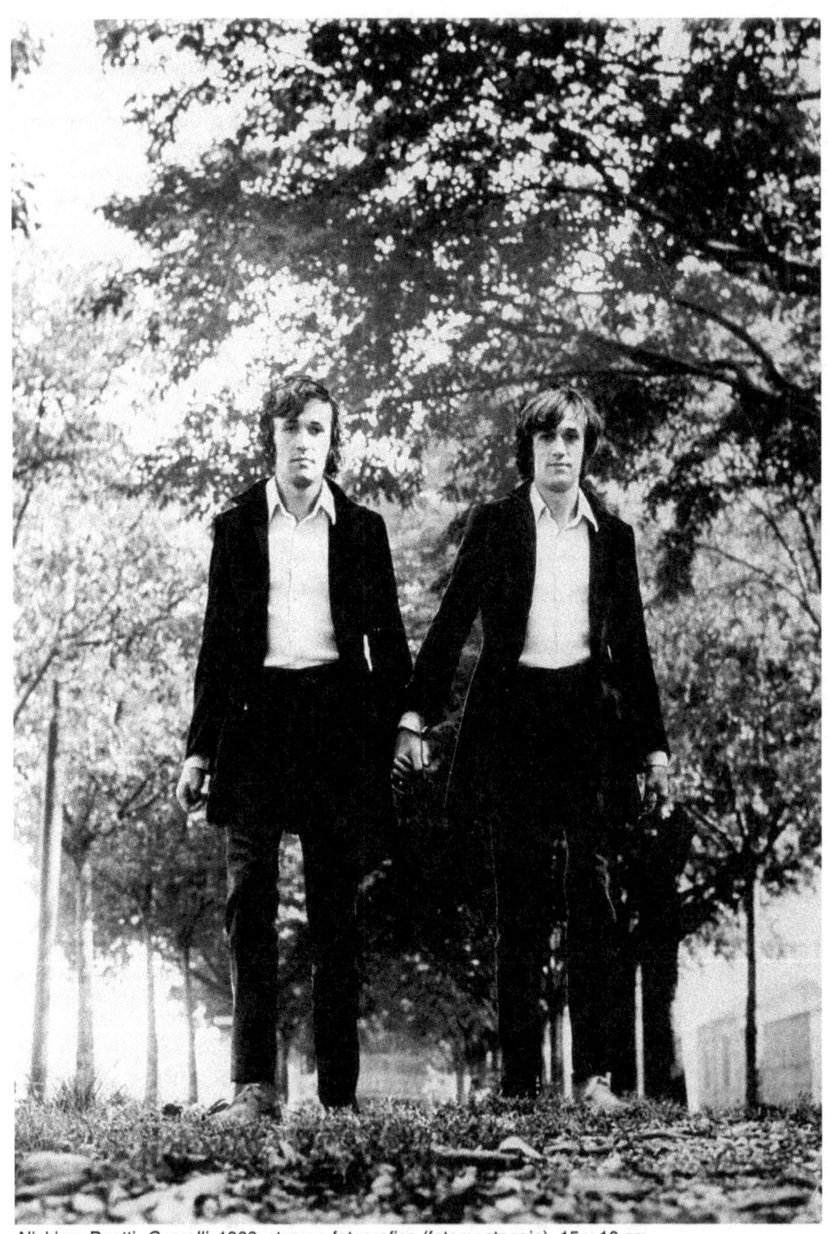

Alighiero Boetti, *Gemelli*, 1968, stampa fotografica (fotomontaggio), 15 x 10 cm.
© Alighiero Boetti by SIAE, 2012. Courtesy Fondazione Alighiero Boetti, Roma

Specchi doppi e riflessi[1]

Elisabetta Longari

Elisabetta Longari

Per determinare i caratteri propri dell'immagine come immagine, bisogna ricorre a un nuovo atto della coscienza: bisogna riflettere.
Sartre Jean Paul, *Immagine e coscienza*, 1969

L'opera d'arte è il riflesso del senso critico dell'artista.
Agnetti Vincenzo, 1978

[...] Sono il cadavere e lo specchio che ci insegnano [...] che abbiamo un corpo [...] l'immagine dello specchio abita un luogo che è per noi uno spazio inaccessibile e [...] non potremo mai essere là dove sarà il nostro cadavere, [...] lo specchio e il cadavere sono essi stessi in un altrove invincibile [...].
Foucault Michel, *Il corpo, luogo di utopia*, 2008

Del ragionamento di Michel Foucault occorre evidenziare due aree concettuali: *in primis* il legame tra il doppio e la morte, si vedano, tra l'altro, le teorie di Roland Barthes sulla fotografia[2], in secondo luogo la sottolineatura dei limiti, dell'inadeguatezza del pensiero e della percezione umani quando si tratta di considerare il corpo, il suo essere, il suo apparire e il suo non essere, che l'immagine allo specchio e la morte introducono. Proprio in ragione dell'impossibilità di comprendere noi stessi e tanto meno la "replica" di noi stessi, sia riflessa nell'occhio dell'altro o nello specchio, che duplicata dalla fotografia o dal video[3], la nostra stessa immagine, e dunque l'immagine stessa, acquista un potere irresistibile.

Ogni opera d'arte è leggibile in certo modo come specchio del suo autore, come una sorta di autoritratto indiretto; tale assunto resta sullo sfondo di questo testo che si dedica specificatamente a rilevare la presenza, manifesta ma a volte anche implicita, dello specchio, del doppio e del riflesso come elementi particolarmente funzionali a un discorso sullo statuto stesso dell'immagine.

Lo specchio, utensile tradizionalmente necessario al pittore per l'elaborazione dell'autoritratto e indispensabile per affrontare la questione dell'identità[4] almeno tanto quanto la fotografia[5], è comunque chiaro che non si limita a collaborare, peraltro in modo infedele, invertendo la destra con la sinistra, alla ricerca dell'autore concentrato sulla propria immagine, ma introduce nel linguaggio della rappresentazione una sorta di tautologia che funziona come interrogazione sul linguaggio medesimo[6].

Durante gli anni Settanta, contraddistinti dall'indagine linguistica semiotica e strutturalista, la natura auto-riflessiva dell'arte si sviluppa in modo ipertrofico rispetto al passato. Il fenomeno è leggibile come risposta al contesto culturale, ma anche come reazione all'ormai stanca accademia informale e al fenomeno del Pop art, esperienze caratterizzanti i due decenni precedenti. La riflessione sul linguaggio si configura dunque in ugual misura come correttivo sia nei confronti di un eccesso di *pathos* e immedesimazione da parte dell'artista che riguardo a una accezione mimetica dell'arte che si concentra sugli oggetti di consumo e sulle strategie di comunicazione della società di massa. Una continuità e contiguità è piuttosto rintracciabile nella valenza interrogativa degli ambienti cinetici[7], che si offrono spesso come "stanze del dubbio" e includono non di rado la presenza di specchi, elementi percettivi dall'alto potenziale di coinvolgimento sinestetico che funzionano come mobili e fecondi dispositivi cognitivi.

Poiché non si può conoscere alcunché senza conquistare la distanza necessaria dall'oggetto che si vuole conoscere, l'arte dall'inclinazione metalinguistica si avvale necessariamente della figura dello specchio[8] sia in modo letterale che figurato; e sul piano concettuale è chiaro che l'arte "a vocazione filosofica"[9] viene ad apparentarsi allo specchio in modo assai più sostanziale che non, ad esempio, l'arte mimetica.

Lo specchio garantisce il riflesso, ovvero lo sdoppiamento dell'essere in soggetto e oggetto, che, come l'ombra, si colloca nell'ordine del simulacro. La sua presenza aziona automaticamente un meccanismo interrogativo sulla natura delle immagini, dell'originale, della replica, della copia, della serie.

Gli artisti di tutti i tempi si sono spesso dedicati a mettere in atto eccellenti trappole per lo sguardo dell'osservatore di modo che si trovasse catturato in un gioco di ribaltamenti, e anche se questa non è la sede per ripercorrerne neppure i più clamorosi esempi, non si può ignorare una delle più fertile spore della rappresentazione, proprio per la sua ricaduta su tante esperienze a venire: la tela di Diego Velazquez nota come *Las Meninas*. Sotto l'ala di questo dipinto, che ha rappresentato e continuerà a rappresentare per molti artisti (e filosofi) un nodo di confronto necessario per quanto pertiene alla riflessione sulla natura della rappresentazione, del vedere e dell'essere visto[10], si colloca esplicitamente l'instancabile congegno di interrogazione e verifica che muove l'opera di Giulio Paolini. *Giovane che guarda Lorenzo Lotto* del 1967 [ill. 01], che si fonda sul principio di reciprocità tanto quanto il quadro di Velazquez, spalanca una vertigine immediata, frutto di un radicale *detournement*. Se in *Las Meninas*[11] l'effetto è a lento rilascio - ovvero l'osservatore scopre di avere fatto irruzione nella scena e di essere stato scagliato al posto del soggetto del ritratto proprio nel momento in cui, dopo aver perlustrato a lungo le figure in primo piano, egli percepisce un riflesso contenuto nello specchio appeso sulla parete di fondo della stanza in cui si svolge la scena, specchio che funziona da svelamento repentino di tale avvenuta sostituzione che strabilia - Paolini con *Giovane che guarda Lorenzo Lotto* accende una miccia immediatamente esplosiva. L'opera si presenta come la riproduzione fotografica, nelle misure identiche all'originale, del *Ritratto di Giovane*, che, grazie al suo "nuovo" titolo[12], mentre indirizza lo sguardo dal visibile all'invisibile, produce qualcosa di repentino: lo specchio[13] e il pittore risultano impliciti alla superficie mentre lo spettatore si sente risucchiato nella macchina del tempo. Esito di un ribaltamento dello sguardo, l'opera di Paolini attua un impressionante corto circuito spazio/temporale: l'osservatore si trova al posto dell'autore e come tale diviene pienamente responsabile, oltre che testimone, del farsi dell'opera d'arte. Ciò che è davvero in questione è proprio lo statuto dell'opera, identificato principalmente nella "continuativa contemporaneità", nell'essere perennemente *in fieri* in quanto evento che viene ad accadere nella percezione attiva di chi guarda. *Giovane che guarda Lorenzo Lotto* ha un potenziale eversivo inesauribile: è un'opera che non smette di porsi come accadimento istantaneo. Eppure se si cerca lo specchio, in quest'opera risulta assente, mentre è l'osservatore a funzionare da specchio mutevole e senza tempo del dipinto.

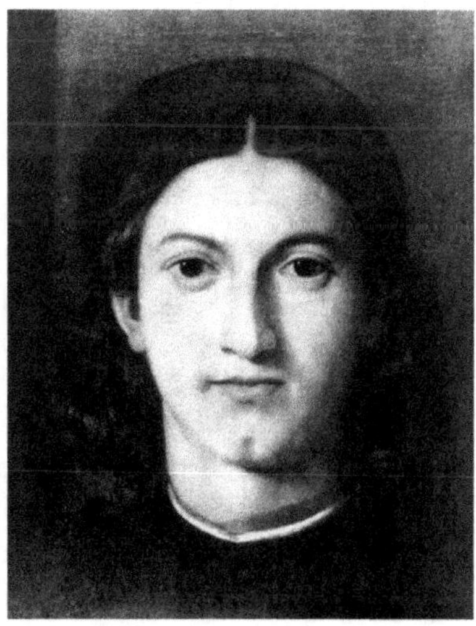

Giulio Paolini, *Giovane che guarda Lorenzo Lotto*, 1967. Stampa fotografica su tela emulsionata, 30 x 24 cm. Courtesy Archivio Giulio Paolini, Torino

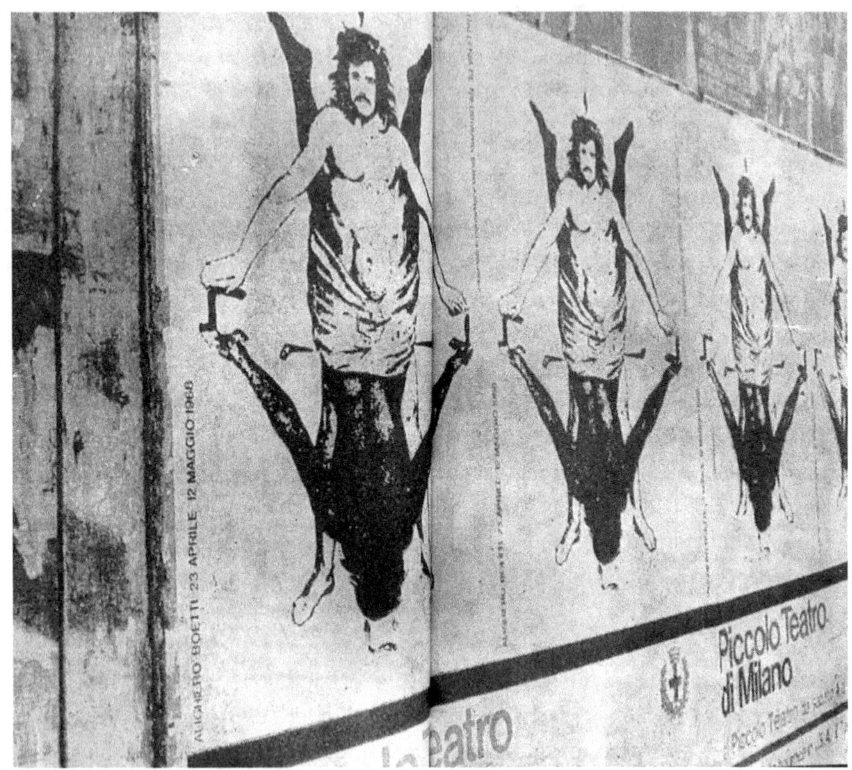

Alighiero Boetti, Manifesto di *Shaman – Showman*, Milano 1968
Fotografia dell'affissione del manifesto stampato a partire da un fotomontaggio su carta, 70 x 50 cm.
Courtesy Enrico Cattaneo, fotografia archivio numero 1371/13

Le decisive caratteristiche dello specchio sono la fuggevolezza, la superficialità e l'inclinazione alla ripetizione, qualità quest'ultima che lo apparenta all'infinito. L'opera di Paolini corteggia l'infinito della visione, e quello che da a vedere allo spettatore è lo spettatore stesso mentre guarda; proprio per questo tanto spesso mette in scena uno o più uomini di spalle che funzionano come esca per l'immedesimazione. Questa figura rappresenta uno scalino, un grado di approssimazione allo spazio convenzionale della pittura che l'artista concepisce come moltiplicazione di sguardi interni. La complessità soggiogante della macchina dello sguardo che Paolini aziona si avvale spesso del ribaltamento, della moltiplicazione e dell'amplificazione, ovvero delle *performance* dello specchio (anche la simmetria è una forma speculare). Lo specchio dunque è qui presente come "modello gnoseologico", come dispositivo di ordine concettuale.

Il doppio, il perturbante per eccellenza, una delle figure più attive dell'immaginazione in ogni ambito artistico[14], presuppone lo specchio[15]. Alighiero Boetti dimostra una spiccata inclinazione a raddoppiare numeri[16] e immagini, tra cui la propria. *Gemelli* [ill. 02], cartolina del 1968 tirata in cinquanta copie[17] con il fotomontaggio di due immagini di sé che si tengono per mano in corso Peschiera a Torino in una mattina d'autunno, per le sottili differenze tra l'una e l'altra[18], risponde tanto alla descrizione dello stesso Boetti - "Accanto a me ci sono io"- quanto al famoso verso *"Je est un autre"* di Arthur Rimbaud, mentre si colloca nella nutrita genealogia fotografica basata sul tema della moltiplicazione[19]. Lo sdoppiamento[20] di sé che Boetti ha moltiplicato e distribuito inviandolo per posta a una serie di persone è tutt'altro che un episodio occasionale, come testimoniano molte opere e la decisione, presa alla fine del 1972, di firmarsi utilizzando la congiunzione *e* tra nome e cognome; anzi il suo intento sembra essere continuativamente quello di sottolineare l'ambiguità di ogni cosa, non mai riconducibile *ad unum*[21]. Emblematico dell'oscillazione tra due poli cui è costretta la figura dell'artista, *Shaman/Showman*[22], fotomontaggio del 1968 in cui Boetti appare come una figura di una carta dei tarocchi, con la propria immagine che compare contemporaneamente eretta e capovolta, in posizione frontale e di spalle, non aveva valenza di opera in sé[23] mentre era nato per la riproduzione e la distribuzione in forma di litografia affissa per le pubbliche vie di Milano come manifesto che segnalava la mostra personale dell'artista alla Galleria de Nieubourg. Come *Gemelli*[24], essa parla la lingua della riproducibilità, della perdita dell'aura dell'immagine, del simulacro, mentre declina il tema dell'uguale ma diverso tanto quanto molti altri ritratti "ufficiali" di Boetti. Perfino quello del 1972 con il gufo Mémè nel giardino del One Hotel a Kabul, che ha una particolare forza magnetica, si pone apertamente come ritratto doppio: quattro occhi spalancati "bucano" la superficie della stampa

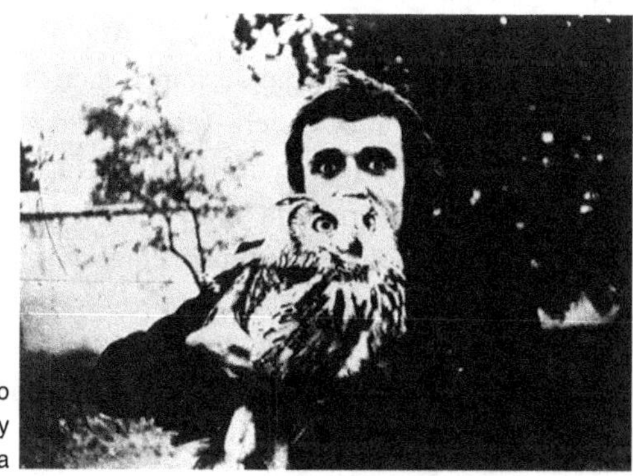

Alighiero Boetti e il gufo Mémè nel giardino del One Hotel a Kabul, 1972. Courtesy Fondazione Alighiero e Boetti, Roma

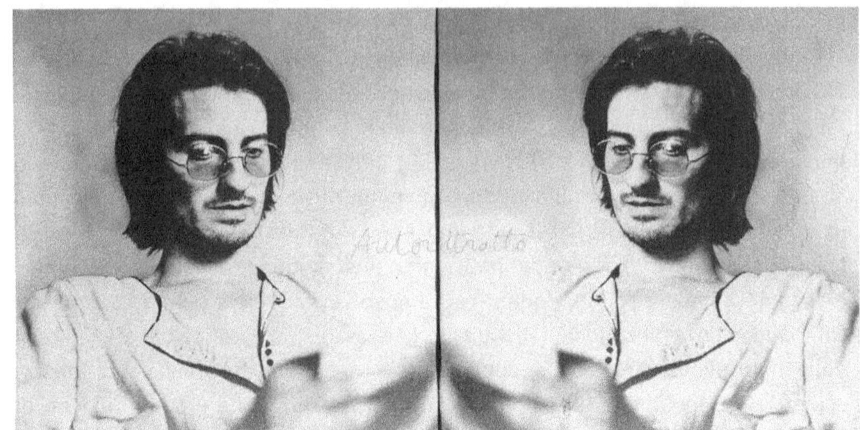

Giulio Paolini, *Autoritratto*, 1970. Due stampe fotografiche in bianco e nero, 23 x 22 cm. ciascuna.
Courtesy Archivio Giulio Paolini, Torino

fotografica; lo sguardo fisso di Alighiero imita il gufo che, in quanto animale notturno, è abilitato a una visione che si spinge oltre i limiti umani. In questo ritratto Boetti rivendica la propria, e nostra, appartenenza al regno animale, ribadita anche altrove e specialmente leggibile in *Ciò che sempre parla in silenzio è il corpo* del 1975, ennesimo gioco speculare in cui Alighiero, scrivendo la frase a partire dal centro della parete di fronte a sé, con le due mani che si muovono su una linea orizzontale nelle due direzioni opposte, fa in modo che una metà del suo corpo sia specchio dell'altra[25].

Se i pannelli dipinti nel 1967 secondo le indicazioni del pantone cromatico, ad esempio *882 Beige Sahara*, si situano decisamente nell'ambito della tautologia, la ripetizione è il motore di *Per una storia naturale della stabilizzazione (AM)*, lavoro del 1970 composto da otto polaroid che, a partire dalla prima, un ritratto di Anne Marie Sauzeau Boetti scattato da Alighiero, innesca un gioco di progressivo allontanamento dall'originale, imponendo una riflessione sulla copia e la replica, attraverso una successione che funziona in modo esponenziale: la prima immagine della sequenza è il ritratto fotografico di A. M., la seconda è la foto di questa prima fotografia, la terza è la foto della seconda fotografia...

La funzione della fotografia come specchio emerge chiaramente dal foto-collage di Paolini intitolato *Autoritratto* del 1970, che potrebbe funzionare da manifesto del pensiero di Jacques Lacan e contiene anche l'enunciato visivo della poetica di Giulio Paolini, il presupposto delle sue molte variazioni sul tema del vedere[26]. Nella prefazione a *Idem*, libro pubblicato da Paolini nel 1975[27],

Italo Calvino sottolinea il ruolo della ripetizione e della tautologia[28] quali figure necessarie della conoscenza cui peraltro il titolo rimanda apertamente. Diverse dichiarazioni dell'artista ribadiscono il concetto: "Ogni mio quadro in definitiva è la replica del precedente (vorrei dire che nasce già "come" replica del precedente)"[29]. *Dimostrazione* del 1970[30], dove due cavalletti uguali sono frontalmente opposti e su ognuno di essi una tela, delle identiche dimensioni dell'altra, riporta il disegno del cavalletto che ha di fronte, vive di una specularità perfetta, come anche *Mimesi*[31] del 1975, costituita da due identici calchi in gesso della testa dell'*Hermes* di Prassitele posti uno di fronte all'altro in modo che si guardino reciprocamente. Qui l'oggetto e il suo doppio si fronteggiano come in un sistema di specchi, ma la loro natura è interscambiabile in quanto di nessuno dei due si può dire che sia l'originale; si è in presenza di una duplicazione in assenza del modello, come scrive Argan: "Paolini [...] identifica il nullo e il doppio, azzera l'oggetto con l'immagine e l'immagine con l'oggetto"[32].

Elegia del 1969, opera che Paolini ha realizzato per la rassegna della Biennale di Venezia dell'anno dopo[33], è composta di un calco in gesso[34] dell'occhio destro del *David* di Michelangelo con un frammento di specchio inserito in corrispondenza della pupilla. Questo lavoro, focalizzato ancora e sempre sul vedere, funziona come *pendant* di *Rovesciare i propri occhi*, la sequenza fotografica di Giuseppe Penone datata 1970, che consiste in una serie di autoritratti fotografici (lo scatto ha sempre la medesima inquadratura) in cui gli iridi e le pupille dell'artista sono coperti da due superfici specchianti che lo rendono cieco, proiettando all'esterno la visione che dovrebbe formarsi all'interno; dunque solamente in questa zona della fotografia si verificano dei cambiamenti, e solamente tramite la fotografia avviene la restituzione, anche se in differita[35], di una visione compromessa. Penone, sottolineando, seppure per via negativa, gli organi preposti alla visione, si dà allo spettatore come mutevole dispositivo di riflessioni, come registratore

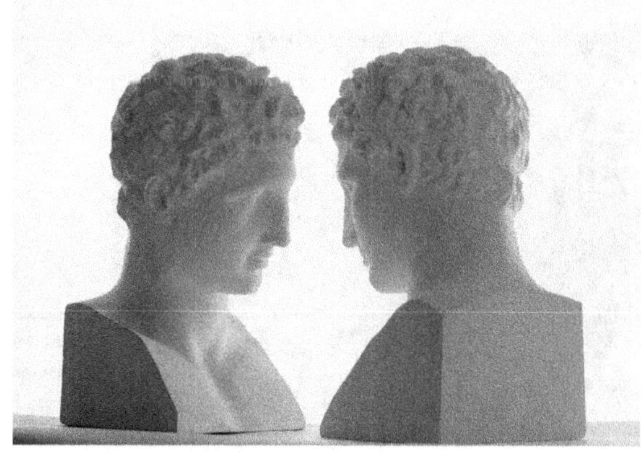

Giulio Paolini, *Mimesi*, 1975
Due calchi in gesso su basi
bianche opache, 48 x 23,5 x 25,5
ciascun calco, 120 x 35 x 35
ciascuna base. Courtesy Archivio
Giulio Paolini, Torino

del reale; in tale modo *Rovesciare i propri occhi* assume il sapore di una sorta di dichiarazione di poetica e di manifesto operativo: l'artista attraverso l'opera restituisce al mondo esterno ciò che già appartiene al mondo senza che questo ne abbia consapevolezza. Un passo del testo che accompagna le *Verifiche* di Ugo Mulas potrebbe esserne la didascalia: "Gli occhi, questo magico punto d'incontro fra noi e il mondo, non si trovano più a fare i conti con questo mondo, con la realtà, con la natura: vediamo sempre più con gli occhi degli altri"[36], e gli occhi di cui parla Mulas, sempre più omologati e convenzionali, indossano, inconsapevoli, le lenti deformate dai poteri forti.

A sua volta *Rovesciare i propri occhi*, che dunque è nel contempo anche la proposta di una ridefinizione dello statuto dell'opera d'arte, costituisce un *pendant* con *Specchio cieco* di Alighiero Boetti: un autoritratto realizzato nel 1975 dall'artista a partire da una foto scattata da Gianfranco Gorgoni che inquadra il riflesso del volto di Alighiero che si specchia a occhi chiusi. Il titolo, che sottolinea l'effettiva necessità degli specchi di essere visti per funzionare pienamente[37], fa di quest'opera un ulteriore richiamo alla necessaria presenza di un pubblico[38]. Allo stesso modo suggerisce anche, come dice Michelangelo Pistoletto, che "L'artista è un cieco che dona la vista"(39), e, secondo Paolini, che "Il pittore è colui che ha visto per gli altri"[40].

Lo specchio[41], se da un lato consente la verifica di tutti gli elementi del reale tramite il loro doppio, al tempo stesso si carica di tutte le immagini possibili e pertanto, rappresentando l'apoteosi della mutevolezza e della superficialità, invera una delle figure principali dell'ambiguità[42].

Se i grandi specchi rendono lo spazio incomprensibile costringendo ogni cosa a confondersi con il proprio riflesso[43], lo specchio è una pittura prodigiosa, che lascia aperta l'opera e la definisce come infinito *work in progress*; ciò insegna Pistoletto, che, per arrivare ai suoi quadri specchianti che trasformano il fondo in *environnement,* deve avere avuto presente l'effetto di *Bar aux Folies-Bergère* di

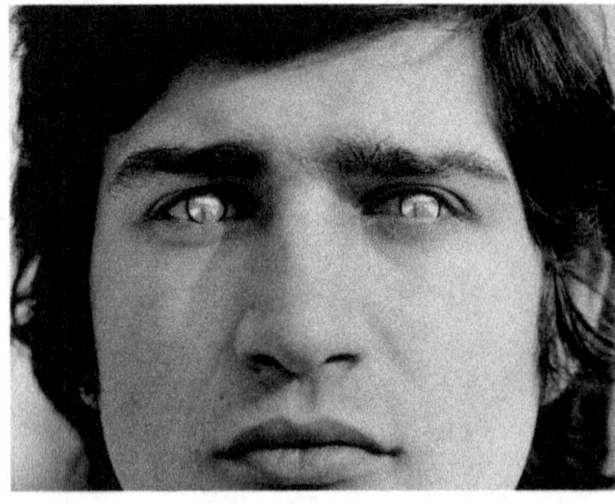

Giuseppe Penone, *Rovesciare i propri occhi*, 1970. Lenti a contatto specchianti, documentazione fotografica dell'azione, stampe fotografiche 30,5 x 40,5 ciascuna. Courtesy Archivio Penone

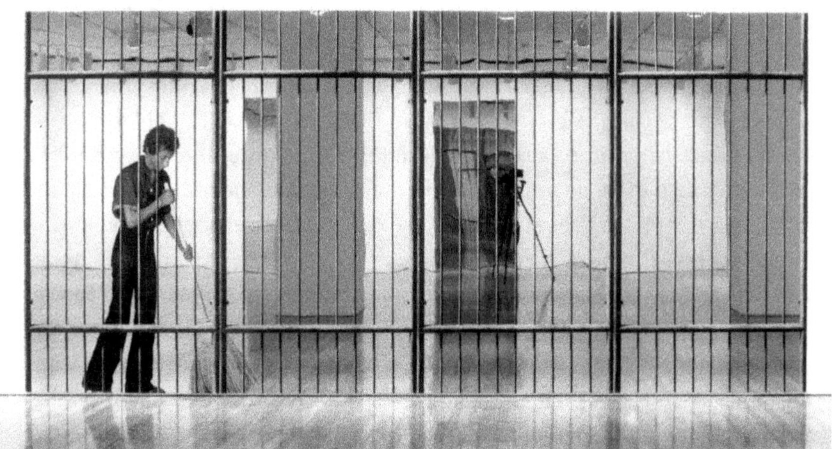

Michelangelo Pistoletto, *Cage*, 1962 – 1973. Serigrafia su acciaio inox lucidato a specchio, 230 x 580 cm.
Courtesy Collezione Cittadellarte - Fondazione Pistoletto, Biella.
Foto Courtesy of Philadelphia Museum of Art

Edouard Manet, in cui lo spettatore non vede immediatamente lo specchio che occupa praticamente tutta la tela. Pistoletto, giunto a questa nuova dimensione durante l'elaborazione di una serie di autoritratti eseguiti tra il 1960 e il 1961, mentre sperimentava diverse rese del fondo che non riuscivano a soddisfarlo[44], quando si accorse che i riflessi dell'ambiente circostante arricchivano lo spazio dell'arte, rendendolo più articolato e complesso oltre che coinvolgente, e che lo specchio poteva essere perfino incorporato nell'opera, da allora Pistoletto utilizzerà quasi esclusivamente superfici specchianti vere e proprie[45]. I suoi quadri specchianti, che richiamano l'osservatore alla sua prima, originaria e archetipica esperienza figurativa, ovvero il riconoscimento dell'immagine di sé nel proprio riflesso[46], tanto per le qualità del materiale del fondo quanto per le misure dei formati e la strategia della loro collocazione sulla parete a filo del pavimento, funzionano come zone in cui lo spazio si spalanca. Sulle sottili lamine di acciaio inox applicate su tela Pistoletto non dipinge ma, inizialmente, applica delle porzioni di carta velina che rappresentano figure umane a grandezza naturale, eseguite avvalendosi di una matrice fotografica ingrandita dei propri soggetti e del ritocco a matita, mentre dal 1971 in avanti si avvarrà direttamente della tecnica serigrafica con processo fotomeccanico. Questo procedimento inedito dà luogo a notevoli novità percettive: dietro le figure si apre un altro spazio, sempre mutevole, che invischia la dimensione del presente, implica l'*hic et nunc*, costituendo, tramite la restituzione dell'immagine irripetibile di ogni attimo, una testimonianza, "alterata" dalle presenze fotografiche, della vita reale e precaria dell'osservatore[47], una sorta di monumento all'immanenza. I quadri specchianti di Pistoletto sono varchi aperti che mescolano diversi e opposti piani (di qua e di là, lo spazio della vita e quello dell'arte, la realtà e la finzione, la copia e l'originale, le figure transitorie e le loro azioni fluide colte in presa diretta da una parte e la rappresentazione statica e permanente dall'altra, il tempo passato, presente e futuro). L'associazione specchio/immagine fotografica è pertinente anche alla luce della consanguineità dei due dispositivi, basata sulla loro comune natura raddoppiante[48]. Pistoletto presto impose un ulteriore sviluppo alle istanze fenomenologiche e relazionali implicite negli specchi, potenziando il coinvolgimento attivo altrui con l'apertura del proprio studio e tramite *Zoo*[49], collettivo interdisciplinare che prevedeva azioni in luoghi pubblici, nate dalla collaborazione di musicisti, attori, pittori, filmakers e intellettuali. Dal 1968 al 1970 l'artista è completamente assorbito dal carattere performativo delle sue esperienze. I diversi dipinti specchianti con il soggetto della *Gabbia,* realizzati tra il 1973 e il 1974, sembrano essere un invito alla riflessione sulla Società dello Spettacolo e nel contempo un omaggio a quell'epoca fondativa della sua storia d'artista.

Evidentemente incentrata sul tema del doppio è *Stereo*, opera eseguita da Pistoletto tra il 1962 e il 1972, composta da quattro panelli di grandi dimensioni e che presenta ai lati esterni e opposti un'immagine di altoparlante e la sua ripetizione speculare, mentre al centro si muove il vasto cielo vuoto e mai definitivo dello specchio[50].

Anche il "gioco del rovescio" è un'operazione riconducibile alla figura dello specchio; si vedano *Chassis* del 1964 di Pistoletto e diverse opere di Giulio Paolini in cui il telaio, nudo oppure "vestito", è il soggetto; ciò rende pertanto questi testi chiaramente sintomatici di una concentrazione su ogni elemento caratterizzante la pittura, una concentrazione tesa a indagare l'oggetto/quadro in tutti i suoi aspetti fenomenologici e concettuali.

Pistoletto realizza in seguito diverse installazioni in cui davanti alle superfici "vuote" di acciaio inox lucidato posiziona svariati elementi, tra cui spesso calchi di statue[51], in modo che vi si riflettano.

La tela in attesa della pittura è forse uno specchio vuoto[52], capace di riflettere la realtà universale. Il legame dello specchio con l'infinito è sottolineato in modo paradossale da un'opera del 1966: *Metro cubo d'infinito*, un cubo formato da sei specchi legati tra loro con lo spago e con la superficie riflettente rivolta verso l'interno, dove le sei facce specchianti si riflettono reciprocamente all'infinito dentro a uno spazio finito. In questo caso però la facoltà dello specchio di

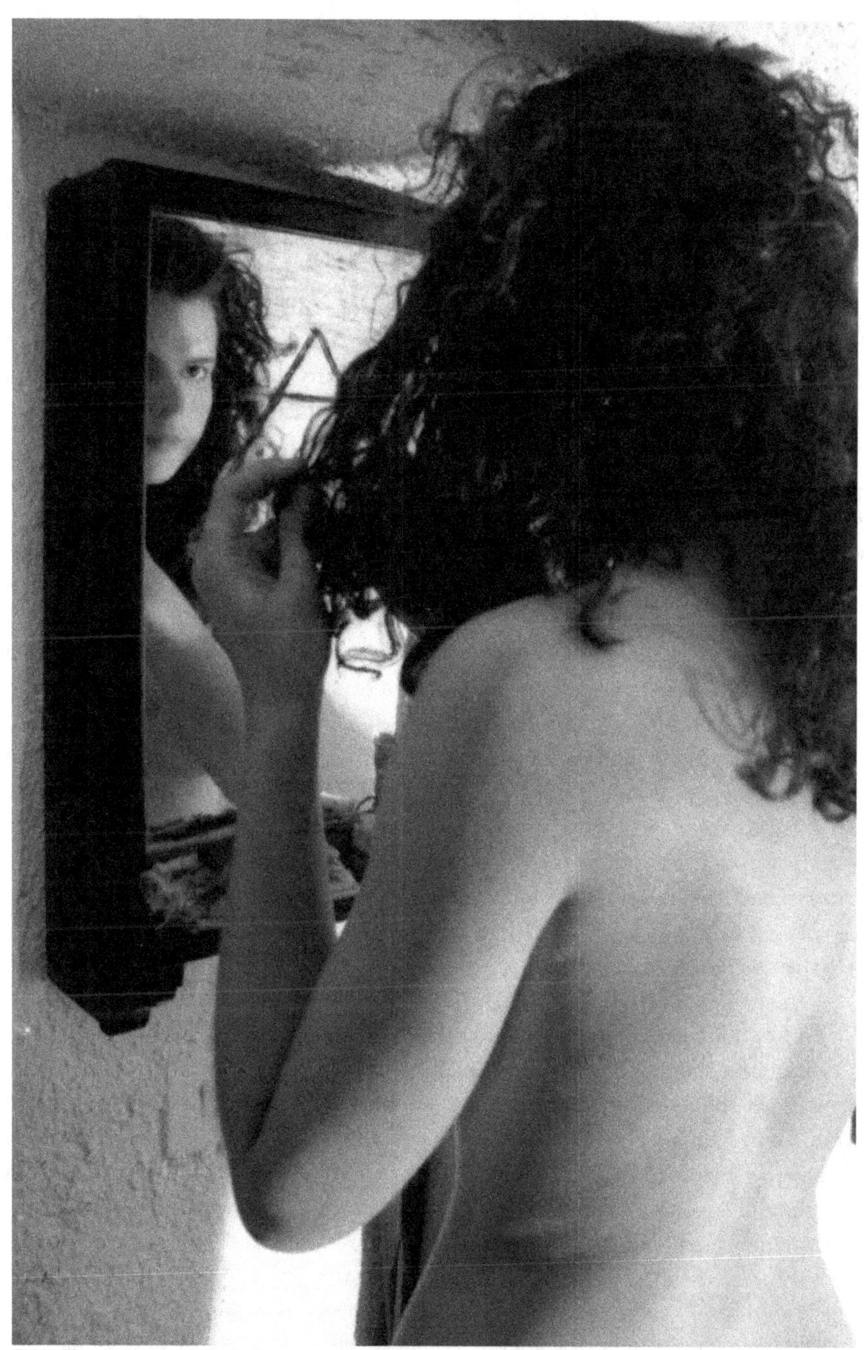

Fabio Mauri, *Ebrea,* 1971. Performance, Molteplici Culture, Convento di s. Egidio, Roma 1992.
Fotografia di Claudio Abate, Courtesy Studio Fabio Mauri, Roma

mostrare tutto coincide con la negazione alla vista quel tutto. "Nel 1966 ho fatto anche un lavoro che potrebbe essere la contraddizione dell'azione dell'aprire lo studio [con Zoo]: ho voluto capire anche che cosa è lo spazio privato, quello che non si può toccare. Questo lavoro si intitola "Un metro cubo di infinito" [...] .L'unica cosa che si può fare è immaginare che cosa succede all'interno del cubo; perché se io eventualmente volessi verificare quello che succede, dovrei alterarne la struttura e vedrei qualcosa di diverso: non sarebbe più "un metro cubo di infinito"'[53].

Gli anni Settanta per Pistoletto si chiudono sotto l'insegna della *Divisione e moltiplicazione dello specchio* di cui si conoscono diverse versioni a partire dal 1975[54]. Poiché lo specchio rotto mantiene la stessa proprietà dello specchio intero, ne deriva che la frammentazione non fa altro che moltiplicare l'immagine riflessa in modo esponenziale.

Anche Luciano Fabro si rivela attratto dal potenziale performativo dello specchio attraverso la variante, posteriore e specchiante, di *In-Cubo*, opera del 1966 esposta nel 1967 alla Galleria Notizie di Torino, realizzata a partire dalle proporzioni corporee dell'artista. La variante con l'intervento dello specchio viene progettata nei mesi successivi alla mostra, ma viene eseguita soltanto nel 1975 ed esposta con il titolo *Allestimento teatrale* alla Galleria Bagno Borbonico di Pescara; quest'opera sembra instaurare a posteriori un dialogo con *Metro cubo d'infinito* di Pistoletto. All'inaugurazione un attore è celato all'interno della struttura, completamente rivestita di specchi sia internamente che all'esterno, e ne abita la geometria primaria che moltiplica la propria l'immagine mentre è intento a leggere un testo; il pubblico, invitato a prendere posto per assistere alla performance distribuendosi sui quattro lati, si specchia sulle pareti esterne, diventando protagonista dell'immagine. *Allestimento teatrale* svolge prevalentemente una riflessione di natura analitica sullo statuto del teatro, sulla figura dell'attore, su quella dello spettatore e sul ruolo del testo. "Per dare allo spettatore ed all'attore il senso dell'ambiguità tra attiva e passiva del loro ruolo, ho isolato l'attore in questo cubo che lo specchia all'infinito e lo moltiplica come pubblico di se stesso, ho collocato il pubblico di fronte al suo specchio obbligandolo all'immagine del teatro di se stesso, non ho interrotto il ruolo istituzionale sia dell'attore che del pubblico che restano compresenti l'uno all'altro e vincolati tramite le parole"[55]. Dunque è la voce il tramite che mette in comunicazione sistemi altrimenti separati: visibile e invisibile, collettività e individuo, spazio pubblico e spazio privato.

In *Ebrea*, installazione/performance[56] allestita per la prima volta nel 1971 da Fabio Mauri alla Galleria Barozzi di Venezia, la presenza dello specchio acquisisce una sfumatura sostanzialmente diversa tra tanti altri oggetti in pelle, accompagnati da didascalie che indicano sollecite la natura dei materiali: pelle umana di cui si precisa anche il nome e i cognome della persona a cui apparteneva. Tra tali manufatti, che rappresentano un culmine inarrivabile di turpitudine e inverano la banalità del Male, lo specchio è un elemento centrale che introduce una sottolineatura del ritorno del rimosso; obbliga a riconoscere che la neutralità non è possibile, che in qualsiasi momento ciascuno di noi o è l'Ebrea, oppure è con o contro l'Ebrea, che non esistono testimoni ma soltanto complici. L'opera di Mauri, che esercita un'indagine sul presente per indicarne le ombre, riflette sulla funzione sociale e politica[57] dell'arte mentre si propone di richiamare alla necessità di schierarsi contro ogni ideologia[58] poiché "la 'coscienza critica' [...] è il 'salvacondotto'[59] e qualunque sia il nostro tempo è sempre il tempo della Storia".

1. Speculare, riflettere: questi termini si riferiscono all'esercizio del pensare, alla divaricazione necessaria al pensiero di cui lo specchio è dunque il modello. Nelle arti visive la presenza dello specchio sottolinea la valenza mimetica dell'immagine e la mette in questione. Si riscontra un notevole utilizzo dello specchio in molte opere esposte a una delle mostre più significative degli anni Settanta, "Vitalità del negativo nell'arte italiana 1960/70", a cura di Bonito Oliva A., Roma, Palazzo delle Esposizioni novembre 1970 - gennaio 1971.

2. Barthes Roland, *La chambre claire*, 1980, trad. it. *La camera chiara. Nota sulla fotografia*, 1980, Einaudi, Torino 1980. Si rifletta inoltre sulla terminologia in lingua inglese, in cui il termine *shoot* designa tanto lo sparo di un'arma da fuoco quanto lo scatto fotografico.

3. Nella prima generazione di televisori era pressoché inevitabile che l'osservatore venisse riflesso sovrapponendosi all'immagine. Per quanto riguarda il video usato esplicitamente come specchio un esempio tra i più significativi si deve a Nam June Paik: *TV Buddha* (1963/75). Nella seconda metà degli Sessanta e durante i Settanta fotografia, cinema girato con pellicola Super 8 e video divennero mezzi d'elezione di molti artisti, mezzi che di per sé permettono di "duplicare la realtà". Tra i cicli fotografici che hanno maggiormente sottolineato il legame con l'ambiguità dello specchio si vedano gli autoritratti di Urs Luthi *I'll be your mirror* (1972) e *This is about you* (1973). Tra le numerose opere video e in pellicola si vedano *Mirror Check* (1970) di Joan Jonas, *Creass Crises* (1973) di Bruce McLean e *Present Continuous Past(s)* di Dan Graham (1974).

4. Lo specchio dal punto di vista cognitivo rappresenta uno snodo fondamentale, si veda a tale proposito il ruolo affidatogli nel pensiero di Lacan Jaques (*Lo stadio dello specchio come formatore della funzione dell'Io*, 1936). Riflessione, rispecchiamento e coscienza di sé sono concetti concatenati e stanno tra loro reciprocamente in una relazione di necessità. Si pensi anche alla recente scoperta nell'ambito delle neuroscienze dei cosiddetti "neuroni specchio".

5. Per la fotografia come specchio dotato di memoria cfr. Wendell Holmes Olivier, *Il mondo fatto immagine. Origini fotografiche del virtuale*, a cura di Fiorentino G., Costa & Nolan, Genova 1995, pp. 5-13.

6. Statisticamente nella maggior parte delle allegorie della pittura allo specchio è stata più spesso preferita la scimmia.

7. Cfr. Meloni Lucilla, *Gli ambienti del Gruppo T. Arte immersiva e interattiva*, Silvana, Milano 2004.

8. Esso genera inevitabilmente uno scarto tra lo sguardo e le cose.

9. Le operazioni di Kosuth si svolgono strettamente nell'ambito del pensiero speculare, si veda per esempio *One and three mirrors* del 1965, che precede di un anno la più nota opera *One and three chairs*.

10. Tra i numerosi saggi sul dipinto si segnala principalmente Foucault Michel, *Les mots et les choses*, 1966; trad.it. *Le parole e le cose*, Rizzoli, Milano 1978, pp.16-30.

11. Se tutto il lavoro di Paolini ha seguito l'indicazione del dipinto sviluppando una concezione e una prassi della pittura come protesi e moltiplicatore dello sguardo, a testimonianza diretta dell'impressione che questo dipinto ha esercitato sull'artista si veda *L'ultimo quadro di Velazquez* (1968), che concentra il punto di attenzione nello specchio e restituisce ciò che altrimenti andrebbe perduto, ponendosi come metafora della pittura *tout court*.

12. Anche il sottotitolo è significativo: "Ricostruzione nello spazio e nel tempo del punto occupato dall'autore (1505) e (ora) dall'osservatore di questo quadro". Di questa sua opera Paolini dice che "è un nulla impalpabile". Paolini Giulio in Disch Maddalena, *Giulio Paolini. La voce del pittore. Scritti e interviste 1965-1995*, ADV Publishing House, Lugano 1995, p. 252.

13. "Il quadro si fa specchio mentale" dice Paolini, in *Paolini: opere 1961/73*, catalogo della mostra, Studio Marconi, Milano 1973, s.p.

14. Cfr. Rank Otto, *Doppelgänger*, Leipzig-Wien 1914, trad. it. *Il Doppio. Il significato del sosia nella letteratura e nel folklore*, Sugar Co ed., Milano 1979.

15. Lo specchio è dal punto di vista simbolico è un archetipo tra i più inquietanti e disorientanti -

l'immagine riflessa, al tempo stesso io e non io, rappresenta una minaccia all'integrità dell'io. Cfr. Freud Sigmund, *Il perturbante*, 1919.

16. *Serie di smerli disposti a intervalli regolari lungo gli spalti di una muraglia*, 1971, un *work in progress* che dal 1971 si è concluso nel 1993 per la morte dell'autore, è composto di una sequenza di telegrammi che segue la regola del raddoppio.

17. Quella inviata in data 1-10-68 ad A.M., senza testo, reca due firme di Alighiero l'una esattamente sotto l'altra, duplicazione l'una dell'altra: "Alighiero/ Alighiero".

18. Si tratta di sé stesso prima e dopo essersi fatto uno shampoo.

19. La storia della fotografia è costellata di giochi di sdoppiamento e moltiplicazione in cui la nozione di originale si confonde fino a vanificarsi. Negli anni Settanta in Italia si veda il caso di Luigi Ontani, che elegge la fotografia a mezzo quasi esclusivo per dare forma a una lunga e variata galleria di autoritratti in cui il suo stesso corpo si trova a giocare diversi ruoli, diverse figure allegoriche e simboliche afferenti a molteplici sistemi mitologici, tanto occidentali quanto orientali.

20. "Alighiero ha sistematicamente sdoppiato e raddoppiato la propria identità, non solo nella firma ma nella struttura fondante di molte composizioni. Eppure il 2 - il sistema binario, la dicotomia e quell'"io diviso" che nel pensiero occidentale segna la latente patologia - non bastava alla sua avventura identitaria". Sauzeau Boetti Anne Marie, *Alighiero e Boetti. "Shaman/showman"*, Allemandi, Torino 2001, p. 72.

21. "Ecco che mi ritrovo a parlare sempre di questo concetto del doppio, che [...] percorre tutto il mio lavoro. Il fatto è che ci troviamo di fronte a una realtà naturale: è incontrovertibile che una cellula si divida in due, poi in quattro e così via; che noi abbiamo due gambe, due braccia e due occhi e così via; che lo specchio raddoppi le immagini; che l'uomo abbia fondato tutta la sua esistenza su una serie di modelli binari, compresi i computer; che il linguaggio proceda per coppie di termini contrapposti [...]. È evidente che questo concetto della coppia è uno degli elementi archetipi fondamentali della nostra cultura [...]. Boetti Alighiero, *Dall'Oggi al domani*, a cura di Lombardi S., L'Obliquo, Brescia 1988.

22. "Boetti astuto imbonitore per meglio inventare autentiche situazioni metaforiche, Boetti giocoliere. Era per lui uno dei due modi di essere artista, la parte di sé estroversa, comunicativa. Mentre l'altra parte, o metà gemella, invece di esibire celava il proprio fare. In codici segreti". Sauzeau Boetti Anne Marie, *op. cit.*, p. 48.

23. Infatti l'"originale" non era esposto alla mostra.

24. Sdoppiamento e tautologia sono un filo rosso del lavoro di Boetti, si pensi anche all'uso del calco, del ricalco o della xerocopia. Alla storica mostra "When Attitudes Become Form. Live in Your Head" (a cura di Szeemann H., Kunsthalle di Berna, 1969) egli espose, oltre al suo doppio tridimensionale - *Io che prendo il sole a Torino il 19 gennaio 1969* - anche la modellatura della propria firma "Boetti" incisa in positivo e in negativo su due lastroni di ghisa. Boetti dimostra amore per la duplicazione anche in una serie di circa cinquanta disegni a china su cartoncino, per lo più Senza titolo, datati 1965, che hanno per soggetto strumenti tecnologici per duplicare il reale, cineprese, microfoni, macchine fotografiche, puntati fissi verso l'osservatore. Sempre nell'ordine del doppio, è *Insicuro noncurante*, cartella del 1975 che raccoglie 82 tavole disegnate che riproducono in miniatura alcuni suoi lavori, certamente pensando alla *Boîte en-valise* di Marcel Duchamp del 1941.

25. Come già in *Alfabeto* (scrittura a due mani) e *Oggi è venerdì ventisette marzo millenovencentosettanta* (entrambi del 1970).

26. "Ogni mia opera, per estensione, è una fotografia: implica un'ottica fotografica, anche quando non lo è materialmente (nel senso che fotografa un gesto, una distanza o perfino un'assenza) [...]". Paolini Giulio, in *Quattro passi. Nel museo senza muse*, Einaudi, Torino 2006, p. 62.

27. Calvino Italo, *La quadratura*, in Giulio Paolini, *Idem*, Einaudi, Torino 1975."Riflettendo alle produzioni del pittore, lo scrittore le vede ruotare mosse da quell'armonioso meccanismo del pensiero che è la tautologia. La tautologia può essere intesa come un gioco di specchi o come la manifestazione più incontrovertibile della verità [...]".

28. Uno dei lavori più tautologici e concettuali di Paolini è *The Enciclopaedia Britannica (fourteenth edition, vol. 12)* del 1971: un'opera che rinuncia completamente alla sensualità dell'immagine per affidarsi esclusivamente alla definizione linguistica e alla sua ripetizione.

29. Paolini Giulio, *Idem, op. cit.*, p. 53. La replica è spesso inclusa nell'ambito dell'immagine stessa, si vedano ad esempio *2200/H* (1965) e *Alain Robbe-Grillet* (1967). *Nel bel mezzo del dipinto Flora sparge i fiori, mentre Narciso si specchia in un'anfora d'acqua tenuta dalla ninfa Eco* (1968), per l'inserimento sulla medesima tela fotografica di particolari sempre più piccoli in scala discendente della figura più grande, mette in scena il meccanismo intrinseco dell'auto-generazione. *Quattro immagini uguali* (1969) si propone come l'apoteosi cristallina del rispecchiamento e della tautologia, quale indicazione simbolica della ripetizione infinita della ricerca. Altri giochi di specchi: *Caleidoscopio, Palais des Mirages, Apollo e la Sibilla Cumana* (tutte e tre del 1976) e *Clio* (1977-78), mentre *Locus Solus* (1976) è una vertiginosa scacchiera nata dalla moltiplicazione e *Early Dynastic* (1973) è frutto di una moltiplicazione della moltiplicazione. Il decennio si chiude emblematicamente con *Pendent* (1979) indicatore cristallino della specularità. Queste opere per lo più, attraverso la sottolineatura della valenza della fotografia come immagine alla seconda, svelano una caratteristica propria alla natura dell'immagine *tout court,* che nasce implicando la vertigine della riproduzione e della copia.

30. Di cui si conoscono molte altre varianti con diversi oggetti legati alla pratica della pittura e alla riproduzione della visione, tra cui strumenti ottici come apparecchi fotografici collocati su treppiedi (1974-75).

31. Di cui si conoscono numerose diverse varianti. Il decennio si chiude con una sorta di *remake* di *Mimesi* sotto un altro titolo ancora più esplicito nel dichiarare l'ambiguità del riflesso: *L'altra figura* (1979-80). Il gioco del raddoppiamento tra il 1975 e il 1977 è molto frequente, si vedano le diverse redazioni di *Quadrante, Chimera* e *Suite.*

32. Argan Giulio Carlo, "Questi non sono i morti", in "L'Espresso", 2 dicembre 1984.

33. L'opera *Elegia* sarà citata dal suo stesso autore in un dipinto del 1972 dal titolo *Elegia* in una scena di duello e verrà collocata, come

oggetto del contendere, equidistante dai due duellanti che, entrambi con le sembianze dell'artista, si contrappongono.

34. Si segnala tra l'altro che è la prima volta in cui l'artista si avvale del calco in gesso, inaugurando una pratica poi largamente utilizzata.

35. "L'immagine che l'autore, nella tradizione rappresentativa, percepisce, memorizza e ritrasmette con l'opera in un tempo successivo è, in questo caso, trasmessa dall'opera prima che l'autore l'abbia vista. / Il ritardo con cui mi approprio della immagine, rende le lenti a contatto specchianti divinatorie del vedere futuro". Penone Giuseppe, *Il mio vedere futuro*, 1970, in *Rovesciare gli occhi*, Einaudi, Torino 1977, p. 76.

36. Mulas Ugo, *Le verifiche*, in *La fotografia*, Einaudi, Torino 1973, pp. 145-146. Ricordiamo che *Verifica n. 2* di Mulas, quella che ha per oggetto l'operazione fotografica, introduce l'utilizzo di uno specchio.

37. Nel rendere tangibile una dimensione fuori dalla portata della visione quest'opera di Boetti implica tutto ciò che, non cascando sotto i nostri limitati sensi, resta precluso alla conoscenza: "Non è necessario veder fiorire un roseto perché quel roseto fiorisca". Boetti Alighiero in *Che cosa sia la bellezza non so*, a cura di Bonuomo M. e Cicelyn E., Milano 1991.

38. L'opera a detta dell'autore è "Una sorgente da usare come si vuole". *Ibidem*.

39. Pistoletto Michelangelo, *Un artista in meno*, Hopefulmonster, Firenze 1989, p.250. Tanto in *Rovesciare i propri occhi* quanto in *Specchio cieco* è lo spettatore che vede mentre l'artista è non vedente.

40. Paolini Giulio in Disch Maddalena, *op.cit.*, p.262.

41. Il riflesso nello specchio, in quanto immagine derivata ed emanazione diretta del soggetto, come l'ombra, è per lo più un indice puro in quanto esiste solo in presenza del suo referente.

42. Lo specchio è sia figura salvifica, come nel caso dello scudo di Perseo, che letale, come nel mito di Narciso; tramite tanto dell'affermazione egotica del soggetto quanto del suo annullamento, opposti che si toccano. Due esempi calzanti di questa dicotomia: nel cortometraggio *La grande occasione* (1972) di Ugo La Pietra mostra l'artista

che, in preda a un delirio di appropriazione, mentre progetta la propria esposizione, fantastica di sfondare il tetto dell'edificio contenitore per posizionarvi di taglio enormi specchi che possano catturare l'intera città; Franco Vaccari, con *Esposizione in tempo reale n. 4. Lascia su queste pareti una traccia fotografica del tuo passaggio*, presentata alla 36ª Biennale di Venezia del 1972, dove ha esposto una cabina Photomatic (una di quelle cabine automatiche per fototessere), piuttosto sembra arretrare di un passo per farsi specchio degli altri.

43. Si veda *Public Space/ Two audience* (1976) di Dan Graham, installazione basata sull'utilizzo di una "quarta parete" di specchio.

44. "Nel marzo del 1962 esposi alla Promotrice di Torino il primo quadro specchiante, intitolato *Il presente*. L'uomo dipinto veniva avanti come vivo nello spazio vivo dell'ambiente; ma il vero protagonista era il rapporto di istantaneità che si creava tra lo spettatore, il suo riflesso e la figura dipinta, in un movimento sempre *presente* che concentrava in sé il passato e il futuro, tanto da far dubitare della loro esistenza: era la dimensione del tempo". Pistoletto Michelangelo, *Oggetti in meno*, pubblicato in *Michelangelo Pistoletto*, catalogo della mostra, Galleria La Bertesca, Genova 1966.

45. "[...] lo specchio poi è diventato per me uno strumento con il quale riconoscermi e riconoscere". Pistoletto Michelangelo (1972), in Bandini Mirella, *1972. Arte povera a Torino*, Allemandi, Torino 2002, p. 82.

46. Si veda a tale proposito l'opera *Il terzo occhio* (1976).

47. I quadri specchianti sono anche in certo senso il ritratto di ciascun soggetto vi si affacci, dunque in certo modo rappresentano un virtuale ipotetico ritratto collettivo. Lo specchio, testimone instancabile, impedisce l'indolenza dell'osservatore e lo coinvolge, suo malgrado, nel processo di formazione dell'immagine.

48. "Sì, fra tutte le maniere di rappresentare un uomo, ho scoperto che la fotografia possedeva le proprietà più simili a quelle dello specchio". Pistoletto Michelangelo, *Ibidem*, p. 85.

49. "Dato che ho 'aperto' il quadro alla presenza e alla partecipazione di tutti, perché non 'aprire' invece uno spazio fisico?". Pistoletto Michelangelo, *Ibidem*, p. 90.

50. Un'uscita pubblica che anticipa di qualche
mese l'esperienza di Zoo fu, nel marzo 1967,
un'azione/mostra intitolata *La fine di Pistoletto*
al Piper di Torino. Venticinque persone, che
indossavano una maschera con il ritratto
fotografico di Pistoletto, convergevano, ciascuna
tenendo tra le mani una lamiera d'acciaio
specchiante, mentre alle pareti i quadri specchianti
riflettevano l'evento, moltiplicandolo.

51. Si veda ad esempio *L'etrusco* (1976), costituito
dalla replica in gesso a grandezza naturale della
scultura in bronzo del I secolo A. C. che ritrae Aulo
Metello.

52. La verità di questa affermazione stabilisce un
parallelo, un'equivalenza tra lo specchio e la prima
opera di Paolini, *Disegno geometrico* (1960),
figura dell'attesa che virtualmente contiene ogni
rappresentazione possibile.

53. Pistoletto Michelangelo (1972), in Bandini
Mirella, *op. cit.*, p. 91.

54. Per dare allo specchio il suo doppio Pistoletto
lo divide in due parti.

55. Fabro Luciano, *Attaccapanni,* Einaudi, Torino
1978, p. 30.

56. In uno spazio organizzato come un museo
di un campo di concentramento, di fronte a un
armadietto con anta di specchio, una ragazza
nuda si taglia i capelli con le forbici e con le
ciocche asportate compone sulla superficie
specchiante davanti a sé, la stella di David,
presente anche come marchio sul suo corpo.

57. Eco Umberto (*Uno smarrimento convinto,*
in Mauri Fabio, *Ideologia e memoria*, Bollati
Boringhieri, Torino 2012, p. IX) riporta una
significativa affermazione dell'artista: "Io non
facevo politica, ma coscienza; è una cosa identica
e insieme profondamente diversa". Sempre Eco
prosegue dicendo che "tutta l'arte di Mauri parla
del mondo così com'è, com'è stato, e *come non
avrebbe dovuto essere*" (*Ibidem*, p. X).

58. "L'ideologia totalitaria pensa il mondo per
te, obbligatoriamente. [...] Io mi sono messo
a pensare cos'era l'ideologia e in che cosa
l'ideologia tendeva a fare a meno o a diversificarsi
dall'esperienza [...]".

59. Mauri Fabio in Chiodi Stefano, "Fabio Mauri.
Senza paura del buio", in "Flash Art", n. 277,
agosto-settembre 2009.

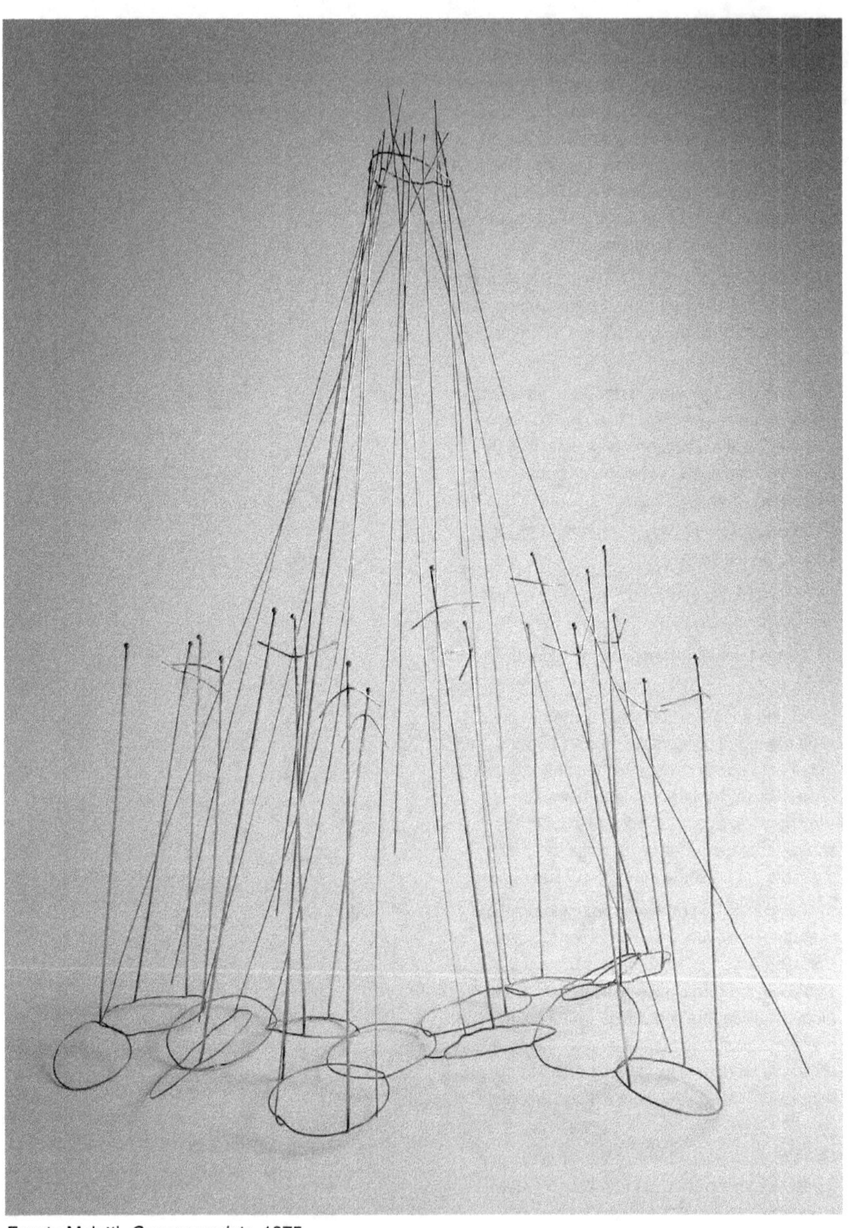

Fausto Melotti, *Canone variato*, 1975
ottone, cm. 71x136x10, Courtesy Fondazione Fausto Melotti

La scultura tra autocritica e lotta per la sopravvivenza.

Sintomi e risposte negli anni Settanta in Italia.

KEVIN MCMANUS

In apertura dell'ormai classico volume *Il ritorno del reale*, Hal Foster si sofferma sulla critica della neoavanguardia operata da Peter Bürger nel discusso saggio del 1974 *Teoria dell'avanguardia*[1]. Tra le mancanze metodologiche di Bürger, il critico americano segnala in particolare l'adozione quasi letterale, per descrivere il rapporto tra avanguardie storiche e fenomeni di neoavanguardia, della ben nota massima marxiana secondo cui tutti gli eventi della storia accadrebbero due volte, la prima sotto forma di tragedia, la seconda sotto forma di farsa: la neoavanguardia non sarebbe altro, pertanto, che una ripresa cinicamente banalizzante (o, peggio ancora, pateticamente convinta) di alcune istanze dell'avanguardia di inizio secolo, destinata a fallire comicamente laddove l'avanguardia aveva fallito eroicamente, per la "tragica" inattuabilità dei suoi presupposti. Secondo Foster, questa lettura cinica è colpevole soprattutto di presupporre una cesura netta tra un passato storico e un presente post-storico (il consueto e presunto "anything goes" della cultura postmodernista) che si illude di poter giudicare "da un mitico punto di fuga critico esterno"[2]: è dunque la posizione stessa di Bürger ad essere post-storica, "e la sua prospettiva si dimostra più mitica proprio dove ha la pretesa di essere più critica"[3]. A questo modello, Foster contrappone quello di derivazione freudiana (più specificamente, del Freud riletto da Lacan) dell'"azione differita" (*Nachträglichkeit*): la storia dell'arte è analizzata come *analogum* della soggettività individuale, che "non è stabilita una volta per sempre; è piuttosto strutturata come connessione di anticipazioni e ricostruzioni di eventi traumatici"[4]. L'avanguardia, dunque, funge da sintomo, da "trauma" che non afferma tutte in una volta le proprie potenzialità, ma che si ripresenta a distanza di tempo per completare il proprio effetto o rinegoziarlo alla luce dell'evoluzione subita dal contesto e dal soggetto.

Secondo questa interpretazione alternativa, la neoavanguardia è dunque il ritorno di un sintomo, non dissimile dalle riletture coeve di grandi autori del pensiero teorico modernista come appunto Marx o Freud. La neoavanguardia torna dunque a "comprendere"[5] la missione dell'avanguardia, ad aggiornarne i parametri, contribuendo alla costituzione di un "soggetto" unico, e non di una scissione epocale come quella teorizzata da Bürger.

Il quadro delle vicende relative alla scultura si presenta particolarmente delicato. C'è, effettivamente, una *Nachträglichkeit* messa in atto dalla scultura degli anni Settanta, e quindi relativa al momento che Foster definisce "seconda neoavanguardia", rispetto a precedenti dell'avanguardia storica? Non faccio riferimento, qui, all'accezione di scultura come arte che Rosalind Krauss assegnerebbe al "campo allargato", una scultura vista come termine polisemantico in grado di mantenere in equilibrio una fitta rete di opposizioni tra termini positivi e negativi[6]. Mi riferisco piuttosto alla scultura nella sua accezione tradizionale, come il frutto tridimensionale e tangibile di un'attività plastica o costruttiva; la scultura, insomma, che l'avanguardia storica aveva solo parzialmente messo in discussione come categoria e che già nella culla della riflessione sul modernismo, l'America del secondo dopoguerra e degli anni Sessanta, fatica a trovare una propria specificità teorica[7].

La vicenda della scultura nell'ambito dell'avanguardia storica presenta numerosi *sintomi*, per lo più coesistenti, tra i quali, semplificando, è possibile scorgere stimoli particolarmente legati alla riflessione sul linguaggio: ad esempio, la riflessione fatta da Boccioni – sulla scorta di Medardo Rosso – sulla scultura come forma aperta, cava, prodotta dalla rotazione attorno a un centro, ben evidenziata da Rosalind Krauss in *Passaggi*[8].

Oppure quella che possiamo definire la linea-Brancusi, costituita da un'idealizzazione della forma scultorea attraverso figure archetipiche e superfici levigate. Una linea che coinvolge anche scultori genericamente avvicinati al cubismo, come Lipschitz e Archipenko, nonché quelli di ambito surrealista come Arp.

Ancora, l'area costruttivista, che al modellato contrappone il procedimento assemblativo e i materiali industriali, alla composizione la costruzione: una soluzione di fondamentale importanza nel ridefinire l'idea stessa di scultura, mettendo tra parentesi il piedistallo e sottolineando piuttosto la natura materiale in opposizione alla quasi intrinseca simbolicità ed illusorietà della pittura, vista come un'arte inevitabilmente compositiva.

Altrettanto materiale, ma investita al contempo di una funzionalità simbolica, o metaforica, è la scultura quando assume i caratteri dell'oggetto, come in numerosi lavori di Picasso o nel Giacometti surrealista, per fare solo due esempi.

Di estrema importanza, infine, soprattutto per la riflessione "differita" della neoavanguardia, la tendenza al primitivismo, che trova nel mezzo scultoreo una modalità di espressione privilegiata: la scultura, infatti, data la sua natura tattile, si presta particolarmente a quella vicinanza immediata tra artista/artigiano e materia, a quella contiguità con le caratteristiche specifiche del medium di partenza che l'avanguardia ama riprendere.

Gli anni della neoavanguardia vedono anche una notevole abbondanza di riflessioni da parte della critica (e degli stessi artisti) sullo status del linguaggio scultoreo. Da un lato, infatti, la tenuta teorica dei medium tradizionali è sempre più in crisi, dall'altro la materialità stessa di questi medium è messa in discussione dai fenomeni di avanguardia recente: nel caso della scultura, le pratiche processuali e poveriste da un lato, quelle di area minimalista dall'altro. In quest'ultimo ambito, Judd e Morris esprimono concezioni notoriamente diverse del proprio operare: mentre il primo non esita ad affermare che i suoi lavori sono da considerarsi "oggetti specifici", in quanto "né pittura né scultura"[9], il secondo recupera il termine scultura nel saggio significativamente intitolato *Notes on Sculpture*. Secondo Morris la scultura, fin da Tatlin, sarebbe quella forma tridimensionale che non è né immagine né architettura, una forma "inutile", per parafrasare George Kubler[10], che rifiuta, oltre alla rappresentazione, anche il punto di vista obbligato e la percezione istantanea tipiche dell'"immagine", a favore di una presenza "sintattica"[11].

Sul versante opposto della strenua difesa del medium tradizionale, Clement Greenberg fa sua la definizione "in negativo" di Morris, spostandola però su un piano di distinzione disciplinare, più che mediale: è dunque scultura ciò che non è né pittura né "non-arte", intendendo con quest'ultima "una porta, un tavolo o un foglio di carta bianco"[12]. Una visione ulteriormente precisata nel fondamentale saggio di Michael Fried *Art and Objecthood*[13].

Un impegno a ripensare la scultura in senso positivo, definendola per ciò che è, va riscontrato invece in Barbara Rose, secondo la quale solo dalla fine degli anni Sessanta in poi la scultura, nella fattispecie quella americana, rifiuterebbe "un palese antropomorfismo", un farsi "altro" rispetto al fruitore, per "creare una maggiore intimità tra spettatore e oggetto"[14]: lo specifico della scultura è dunque la rinuncia all'otticità dell'immagine a favore della polisensorialità del luogo, che si distingue dall'architettura per la natura problematica della sua praticabilità. Ma ancora dieci anni dopo Rosalind Krauss, come detto, constatando la sempre più incontrastabile estensione semantica del termine "scultura", lo ridefinirà secondo la logica del "campo allargato"[15].

Un tentativo di riportare la riflessione sul piano di una sicura definizione mediale è compiuto, nel 1976, da Richard Serra, che alla domanda su cosa significhi per lui fare scultura in quel momento storico, fornisce una risposta estremamente precisa: "engagement with particular precedents; elaboration, through pertinent materials, of an intrinsic language; and encounter with specific sites"[16]. Un'affermazione che rende conto tanto del debito con l'avanguardia storica quanto delle evoluzioni subite dal medium nel corso degli ultimi decenni: da un lato c'è infatti la prosecuzione di alcune pratiche storicamente codificate, dall'altro la deduzione delle forme dai materiali (a sua volta un concetto costruttivista) e il rapporto stretto, "specifico" con il contesto spaziale.

In Italia, un primo momento di riflessione su quanto avvenuto in ambito scultoreo nella stretta contemporaneità è offerto dalla Biennale di Venezia del 1972: le sale 1-14 del Padiglione Centrale, infatti, sono destinate a una mostra intitolata *Aspetti della scultura italiana contemporanea*, con allestimento di Carlo Scarpa e curatela dei commissari Giovanni Carandente, Andrea Cascella, Quinto Ghermandi e Giuseppe Marchiori. Contrariamente a quanto avveniva fin troppo spesso nelle esposizione coeve, il "contemporaneo" è qui inteso per lo più in senso stretto, nonostante la presenza, accanto agli esponenti dell'ultima generazione di artisti, di alcuni "maestri" e di autori morti anche da una decina d'anni. Ben 72 opere sulle 108 esposte, infatti, sono datate dopo il 1968, a dimostrazione della consapevolezza dei curatori di come la "nuova scultura", fenomeno ormai più che decennale, avesse però trovato nell'intensificazione teorica e "politica" dello scorcio Sessanta-Settanta un momento decisivo di autoriflessione. È significativo che Carandente, nel testo di presentazione, dopo aver segnalato questa continuità con le spinte innovative presenti già nell'immediato dopoguerra[17], riporti una frase di Argan: "ciò che l'artista non può e non deve fare è di produrre opere d'arte nel senso tradizionale del termine, cioè oggetti a cui è connesso un più-di-valore", aggiungendo che l'affermazione "si addice a buona parte degli scultori prescelti"[18]. "Il problema della "qualità"", prosegue Carandente, "si è esaurito in arte da un pezzo. L'operatore estetico usa oggi calibri diversi"[19]: calibri che da una parte, com'è evidente, sono una conseguenza della rilettura di Benjamin operata dai teorici e critici del momento, ma anche di quei criteri di serialità, di valutazione contestuale e relativa del manufatto artistico che costituiscono il centro della riflessione di Kubler[20]. Il "più-di-valore" di Argan, peraltro, è categoria di giudizio ancora fondamentale per la critica formalista e per i paladini del modernismo come Greenberg, retaggio di quel fondo di idealismo che, seppur nel cambiamento dei parametri estetici, caratterizza la "mitologia" modernista[21]. La chiusura di Carandente, tuttavia, rivela un sentimento di disillusione, allorché il critico prova ad applicare alla scultura l'antinomia opera/comportamento proposta nel Padiglione italiano della stessa edizione, con questo sottintendendo – non a torto – che il discorso

fatto da Francesco Arcangeli in quell'occasione[22] riguardasse esclusivamente
la pittura: "In realtà, nel caso della scultura, si tratta piuttosto della definitiva
estinzione del concetto di quest'arte. Almeno fino a quando non ci sarà di nuovo
qualcuno a farci ricredere"[23]. Quest'ultima considerazione, che stride in parte con
il sostanziale ottimismo dimostrato invece da Marchiori nella sua introduzione[24],
mette sul tavolo un carattere fondamentale di questa "nuova scultura": messi da
parte i casi in cui il mezzo non venga decostruito, come nelle nascenti pratiche
installative, ma anche in lavori di carattere più oggettuale come quelli di Pino
Pascali e in quelli invece indirizzati verso il concettuale come in Piero Manzoni
(entrambi inseriti postumamente nella rassegna) anche la scultura volta
all'aggiornamento delle proprie categorie *specifiche* attua questa riflessione
in senso problematico, non tanto cercando il centro del campo disciplinare, ma
piuttosto ricalcandone e talvolta sforzandone i confini, fino al punto da suscitare
l'impressione di averli varcati. Se Carandente intravede l'"estinzione del concetto
di quest'arte", è proprio perché il problema della scultura, anziché riproporsi tale
e quale come nella fin troppo facile e prevedibile narrativa bürgeriana, non ha
mai smesso di sussistere, manifestandosi di volta in volta con sintomi differenti,
e suscitando le inevitabili (e altrettanto diversificate) reazioni degli "anticorpi"
della critica istituzionale e decostruttiva.

Che la sintomatologia di questa nuova scultura sia volta a compiere le azioni
del "trauma" dell'avanguardia, lo mostrano per molti versi le opere esposte, e
in particolare quelle più recenti. Pietro Cascella, ad esempio, è presente con
alcuni lavori dello stesso 1972, tra cui il *Dialogo della Maiella*: la pietra nella sua
materialità, nella ruvidezza della sua lavorazione, che richiama il primitivismo
non tanto come categoria antropologica, quanto come riferimento a forme
e superfici ancestrali, si articola in una scansione formale ad "incastro",
che conferisce un aspetto quasi meccanico, per certi versi industriale, a un
materiale decisamente *scultoreo* nel senso forte del termine[25]. Anni luce, è
inutile dirlo, rispetto a quanto faceva contemporaneamente un Richard Serra;
proprio questa distanza, tuttavia, ci permette di capire in che modo i sintomi
della ridefinizione della scultura si manifestano laddove lo "scolpire" è ancora
considerato un fattore irrinunciabile. Se infatti i diversi sintomi mostrati
dall'avanguardia, e sopra descritti, avevano tutti trovato applicazione, e non
pochi aggiornamenti, nel corso dei decenni centrali del secolo, è fenomeno
caratteristico di questo decisivo momento che le loro istanze vengano
esplicitamente poste in dialettico contrasto tra di loro. Così che, come in
Serra, l'elemento costruttivista, che nella sintomatologia d'avanguardia
aveva determinato una nuova concezione dei procedimenti della scultura, ha
assunto ora un'evidente metodologia seriale e industriale.

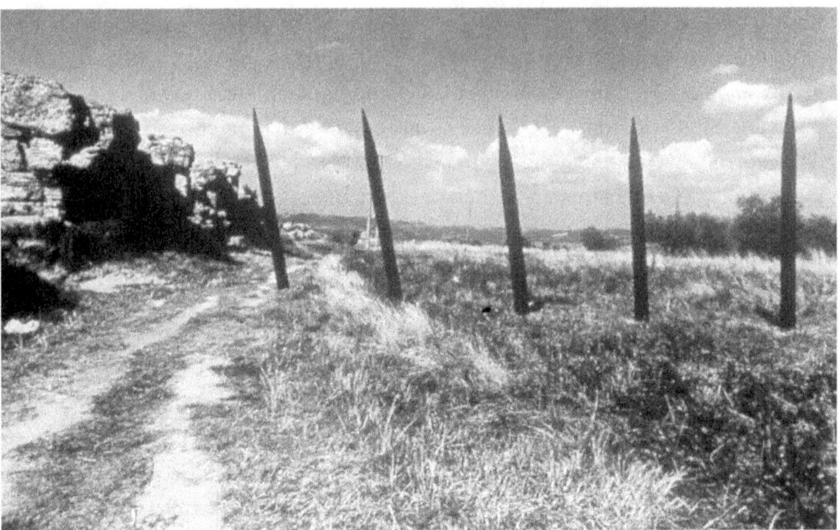

Mauro Staccioli, *Balze*, 1972
ferro nero, cm. 250x1000, Volterra, Mura Etrusche
Foto Enrico Cattaneo, Milano

Ecco allora che l'attenzione verso lo "scolpire" entra in conflitto, dentro l'opera degli stessi artisti, con questa pervasività e specificità del metodo industriale: per restare nell'ambito della mostra veneziana, questo aspetto è palese nei lavori di Eliseo Mattiacci, dove serialità e sensibilità manuale-"artigianale" convivono in maniera evidente[26], di Carlo Ramous e di Paolo Scheggi[27], diversissime tra loro ma tutte, ciascuna a suo modo, collocate nel mezzo di una dialettica irrisolta tra *creazione* artistica e *produzione* industriale.

Al di fuori della mostra, la dialettica si presenta a più riprese nel lavoro del fratello di Cascella, Andrea, ma d'altra parte anche nelle ricerche, per quanto a questa altezza completamente diverse tra di loro, di altri due fratelli illustri, Arnaldo e Giò Pomodoro: il primo, in particolare, squarciando la figura geometrica, rivela al suo interno il ben noto apparato di segni minuti, quasi geroglifici del linguaggio modernista[28]. Anche Giancarlo Marchese, del resto, meno noto in questa fase rispetto a quanto lo diventerà nei due decenni successivi, mette la dialettica al centro della propria ricerca, in lavori che a forme e materiali industriali, per di più declinati nelle forme stereotipe della produzione seriale, associano, spesso attraverso una frattura o un'improvvisa perdita di tensione, forme altrettanto stereotipicamente "fatte a mano", talvolta ai limiti (voluti) del barocco. Un simile approccio, naturalmente, sposta il problema posto da Serra: se per quest'ultimo si tratta di ridefinire la scultura come medium, decostruendo nel processo le principali formulazioni precedenti, per questi scultori tali formulazioni, seppur riviste, possono costituire un elemento di continuità, tanto che le fratture rispetto ad esse, dal piano puramente metodologico, si ritrovano cristallizzate su quello "iconografico", *dentro* la scultura.

Che il rapporto tra pratica industriale e creazione scultorea, e più in generale tra serialità industriale e manualità artigianale, sia al centro della riflessione di questi anni, lo dimostra chiaramente un'iniziativa quale la Biennale di Gubbio, che in questi anni alterna una Biennale della Ceramica a una Biennale del Metallo, includendo nell'esposizione anche esempi di artigianato e di design, a fianco delle ricerche più specificamente artistiche, con l'inclusione della maggior parte dei più importanti scultori del tempo[29]: l'attenzione verso i materiali conferma quanto detto a proposito di Serra, ovvero il puntare sulla specificità della scultura in quanto opera tridimensionale "fatta di qualcosa". L'evoluzione della Biennale negli anni Settanta, guidata dall'attività coordinante di Enrico Crispolti, porta progressivamente la rassegna, che pure non perde mai il proprio contatto con il "fare", verso l'orizzonte dell'uscita dal museo e verso l'apertura, più o meno pervasiva, con lo spazio pubblico, in linea con quanto lo stesso Crispolti andava facendo in altre sedi, di cui parleremo più avanti (ma anche nelle edizioni di quegli anni di *Alternative attuali*). Culmine di questo processo di "espansione" è la rassegna del 1979, che già nel titolo – *Arti visive, cultura materiale, territorio e spazio urbano* – rivela l'intento di sintetizzare le componenti viste finora: l'apertura semiotica alle "arti visive", quella pragmatica alla "cultura materiale", nonché l'allargamento del "campo" al territorio abitato, al *luogo*. Nel catalogo dell'edizione, rimasto

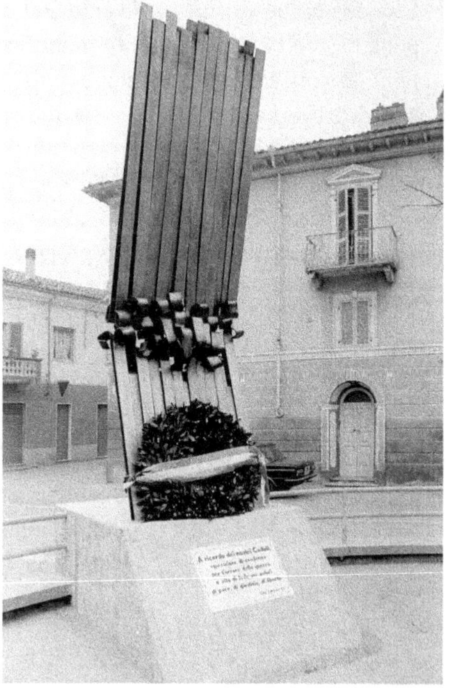

Giancarlo Marchese, *Monumento ai Caduti*, 1977, Solero (Alessandria). Foto Bart Herreman

inedito, Crispolti presenta la mostra dedicata a Giuseppe Uncini, con parole che per molti versi riecheggiano quanto gli autori americani coevi scrivevano, o avrebbero scritto, su Serra, e su quanto egli stesso amava sottolineare: dall'"intima coerenza del 'costruire'"[30] alla "virtualità poetica di una materia, di un materiale; e virtualità poetica del fare [ ]"[31]; dalle "presenze oggettuali plastiche"[32] alle "situazione empirico-oggettuali quotidiane"[33].

Nella mostra veneziana del 1972 erano naturalmente presenti anche lavori che esploravano le ulteriori possibilità di riflessione sulla scultura. Fausto Melotti, oltre a una piccola serie di opere astratto-geometriche degli anni Trenta, espone sculture tipiche del passaggio Sessanta-Settanta, come la famosa *Pioggia* (1966-72), *I lavandai* (1969), *I giganti* (1969-71) e due lavori "musicali" come *Scultura H della "La grande clavicola"* (1970-72) e *Arte del contrappunto plastico I* (1970-72). Sono gli anni in cui Melotti passa dalle ricerche più specificamente legate al "collage" di oggetti (come *Il Canal Grande* del 1963) alle famose strutture filiformi, "musicali" appunto, oltre che per i simboli e per le forme che direttamente citano la musica, per il loro fare riferimento a uno spazio aperto che è innanzitutto pausa, vuoto, intervallo; dall'analogia linguistica di Picasso, insomma, Melotti passa ad un'operazione di disegno nello spazio reale, nel "luogo", in parte sottoponendosi, volontariamente, all'obiezione di Apollinaire, citata da Morris[34] secondo cui "una struttura diventa architettonica, e non scultorea, quando i suoi elementi non hanno più la loro giustificazione nella natura". Con la differenza che in Melotti la "giustificazione nella natura" è recuperata per via simbolica, anche attraverso i calibrati ricorsi agli oggetti, ai pezzi della realtà che fungono, alternativamente, da metafora o da sineddoche. La scultura come piccola, poetica architettura è una delle riprese neoavanguardistiche della scultura-oggetto picassiana o surrealista, una scultura che accetta la "cornice" tipica della pittura e del pittoresco, proiettandola però nello spazio delle "cose".

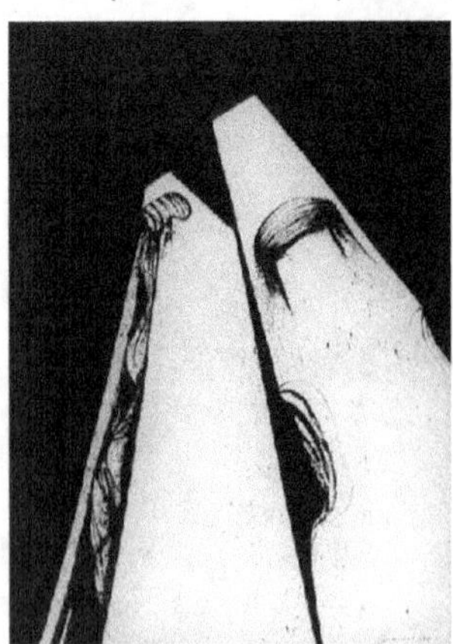

Come succede, in versione ancora più narrativa, in Alik Cavaliere, presente con *Dalle storie inglesi di Shakespeare: i processi* (1971-72).

Questo particolare modo di abitare lo spazio merita una riflessione. Se infatti la scultura è inevitabilmente articolata nelle tre dimensioni, la scultura di questo periodo eredita dall'avanguardia, problematizzandola, l'*inclusione* dello spazio vuoto, che non è più sospinto *fuori*,

Francesco Somaini, *Studio per una scultura. Sculture per grattacieli*, 1971, inchiostro di china su carta, mm. 730x510 ma diventa uno dei materiali che costituiscono l'opera; nel caso di Melotti, forse, addirittura il materiale principale. Certo, l'intento dichiaratamente rappresentativo, teatrale di lavori come questi scontentava probabilmente sia i formalisti alla Fried sia un fautore delle "abstract moves" come Serra, e del resto la smaterializzazione della scultura, che diventa architettura, musica, disegno, è l'opposto della ricerca dialettica di specificità messa in atto da quest'ultimo con i suoi lavori più esplicitamente "gravitazionali"; tuttavia, rispetto a Serra, vi è un'analogia da non trascurare. Lo spazio, per prendere a prestito la terminologia della pittura, smette di fare da sfondo della scultura, per diventare a tutti gli effetti *figura*.

Uscendo dagli spazi chiusi e magici di Melotti e Cavaliere per guardare allo spazio aperto del quotidiano, naturale o urbano che sia, lo stesso slittamento si verifica nella scultura ambientale o monumentale. L'avanguardia storica ha offerto pochi ma fondamentali esempi di monumento, per lo più volti a problematizzare il concetto stesso di monumentalità, come la celebre *Colonna infinita* (1938) di Brancusi. L'idea di apertura spaziale di questo precedente trova una ripresa nel capovolgimento del rapporto opera-contesto messo in atto dalla scultura degli anni Settanta; tuttavia, anche qui bisogna fare il conto con la resistenza, spesso di notevole qualità, di un'idea di monumento più tradizionale.

Lavori inseriti nella sfera pubblica sono presenti, sempre nel corso della Biennale del 1972, all'interno del progetto *Sculture nella città*, ricco di nomi internazionali di vario livello: "scultura" come termine dichiarato e specifico, che tuttavia, pur nell'articolazione dinamica delle forme e nella sostanziale astrazione, non sembra spostare di molto gli equilibri formali di figura e sfondo tipici del monumento[35], in un gioco linguistico che può forse essere descritto con le parole di W.J.T. Mitchell: "If traditional public art identified certain classical styles as appropriate to the embodiment of public images, contemporary public art has

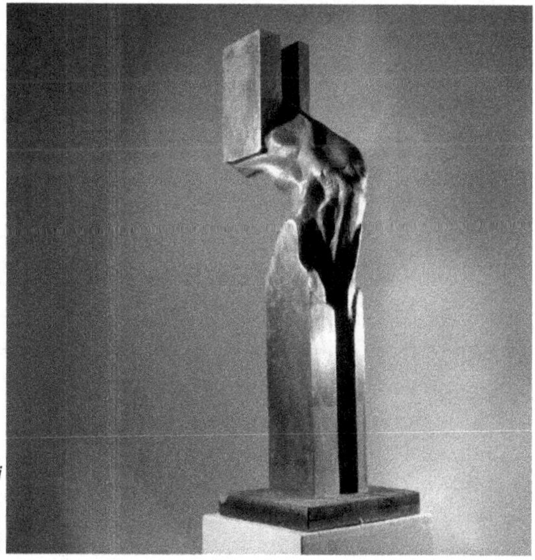

Francesco Somaini, *Carnificazione di un'architettura: colosso di New York*, 1976, bronzo, cm. 147x55x21
Foto Cesare Somaini

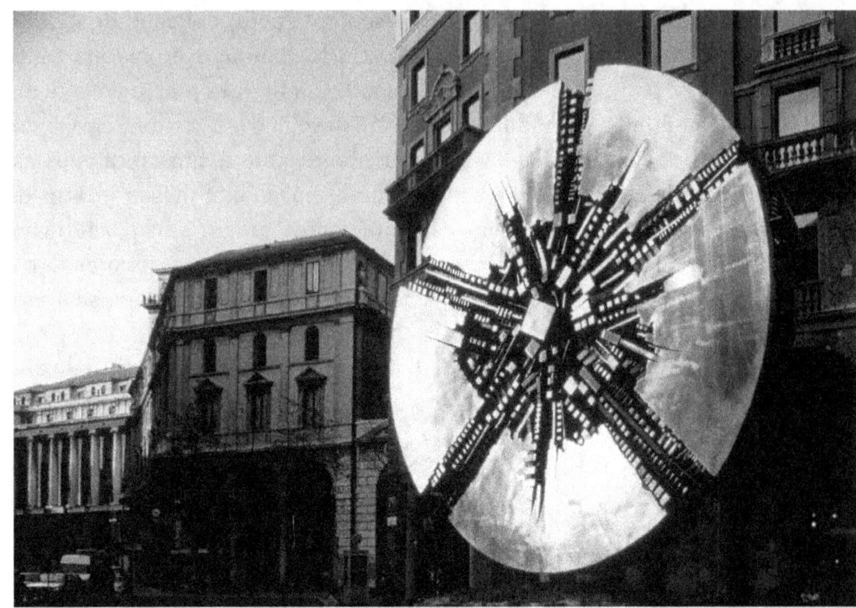

Arnaldo Pomodoro, *Grande Disco*, 1972, bronzo, Ø 450cm.
Foto Francesco Radino

turned to the monumental abstraction as its acceptable icon. [...] It is enough that it remain an *emblem of aesthetic surplus*, a token of "art" imported into and adding value to a public space"[36].

Come avvenga tale rovesciamento, e come possa rapportarsi a scelte più convenzionali, lo mostrano tuttavia soprattutto alcune iniziative curatoriali di Crispolti. Se quindi *Urgenza nella città*, progetto "utopico" di decorazione urbana con disegni di Francesco Somaini, si inserisce sostanzialmente nella logica del monumento, ben altro discorso andrebbe fatto per le due grandi mostre di scultura a Volterra, nel 1972 e nel 1973, e in particolare per la prima, costruita attorno alle opere di Mauro Staccioli. L'idea di Somaini è quella di attenuare la retorica monumentale quasi per accumulo, trasformando le sculture in segni ricorrenti che scandiscono gli spazi della città; il merito maggiore, tuttavia, sembra quello di rivedere il funzionamento stesso del monumento, il quale conserva la propria centralità rispetto al luogo, ma si articola in forme vettoriali e di lettura complessa, scandita temporalmente, le cui linee di proiezione aprono a una riconsiderazione dello spazio. Se insisto sul termine "monumento", non è solo perché i lavori di Somaini sono talvolta dichiaratamente monumenti, ma perché l'intera operazione, alla pari di tante proposte simili che fanno la loro comparsa negli spazi urbani negli stessi anni, sembra una riflessione sul concetto di monumento messa in atto attraverso lo svuotamento della *rappresentazione*, e attraverso una messa a tema delle strutture tradizionali della monumentalità, della sua fenomenologia.

Un discorso simile è portato avanti, contemporaneamente, da Arnaldo Pomodoro, che realizza alcuni dei suoi paradigmatici lavori per lo spazio urbano, come il noto *Grande disco* in Piazza Meda a Milano: opere che dominano il contesto andando a costituirne il centro, imponendovi la loro presenza, diventando, dall'alto dei loro basamenti, monumenti al modernismo stesso. Anziché farsi segno di un *monumentum* che ha come referente un fatto o un personaggio del passato, la scultura diventa così a sua volta referente, oggetto del ricordo che si propone di innestare nell'immaginario visivo del pubblico[37].

Opposto, come detto, il discorso di Staccioli, che questa logica la capovolge, attraverso la rinuncia alla centralità del "pezzo", a favore di una più capillare articolazione spaziale, o attraverso l'assecondamento dei caratteri formali del contesto preesistente. Le *Balze* di Volterra, così come le punte che scandiscono serialmente in diagonale lo spazio della Piazza dei Priori, rinunciano ad attirare su di sé lo sguardo del passante, che piuttosto osserva, attraverso di esse, il luogo che le ospita; già in questo momento, dunque, Staccioli trasforma i suoi interventi in segnali, sottolineature, dispositivi che attivano lo spazio circostante facendolo diventare il vero soggetto dell'opera. Una possibilità che solo la scultura, con la propria imprescindibile "letteralità", è in grado di offrire.

Un tendenza che emerge in modo piuttosto chiaro nella stessa Biennale del 1972, e che, per la sua stessa definizione, perdura nell'arco del decennio, è quella che porta alcuni scultori già in piena maturità a riflettere sul proprio linguaggio collaudato, talvolta radicalizzandone alcuni aspetti, oppure sottoponendoli al confronto con i materiali. È il caso di Pietro Consagra, il quale sembra attribuire nuovo vigore ai tre elementi fondamentali che caratterizzano in modo specifico la sua scultura fin dall'inizio degli anni Sessanta: la frontalità, l'espansione della scultura nell'ambiente e la specificità dei materiali, di cui, ancora una volta, vengono messi in evidenza i caratteri tattili, polisensoriali, e quelli cromatici, quasi ad affermare qual gusto verso la qualità fisica della materia che Fried, pochi anni prima, considerava lesivo della specificità del mezzo scultoreo[38]. A Venezia Consagra espone *Trama*, un'opera complessa in cui diverse superfici, di materiali e colori diversi, scandiscono lo spazio della sala nascondendosi a vicenda, negandosi come *immagine* e richiedendo al fruitore lo sforzo di ricostruire l'insieme a partire da percezioni parziali e successive. La frontalità, dunque, è riscattata dall'allargamento nell'ambiente, quasi ad anticipare il terzo punto (la "specificità del luogo") della sintesi di

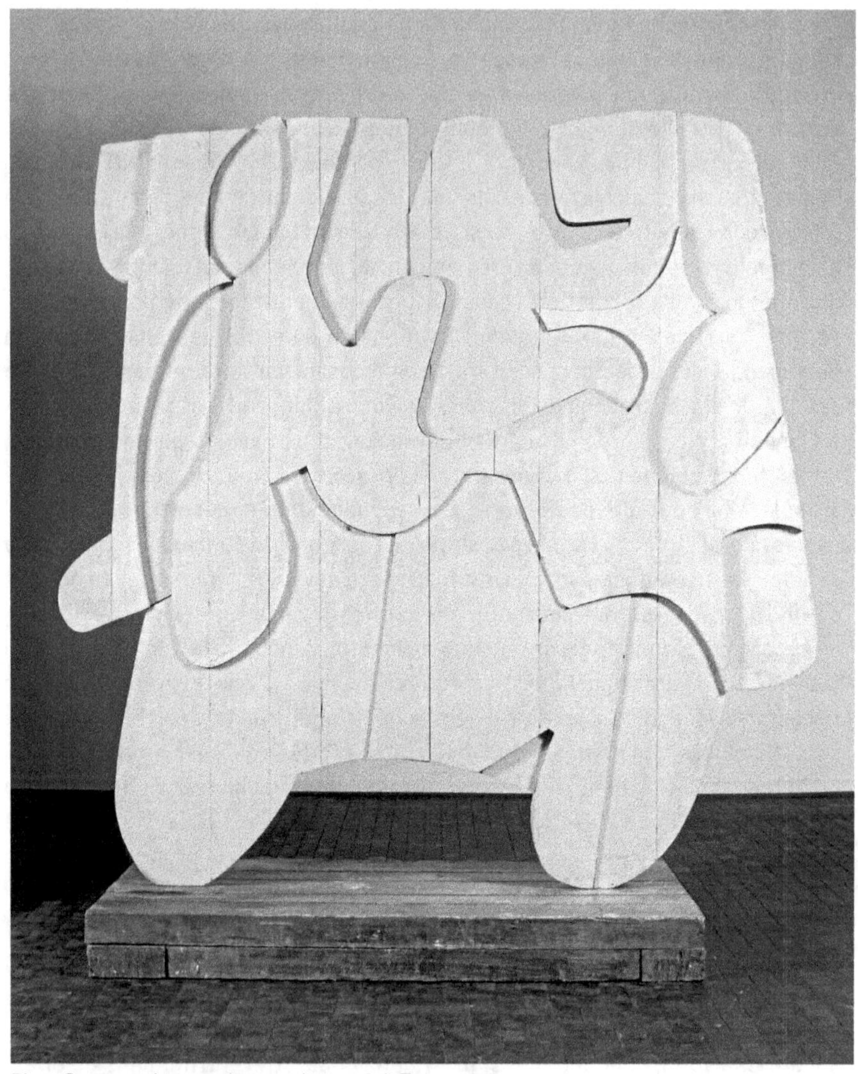

Pietro Consagra, *Legno celeste*, scultura n. 2 di *Trama*, 1972
legno dipinto, cm. 268x252x10

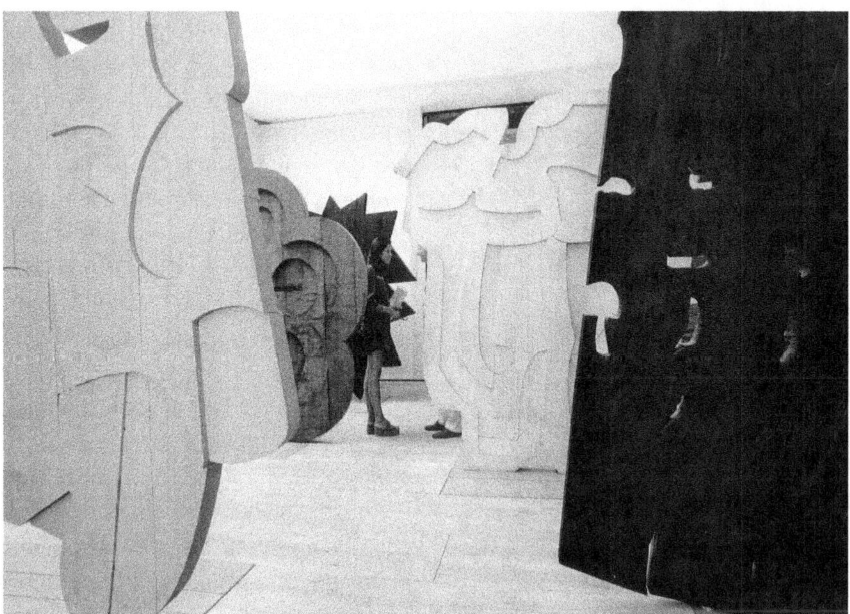

Pietro Consagra, *Trama*, 1972
installazione di sette sculture in legno inserite in piattaforma di legno, 1972, cm. 272 x 570 x 550.
Environment da attraversare collocato all'entrata del Padiglione italiano della XXXVI Biennale di Venezia
del 1972.

Serra. Consagra è del resto tra gli autori più consapevoli, in questa fase, del *problema* della scultura, e la sua produzione sembra sintetizzare tutti gli spunti di riflessione più radicali, dall'uso del colore alla maniera di Anthony Caro, a materiali e tecniche industriali, dalla questione del punto di vista al rapporto spaziale-teatrale, per parafrasare ancora Fried, tra scultura e spettatore. In questo senso, tutto il suo lavoro negli anni Settanta sembra riflettere sulla collocazione, sulla presenza spaziale, potenzialmente antropomorfa, dell'opera, la cui frontalità la rende una sorta di ostacolo, di filtro tra l'occhio di chi guarda e il contesto circostante[39]. La mostra a Castelvecchio a Verona dell'estate 1977 è esemplare: qui Consagra affida ai materiali e al loro contrasto cromatico la funzione di dialogare con la preesistenza architettonica, in una "rara simbiosi fra artista e contenitore", come sottolinea Carandente nel testo di presentazione in catalogo[40].

Un discorso analogo, legato cioè all'approfondimento critico di temi di ricerca già da tempo proposti, vale per Giancarlo Sangregorio, il quale già dalla fine degli anni Sessanta lavora insistentemente sul dialogo tra due materiali

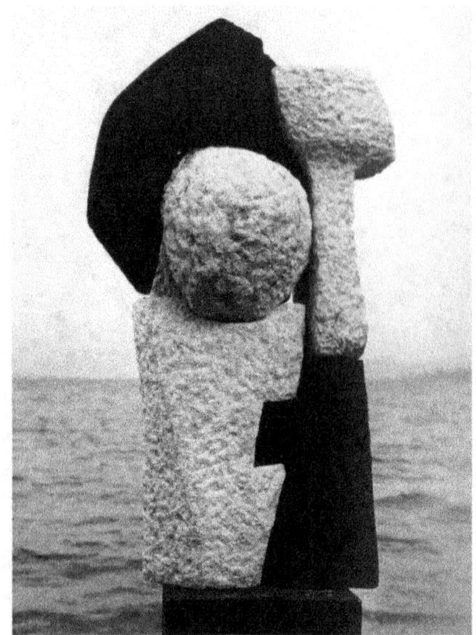

Giancarlo Sangregorio, *Colloquio*, 1973
marmo e legno, cm. 70x40x30, collezione privata

diversi, per lo più uno di origine minerale, inorganica, e un legno. Pur senza mai raggiungere gli esiti radicali della linea costruttivista, lo scultore deduce sempre più le forme dalle proprietà intrinseche dei materiali, alla cui specificità si mostra sempre più attento; come in Consagra, marmi diversi suggeriscono dunque forme diverse, concave o convesse a seconda di come la luce tocca la superficie, con tagli netti o con profili arrotondati a seconda del tipo di lavorazione che risulta più naturale per il marmo stesso. E il discorso vale anche per i legni, che costruiscono una sorta di negativo e al tempo stesso portano la scultura su un piano di matericità naturale, lontana da quell'idealizzazione formale classicheggiante che la tradizione della storia dell'arte associa immediatamente al marmo, in un pregiudizio duro a morire. Come Marchese, dunque, Sangregorio lavora sul contrappunto cromatico e materico tra i materiali, con un riferimento però più specifico alle loro proprietà tattili, e con il ricorso dunque a un linguaggio primitivista che, oltre a dare testimonianza dell'approfondito interesse di Sangregorio per la scultura extraeuropea, esprime, come nell'avanguardia storica, il sogno modernista per un passato pre-accademico, in cui lo scultore viveva in un "rapporto emozionale, fisiologico e psichico" con "i diversi materiali e le loro interazioni e tensioni e combinazioni"[41].

Anche uno scultore profondamente legato alla tradizione come Alberto Viani sembra avviarsi lungo un percorso simile, e non è forse un caso che, come sottolinea Nico Stringa, molti suoi lavori tra fine anni Sessanta e inizio Settanta trovino ispirazione nella conoscenza della scultura Maya, e in particolare nella forma archetipica del *Chac Mool*[42]. Ancora una volta, il riferimento all'esotico si attua nel segno di un riavvicinamento sostanziale al *medium*, di un ritorno alla condizione primigenia dell'artista (dello scultore *in primis*) come colui che, attraverso un semplice gesto, trasforma una superficie in uno spazio linguistico. Nel primitivo Viani riscopre il piacere intellettuale di fermarsi a quel gesto, addirittura di cercare il gesto minimo possibile, un *quantum* di intervento che sia appena sufficiente a marcare la differenza tra la "pagina"[43] e il mondo simbolico di cui essa è *medium*. Già evidente nelle *Bagnanti* del periodo 1969-1973, senza dubbio le opere più direttamente ispirate al modello Maya, dove la riduzione della forma ad archetipo ricorda Arp e Brancusi, questa scelta si fa ancora più radicale nei lavori di fine anni Settanta, come alcuni nudi femminili che fanno quasi da versione scultorea di una serie di disegni, e nei quali proprio al disegno la scultura sembra ritornare: il *gesto* dello scultore è qui quello di ferire la materia vergine, di incidere in essa, con un movimento essenziale e preciso il marchio indelebile del linguaggio.

La Biennale del 1980 conclude il decennio con una mostra di riflessione su *L'arte negli anni settanta*: compimento e superamento, poiché al bilancio retrospettivo ai Giardini è affiancata la più nota rassegna *Aperto 80* ai Magazzini del Sale, dove la produzione degli ultimi anni è vista in relazione al rinnovamento (all'insegna della "mescolanza", scrive Szeemann)[44] che apre gli anni Ottanta. La mostra dei Giardini è presentata in catalogo da testi che tirano le somme sull'esperienza del decennio. Achille Bonito Oliva pone l'accento sulla fisicità ed immediatezza dell'esperienza ricercata dalla nuova arte dopo il 1968, "una occupazione fisica dello spazio, [ ] uno scardinamento della cornice del quadro, proprio per entrare in contatto diretto ed immediato con la realtà fenomenica"[45]; dal canto suo Michael Compton declina lo stesso discorso nei termini opposti di rappresentazione e letteralità, quest'ultima intesa come l'opzione per un'arte che "è quello che è"[46]. Chiude la riflessione Harald Szeemann, secondo il quale gli anni Settanta sono stati il decennio "che più dei precedenti si era adoperato a rimuovere i confini", ed entro il quale pertanto la scelta di difendere la specificità di una data disciplina era tutt'altro che scontata, soprattutto in quanto qualsiasi panoramica storica sul periodo "appare stranamente disorganica e complicata come una somma di racconti in prima persona" ai quali "mancano finora il nome e l'etichetta"[47]. Una tendenza comune individuata da Szeemann, tuttavia, è "il rilievo che assumono le proprietà fisiche e chimiche dell'opera. Mentre due anni fa poliestere e computer affascinavano l'artista progressivo come mezzo e costituivano a un tempo il messaggio, in questa arte il mezzo sembra aver perso importanza. La fede nel procedimento artistico ha preso il posto della fede nella tecnologia"[48]: ebbene, tra i non molti scultori inclusi in mostra, c'è proprio Richard Serra[49], presente con un esemplare (1969-71) della serie *Strike* e con alcune prove del 1977 legate alle sperimentazioni con i solidi geometrici in equilibrio statico. Nella scultura che si vuol chiamare tale, dunque, senza nulla togliere alla problematicità della definizione del "campo", è ancora data importanza al mezzo – proprio grazie alle sue proprietà fisiche, e non a dispetto di esse – e, attraverso l'adozione dei processi industriali, anche alla tecnica.

1. Bürger Peter (1974), *Teoria dell'avanguardia*, ed. it. Bollati Boringhieri, Torino 1976.

2. Foster Hal (1996), *Il ritorno del reale*, ed. it. postmedia books, Milano 2006, p. 29.

3. Ibid.

4. Ibid., p. 39.

5. Ibid., p. 30

6. Cfr. Krauss Rosalind (1979), "La scultura nel campo allargato", trad. it. in *L'originalità dell'avanguardia e altri miti modernisti*, a cura di Elio Grazioli, Fazi, Roma 2007, pp. 283-298.

7. Come si vedrà più avanti, Greenberg si trova più a suo agio con la pittura, leggendo la scultura soprattutto come "area di mezzo" tra opposti.

8. Krauss (1981), *Passaggi. Storia della scultura da Rodin alla Land Art*, Bruno Mondadori, Milano 1998, pp. 53-59.

9. D. Judd, "Specific Objects", in "Arts Yearbook", 8, 1965, p. 74, traduzione nostra.

0. Cfr. Kubler George (1962), *La forma del tempo. La storia dell'arte e la storia delle cose*, Einaudi, Torino 1976, pp. 7-11.

1. Cfr. Morris Robert, "Notes on Sculpture, part 1", in «Artforum», IV, 6, February 1966, p. 42.

12. Greenberg Clement (1967), *La scultura recente*, in *L'avventura del modernismo. Antologia critica*, a cura di Giuseppe Di Salvatore e Luigi Fassi, Johan & Levi, Monza 2011, p. 348.

13. Cfr. Fried Michael, (1967) "Art and Objecthood", in *Art and Objecthood. Essays and Writings* pp. 148-172.

14. Rose Barbara (1969), "Scultura e percezione", trad. it. in *Paradiso americano. Saggi sull'arte e l'anti-arte, 1963-2008*, Scheiwiller, Milano 2008, p. 428.

15. Krauss, "La scultura nel campo allargato", cit.

16. Serra Richard (1976) in *Writings/Interviews*, University of Chicago Press, Chicago 1994, p. 35.

17. Carandente Giovanni in *Aspetti della scultura italiana contemporanea*, in *36. Biennale di Venezia. Esposizione Internazionale d'arte*, catalogo della mostra (Venezia, 11 giugno-1° ottobre 1972), Biennale di Venezia, Venezia 1972, p. 1.

18. Ibid.

19. Ibid.

20. Cfr. Kubler, *La forma del tempo*, cit., pp. 41-151.

21. Il termine "mito", preso dal famoso testo di Roland Barthes, è associato alla definizione "eroica" del modernismo greenberghiano da Rosalind Krauss, come emerge chiaramente dai "Modernist Myths" del titolo di un volume del 1986 (MIT Press), la cui edizione italiana è citata alla nota 7.

22. Cfr. Arcangeli Francesco in *Opera/ Comportamento*, in *36. Biennale di Venezia*, pp. 89-91.

23. Carandente, *Aspetti…*, p. 2.

24. Marchiori Giuseppe in *Aspetti…*, pp. 2-3.

25. Benché decisamente "scolpita" e non assemblata, la scultura di Cascella rientra sicuramente nella categoria che già nel 1949 Greenberg identifica come negazione del «monolite»:, cfr. Greenberg Clement (1949), *La nuova scultura*, in *L'avventura del modernismo*, cit., pp. 94-95.

26. Penso soprattutto a *Tavole delle verifiche delle varie scritture*, 1972.

27. Scheggi presenta *Sei prospetti per sei geometrie* del 1971, dove il primo dei due termini della dialettica è costituito da pure forme geometriche, memoria della linea "astratta" della scultura d'avanguardia.

28. Si vedano a tale proposito i lavori esposti nel 1974 alla Rotonda della Besana di Milano (cfr. Russoli F., a cura di, *Arnaldo Pomodoro*, catalogo della mostra, Milano, Rotonda della Besana, giugno-agosto 1974, Comune di Milano, Milano 1974).

29. Cfr. Bonomi G. (a cura di), *Storia delle Biennali di Gubbio e Museo di Scultura Contemporanea*, Silvana Editoriale, Cinisello Balsamo 2006; sugli anni settanta si veda in particolare Terzetti Maurizio, "Sequenze di storia delle Biennali di Gubbio (1956-1996)", pp. 30-35.

30. Crispolti Enrico (1979), "'Gubbio 79'. Opere e materiali. Vent'anni di ricerca di Giuseppe Uncini", in Bonomi, *Storia delle Biennali di Gubbio*, p. 163.

3. Ibid., p. 164. In questo caso Crispolti cita un proprio testo su Uncini risalente al 1961.

32. Ibid., p. 165.

33. Ibid., p. 167.

34. Morris, "Notes on Sculpture, part 1", p. 43.

35. Notevoli eccezioni, oltre a *Colonna I* di Hidetoshi Nagasawa, sono per lo più alcuni lavori di area tedesca, influenzati più degli altri dal Minimalismo e in particolare dalla poetica "sintattica" di Morris (ad esempio la *Porta a doppio angolo* di Friedrich Gräsel).

36. Mitchell W.J.T., "The Violence of Public Art", in Mitchell W.J.T. (ed.), *Art and the Public Sphere*, University of Chicago Press, Chicago-London 1990, p. 33, corsivo nostro. Più sottile è la presenza, quantitativamente ampia, della scultura nelle mostre principali delle successive Biennali: Arte-Natura-Arte del 1978, ma soprattutto Ambiente-Arte del 1976, dove la scultura è ancora un valido "segnale" di presenza artistica nell'ambiente, con opere che tendenzialmente rovesciano la gerarchia del monumento.

37. Vi è anche una versione più prototipicamente scultorea di questa tendenza, legata all'uso di materiali tipici della statuaria come il marmo. Un uso che si nota ad esempio in molti lavori di Giò Pomodoro, ma anche ad esempio in alcuni interventi pubblici di un scultore solitamente attivo nella sperimentazione di tecniche e materiali come Costantino Nivola.

38. Fried, *Art and Objecthood*, cit. p. 162.

39. Su queste opere, e in particolare sulla loro funzione di attivazione del contesto spaziale, si veda Tedeschi Francesco, "Scultura vs architettura – Scultura 'come' architettura. Consagra a Castelvecchio 1977-2007", in Barbero L.M., Di Milia G. (a cura di), *Pietro Consagra: necessità del colore. Sculture e dipinti 1964-2000*, catalogo della mostra (Verona, Galleria dello Scudo – Museo di Castelvecchio, 16 dicembre 2007 – 30 marzo 2008), Skira, Milano 2007, pp. 199-233.

40. Carandente Giovanni, "Consagra 1976/77" in, *Pietro Consagra: sculture 1976/77*, catalogo della mostra (Verona, Museo di Castelvecchio, luglio-agosto 1977), Comune di Verona, Verona 1977.

4. Rosci Marco, "Premessa", in *Sangregorio. Scultore 1943-1999*, Edizioni dell'Aurora, Verona 1999, p. 7.

42. Cfr. Stringa Nico, "Appunti per Alberto Viani", in Simi de Burgis S., Tosa M., Tramontin G.F. (a cura di), *Alberto Viani e il suo tempo*, catalogo della mostra (Venezia, Accademia di Belle Arti e altre sedi, settembre-novembre 2006), Edizioni della Laguna, Venezia 2006, pp. 25-26.

43. Ibid., p. 27.

44. Szeemann Harald, "Aperto 80", in *La Biennale Arti Visive '80*, catalogo della mostra, Venezia, XXXIX Biennale Internazionale d'Arte, Edizioni La Biennale di Venezia, Venezia 1980, p. 45.

45. Bonito Oliva Achille, "L'arte degli anni settanta", in *La Biennale Arti Visive '80*, p. 10.

46. Compton Michael, "È quello che è – Dice quello che dice", ibi, p. 11. Il termine "literal" applicato ad una scultura che è solo se stessa, priva di riferimenti simbolici o anche solo allusivi ad un *significatum* altro, è evidentemente tratto dagli scritti di Michael Fried e, in particolare, dal già menzionato *Art and Objecthood*, nel quale "literalist" è addirittura l'aggettivo utilizzato per definire quei lavori che già allora iniziavano ad essere definiti "minimalisti".

47. H. Szeemann, *Arte degli anni Settanta (Dalla mostra all'arte)*, Ibi, p. 14.

48. Ibi, p. 15.

49. Sono presenti anche Donald Judd e, in un'ottica di revisione in senso processuale del Minimalismo, Morris ed Eva Hesse.

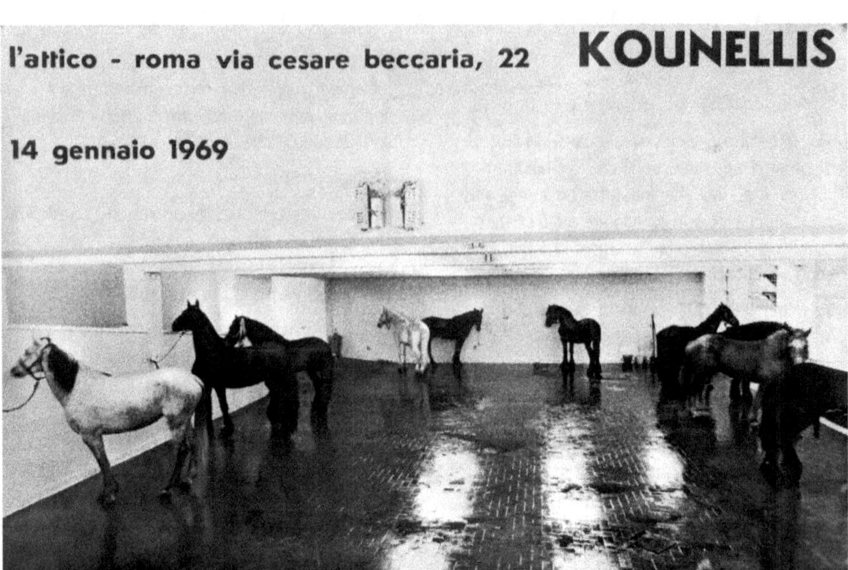

Jannis Kounellis, *Dodici cavalli*, L'Attico Roma 1969
Courtesy Archivio L'Attico Fabio Sargentini

Praticare lo spazio:

environment, azioni e ambienti negli anni Settanta

Lucilla Meloni

Negli anni Settanta, in Europa come in America, nell'arte come nella musica, nel teatro e nella danza, l'opera d'arte dilata i suoi confini formali per abbracciare la dimensione ambientale. Tra azioni, environment e ambienti si declina gran parte della ricerca visiva italiana, come se, pur per diverse strade e con differenti esiti formali, gli artisti fossero accomunati da un sentimento dello spazio, inteso come segno.

Uno spazio che non è più contenuto dalla cornice che lo delimita, ma che diventa luogo transitabile; che non serve solo a definire i rapporti tra gli elementi che compongono il lavoro, ma che si fa esso stesso opera; uno spazio interno che ribadisce la sua unicità nell'"hic et nunc" dell'azione che lì si compie.

In questo processo l'opera d'arte si espande, conquista il territorio, così come era stato appena conquistato il suolo della Luna, a cui Fabio Mauri nel 1968 aveva dedicato *Luna*, l'ambiente esposto al *Teatro delle mostre*.

Nella ridefinizione dei codici visivi, poetici, linguistici, anche la sede espositiva si trasforma, fino a perdere, in alcuni casi, le sue caratteristiche storiche e auratiche. Cambiano, di fatto, i rapporti dimensionali e concettuali dell'opera d'arte, che si ingrandisce fino a includere l'osservatore, la cui percezione viene modulata su inediti registri visivi e spesso su un principio di polisensorialità.

In questo senso gli anni Settanta, almeno fino alla seconda metà, si situano in continuità con le spinte innovative del decennio precedente, documentate da alcuni avvenimenti fondamentali. Tra le mostre internazionali degli anni Sessanta concepite come un susseguirsi di ambienti, va senz'altro segnalata *Dylaby* (*Dynamic Labyrinth*), tenutasi nel 1962 allo Stedelijk Museum di Amsterdam[1].

In Italia *Lo Spazio dell'immagine* (Foligno, luglio 1967), è stata la prima esposizione dedicata al tema dell'ambiente, a quello che Germano Celant ha definito, in quell'occasione, come immagine-spazio: "La ricerca visuale, nella sua tensione di divenire una forma, che si muove verso un'altra forma, per focalizzare l'osmosi e il passaggio dallo spazio visivo allo stadio spazio-temporale, ha condotto l'immagine dal significare lo spazio ad essere lo spazio, per rivivere empiricamente il passaggio da uno all'altro si è modificata per costituirsi come 'im-spazio'".

La rassegna, quasi una ricognizione sul contemporaneo, dedica un omaggio a Lucio Fontana con la ricostruzione dell'*Ambiente spaziale nero* (o di Wood)[2].

Un mese prima, presso la Galleria L'Attico di Fabio Sargentini, la mostra *Fuoco Immagine Acqua Terra*, che vedeva, tra gli altri lavori, *1 metro cubo di terra, 2 metri cubi di terra* e *9 metri quadrati di pozzanghere* di Pino Pascali e la *Margherita di fuoco* di Jannis Kounellis, ancor prima della definizione teorica dell'Arte Povera, che sarebbe giunta, in occasione della mostra *Arte povera e IM Spazio* curata da Celant nel settembre dello stesso anno alla galleria La Bertesca di Genova, apriva la via ad un nuovo, rivoluzionario, sentire[3].

Nel 1968 il *Teatro delle mostre*, manifestazione scandita dall'alternarsi giornaliero di eventi svoltasi alla galleria romana La Tartaruga di Plinio De Martis, presenta una serie di lavori ambientali[4].

Il decennio si chiude con un evento che segnerà un "ante quem" e un "post quem": nel gennaio 1969 a L'Attico, nella sede di via Cesare Beccaria, che era un garage, Jannis Kounellis espone dodici cavalli vivi; fatto che può considerarsi l'incipit del nuovo decennio, che rompe definitivamente i confini concettuali dell'opera d'arte e dello spazio che la accoglie. In questo senso l'artista e il gallerista lavorano entrambi alla definizione di nuove modalità espressive: l'opera d'arte è cosa viva, la galleria viene temporaneamente trasformata in una stalla. Il trasferimento della galleria dalla sede storica di Piazza di Spagna, a quella di Via Cesare Beccaria, testimoniava infatti l'urgenza concettuale, da parte di Fabio Sargentini, di trovare un luogo radicalmente altro rispetto a quello espositivo tradizionale, capace di proporre un'arte aperta a tutte le possibilità[5].

Alla fine dello stesso anno, e lontano dal vitalismo dell'Arte Povera, al Museum of Modern Art di New York la mostra *Spaces*, curata da Jennifer Licht, include opere che plasmano l'architettura del museo e testimoniano, come scrive la curatrice in catalogo, l'interesse per l'idea dello spazio, variamente articolato: uno spazio sensoriale, sociale, ecologico, extraterrestre, ridefinito dalla filosofia, dalla musica e dall'architettura contemporanee[6].

Tra spazi sensoriali, qualificati da correnti d'aria e dal suono (Michael Asher), percettivi (Dan Flavin e Robert Morris), articolati (Franz Erhard Walther), vuoti,

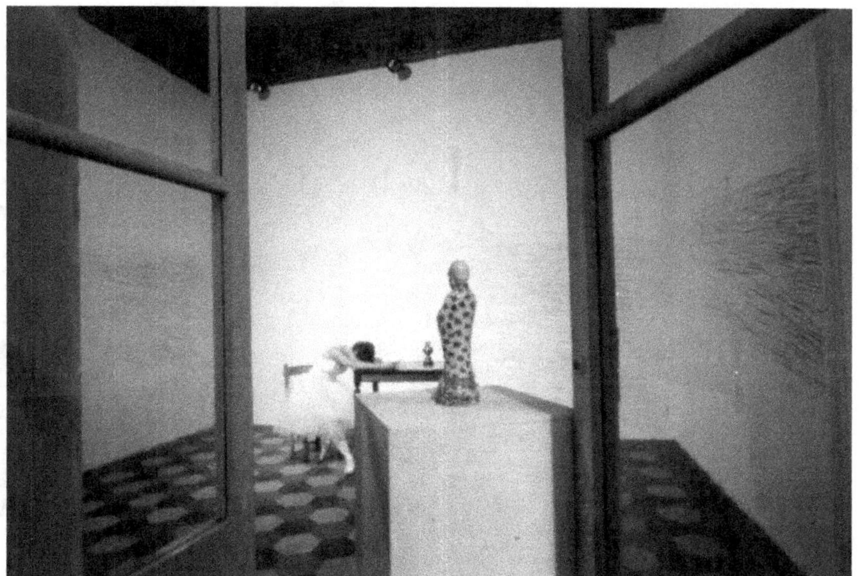

Jannis Kounellis, *Senza Titolo*, L'Attico Roma 1974
Courtesy Archivio L'Attico Fabio Sargentini. Foto di Claudio Abate

segnati dalla linea di luce (Larry Bell), il museo si trasforma in una serie di luoghi differentemente connotati.

In occasione della mostra *Vitalità del negativo nell'arte italiana 1960|1970* curata da Achille Bonito Oliva, tenutasi al Palazzo delle Esposizioni a Roma nel 1970-1971, che faceva il punto sul decennio appena trascorso, vengono allestite molte opere ambientali, tra cui: *Camera distorta abitabile* di Davide Boriani e Gabriele De Vecchi, *Confine incandescente* di Gilberto Zorio, *Plant Proliferation* di Mario Merz e l'*Ambiente bianco* di Enrico Castellani. In questo ambiente, la cui prima realizzazione (andata distrutta) risale al 1967, ricostruito per l'occasione della mostra, Castellani sviluppa nello spazio le sue precedenti *Superfici* e *Superfici angolari*. Il lavoro, monocromo e articolato tra superfici estroflesse e pareti lisce, problematizza la percezione, al fine, come dichiara l'artista, di "far dimenticare la dimensione fisica"[7].

Ma se è negli anni Sessanta che l'arte amplia il suo territorio d'azione, declinato tra corpo e spazio, tra performance e occupazione del territorio, di fatto, negli anni Settanta, la pratica dello spazio sembra un dato acquisito e condiviso, al di là delle differenti poetiche: da Jannis Kounellis a Luciano Fabro, a Giulio

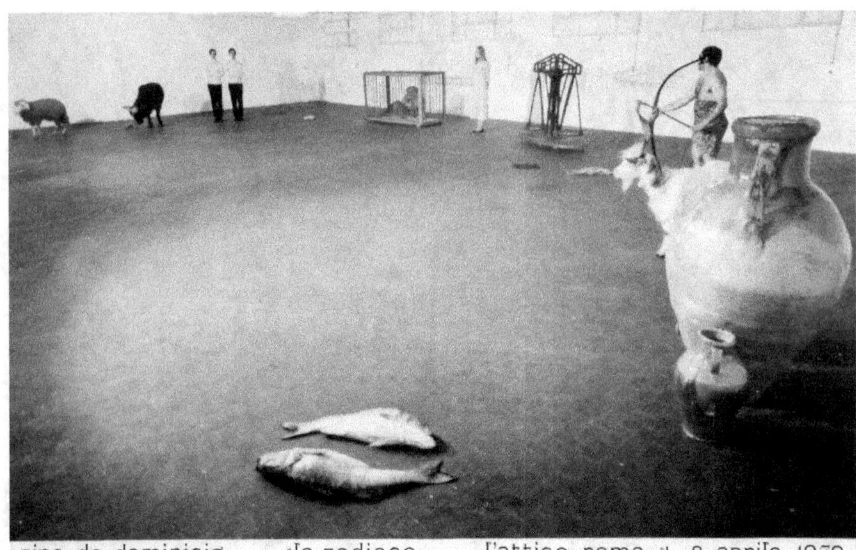

Gino De Dominicis, *Lo Zodiaco*, L'Attico Roma 1970
Courtesy Archivio L'Attico Fabio Sargentini

Paolini, da Maurizio Mochetti a Mario Merz, da Eliseo Mattiacci a Luca Patella, da Carla Accardi a Gianni Colombo, da Fabio Mauri a Vettor Pisani, da Gilberto Zorio a Michele Zaza, da Pier Paolo Calzolari a Gino De Dominicis, da Giovanni Anselmo a Ettore Innocente.

E proprio al tema dell'ambiente sarà dedicata la sezione della XXXVII Biennale di Venezia del 1976, *Ambiente/Arte. Dal Futurismo alla Body Art*, curata da Germano Celant, che metterà in luce la trasversalità del principio di sconfinamento dell'opera d'arte nello spazio, in ambito concettuale, poverista, performativo, percettivo[8].

All'interno di una storia articolata e complessa, si può tentare una definizione "tipologica" che metta in evidenza alcune declinazioni del rapporto opera/spazio nell'arte italiana degli anni Settanta e individuare alcune esperienze esemplari in tal senso.

Spazio vuoto

Lo spazio vuoto sembra esercitare un gran fascino sugli artisti di quel decennio; alcuni di loro scelgono di intervenire lasciando pressoché inalterato il luogo espositivo, cosicché esso stesso si fa opera, nuda e cruda. Certamente un precedente illustre era stato *Le Vide* che Yves Klein aveva presentato nel 1958 a Parigi nella galleria di Iris Clert. Quel vuoto che l'artista aveva anche tentato di attraversare nel suo *Saut dans le vide* e che Gino De Dominicis praticherà successivamente con il *Tentativo di volo*.

Nel 1971 Gino De Dominicis presenta a Roma la mostra *D'IO*: nello spazio vuoto della galleria L'Attico un altoparlante rimanda il suono della sua grande, fragorosa risata, reiterata.

L'anno precedente, sempre all'Attico, in occasione della mostra curata da Maurizio Calvesi *Fine dell'alchimia*, l'artista aveva decretato con un gesto minimale l'appropriazione di una porzione di spazio, disegnando con il nastro adesivo un triangolo sul pavimento. Il titolo dell'opera *Sono sicuro che voi siete (e sempre sarete) o all'interno o all'esterno di questo triangolo* dichiara, tautologicamente, le possibili posizioni spaziali dell'osservatore.

Nel 1971 Luca Patella espone i *Muri parlanti* alla Galleria Apollinaire di Milano. Qui il visitatore entrava in un luogo completamente spoglio e vedeva delle persone con l'orecchio appoggiato al muro, nell'atto dell'ascolto. Da minuscoli forellini nel muro, infatti, era possibile ascoltare emissioni sonore, testi dell'artista ironico-seri, scientifici, letterari, lirico-poetici.

Giovanni Anselmo nel 1974 da Sperone & Fischer a Roma concepisce la mostra come messa in evidenza dei particolari architettonici della galleria e di alcuni oggetti là presenti. *20 Particolari* consiste infatti nella proiezione, in diversi punti, di altrettante diapositive con la scritta luminosa "Particolare". Uno spazio della percezione, una sorta di tautologia che mette in luce l'esistenza di elementi costruttivi e di oggetti assolutamente consueti e anonimi, resi d'improvviso degni di nota dal segno che l'artista vi imprime.

Anche *Campo praticabile*, realizzato da Gianni Colombo e Vincenzo Agnetti allo Studio Marconi a Milano nel 1970, si presenta come un ambiente percettivo, vuoto e buio. Un sistema di quattordici flash a pavimento è azionato manualmente dallo spettatore per mezzo di interruttori a bolla di mercurio e la percezione del pavimento si modifica a seconda dell'alternanza delle accensioni.

L'opera che Maurizio Mochetti presenta all'Attico nel gennaio 1971 è anch'essa un'ipotesi percettiva: nello spazio buio, un raggio di luce compare a intervalli irregolari su una delle pareti della galleria. L'anno successivo, presso Qui Arte Contemporanea galleria Edieuropa, *Baricentro* è la messa in evidenza del baricentro dell'appartamento, che viene evidenziato mediante una nicchia scavata in una porzione del muro dell'edificio, illuminata da una lampada al quarzo.

Si tratta dunque di opere immateriali, la cui consistenza è demandata al suono (De Dominicis, Patella), o alla luce (Anselmo, Colombo/Agnetti, Mochetti).

Opera estesa / spazio pittorico

Il lavoro che Kounellis esegue nel 1974 all'Attico *Senza titolo*, in occasione di una sua mostra personale, coincide con le caratteristiche della galleria: le pareti di ogni stanza sono dipinte di un colore diverso – blu, viola, rosa, giallo, verde, rosso – e al termine di questo percorso si giunge in una stanza bianca in parte decorata a matita, al cui interno si trovano una ballerina, un tavolino, una lampada e una piccola statua di Buddha.

Come nota Daniela Lancioni, nei lavori di Kounellis l'estensione dell'opera nello spazio non contraddice il principio della frontalità della pittura; in questo caso, l'apparizione della ballerina sarà come la visione di un quadro.

Anche *Lo Zodiaco* di De Dominicis, installato all'Attico nell'aprile del 1970, potrebbe essere percepito come lo sviluppo tridimensionale di un quadro. La galleria simula la volta celeste; posizionati in cerchio, i segni zodiacali sono presentati al vero: un toro, un leone in gabbia, due pesci morti, una giovane donna che sta per il segno della vergine, un uomo che tiene un arco, due ragazzi gemelli, un ariete, una bilancia, un capricorno, due anfore. La rappresentazione pittorica si tramuta in presentazione, lo spazio del quadro in spazio reale.

Il principio di installazione e di disseminazione informa alcuni lavori di Giulio Paolini, per il quale la soglia della visione e il punto di vista dell'osservatore concorrono all'opera stessa. Nel 1967 l'artista aveva concepito un intervento ambientale articolato in maniera tautologica. Le otto lettere che costituiscono l'articolo e il sostantivo *Lo spazio* (otto caratteri sagomati dipinti di bianco dello stesso colore delle pareti) sono collocate sui muri della galleria all'altezza dell'asse ottico. Un intervento silenzioso, che definisce la coincidenza dell'opera e dello spazio. Nel 1972 alla Galleria Notizie di Torino presenta *Early Dynastic*: quattro colonne erano disposte sulla diagonale della sala, su cui si ergevano altre quattro colonne di dimensioni inferiori, mentre sulle pareti erano disegnate a matita le loro proiezioni. Si tratta, ancora una volta, di una riflessione sul campo visivo, sull'esperienza del guardare.

Opere estese sono le diverse versioni di *Fibonacci* che Mario Merz posiziona sul pavimento della galleria, o sulle pareti, oppure appoggiati ad altre strutture. Nel 1971 da Christian Stein a Torino presenta *Untitled*: un ambiente formato da cumuli di terra scura spianata sul pavimento, su cui poggiano delle lastre

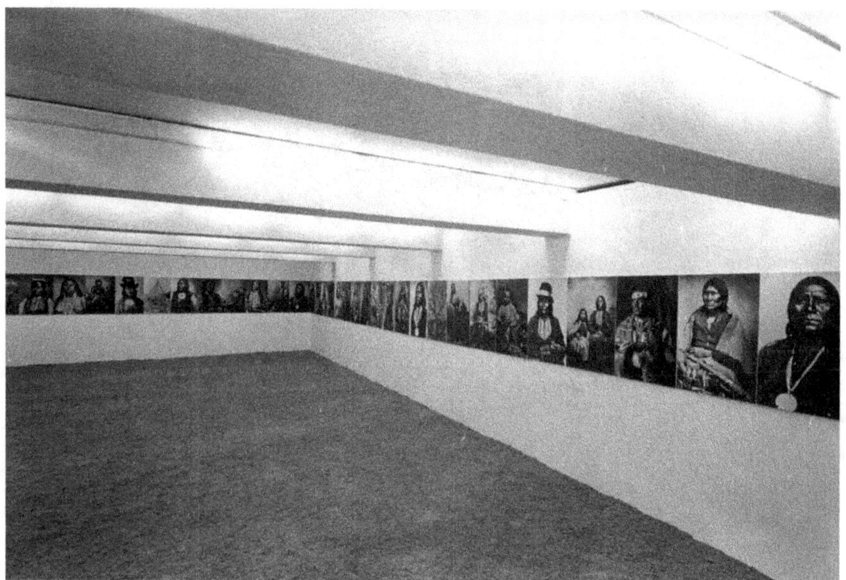

Eliseo Mattiacci, *Recupero di un mito*, L'Attico Roma 1975. Courtesy Archivio L'Attico Fabio Sargentini. Foto di Claudio Abate

di vetro trasparenti, distanziate secondo la sequenza numerica di Fibonacci, su cui si stagliano, a loro volta, i relativi numeri illuminati al neon.

Tra gli esempi di opere estese si può segnalare *Recupero di un mito* che Mattiacci propone all'Attico nel 1975: il pavimento è cosparso di sabbia, su cui insistono due coni sghembi al cui interno è possibile vedere immagini di terre colorate. Sulle pareti corre un fregio composto di 73 fotografie: 72 ritratti di pellirosse e un ritratto dell'artista abbigliato da pellirossa.

Non si possono non citare, in questo percorso, Vettor Pisani con il suo *Maschile, femminile e androgino. Incesto e cannibalismo in Marcel Duchamp* esposto nel 1970 a Roma alla galleria La Salita di Giantomaso Liverani, o Michelangelo Pistoletto, che fin dal decennio precedente aveva inteso l'arte anche come sconfinamento nel teatro di strada e che nel 1978 espone a Torino nella galleria di Giorgio Persano *L'arte assume la religione*: dove specchi incorniciati, oggetti e giornali compongono un luogo articolato tra la verità dei materiali e il loro riflesso.

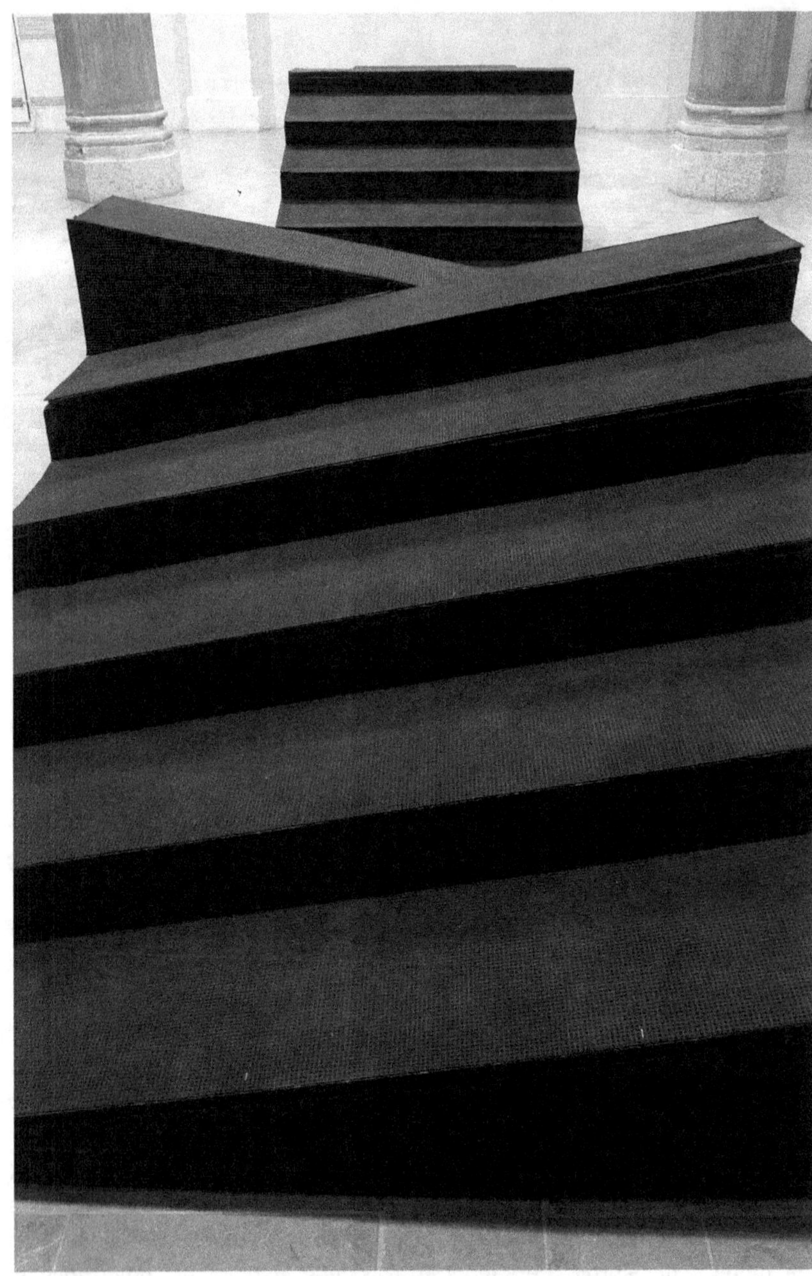

Gianni Colombo, *Bariestesia*, 1975, Rotonda di Via Besana, Milano 2006
Courtesy Archivio Gianni Colombo. Foto di Marianne Boutrit

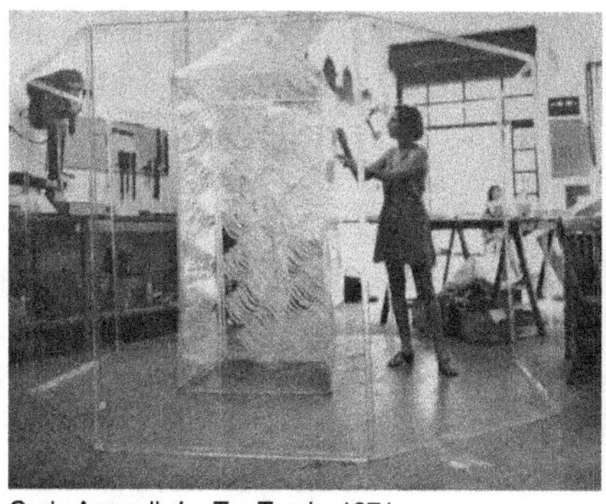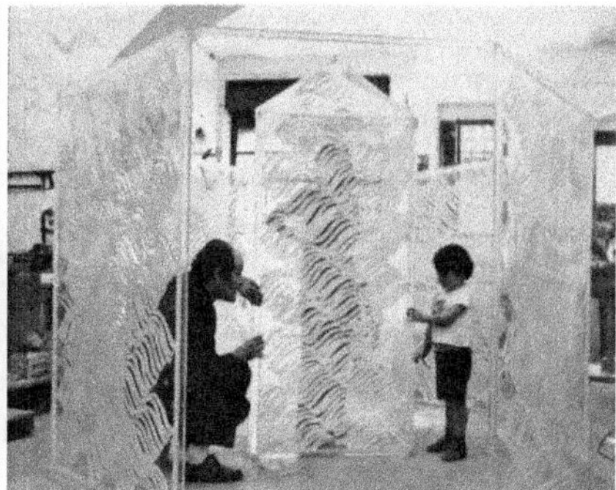

Carla Accardi, *Le Tre Tende*, 1971
Catalogo della mostra, Qui Arte Contemporanea Centro d'Arte Editalia, Roma 1971.
Courtesy galleria Edieuropa

Spazio costruito

C'è poi lo spazio costruito: gli ambienti, alcuni abitabili. Gianni Colombo negli anni Settanta progetta le *Topoestesie* e le *Bariestesie*: strutture percorribili, basate sulla propriocezione, ossia sulla percezione di se stessi che vivono coloro che le praticano. Le *Bariestesie* si presentano come rampe di scale in legno rivestite di gomma nera, i cui gradini sono a inclinazioni anomale, che generano un senso di allerta, poiché disattendono l'abituale percezione spaziale. Mentre le *Bariestesie* sono strutture aperte, con le *Topoestesie*, che spostano l'interesse per la percezione sensoriale dal peso al luogo, l'artista crea degli ambienti chiusi, il cui calpestio, a inclinazioni variabili, è accompagnato da una serie di illuminazioni ritmiche di luce ultravioletta e luce rossa su colori fluorescenti.

Uno spazio dunque da percorrere, luogo di un'esperienza esemplare, in cui l'osservatore, come auspicava l'artista, diventi: "il centro mobile dell'intera opera"[9].

Le tre tende che Carla Accardi espone nel 1971 alla Galleria Qui arte contemporanea Centro d'arte Editalia, compongono un ambiente praticabile. Rispetto alla prima *Tenda*, in sicofoil del 1967, qui una tenda ne contiene un' altra di scala inferiore, e poi ancora una terza, molto più piccola e a dimensione umana. L'artista ha allestito uno spazio della vita ma anche della pittura, perché, come scrive Marisa Volpi Orlandini in catalogo, Accardi: "ha esteso la pittura allo spazio circostante, all'immaginazione di oggetti da rivivere, come la tenda".

Luciano Fabro nel 1980 mette in opera il suo primo *Habitat*, termine che nel senso primario indica il luogo geografico in cui le singole specie si installano, ma che, riferito all'opera d'arte, sta a significare la creazione di un luogo speciale, proprio della percezione dell'arte. Fabro ha sempre inteso il suo lavoro in termini spaziali e *In Cubo* (1966) è il suo primo, vero ambiente. Si tratta di un parallelepipedo a cinque facce, di cui una praticabile, che permette l'accesso al suo interno, le cui misure coincidono con quelle del corpo dell'artista. Questo lavoro permette dunque all'osservatore di misurare il proprio corpo in rapporto a quel luogo. In opere successive, come *Letture parallele. Coreografia*, esposto da Christian Stein nel 1975, un corridoio di carta, dalla configurazione irregolare, ospita al suo interno diciassette opere della serie *Italia*, dai titoli e dai materiali diversi, posizionate ai lati, a terra, sospese; un percorso ludico/serio dentro la storia d'Italia.

Michelangelo Pistoletto tra l'ottobre del 1975 e il settembre del 1976 presenta da Christian Stein *Le Stanze*: una mostra che si articola in dodici esposizioni, ognuna di durara mensile. L'interno della galleria, composta di tre locali in asse e collegati direttamente l'uno all'altro, viene ridisegnato dall'intervento dell'artista, che come prima azione pone una superficie specchiante sulla parete della stanza di fondo, cosicché il numero delle stanze passa, virtualmente, da tre a sette. Da qui ha inizio la scansione degli interventi che si svolgono per un anno, in un gioco di relazioni tra reale e virtuale.

Spazio dell'azione

Fabio Mauri, che nel 1971 aveva realizzato negli stabilimenti Safa Palatino a Roma la performance *Che cosa è il Fascismo*, l'8 aprile 1975 propone a Roma l'azione partecipata *Oscuramento*. Il pubblico doveva dislocarsi in tre luoghi: allo Studio d'Arte Cannaviello, in cui era proiettato sul busto del regista Miklos Jancso il suo film *Salmo rosso*, al Museo delle Cere dove era ricostruita la riunione del Gran Consiglio Fascista con figure in cera e veri attori, allo Studio di Elisabetta Catalano, le cui finestre erano oscurate con immagini di personaggi politici contemporanei, tra cui Giulio Andreotti e Pinochet, il dittatore cileno, e in cui veniva offerto un "caffè di guerra". Qui era simulata l'ambientazione di un bombardamento con immagini di aerei in volo, potenziate dal rombo dei motori, una torre di avvistamento e sacchi di sabbia alle finestre. Se nelle due tappe precedenti la storia appariva come fatto accaduto, in questa terza, i personaggi politici del presente adombravano l'ipotesi che l'"oscuramento" potesse ripetersi, sotto altre forme.

Ettore Innocente, che nel 1969 nella sua mostra personale alla galleria La Salita, aveva presentato l'ambiente *Fasciare lo spazio*, in cui la cubatura della

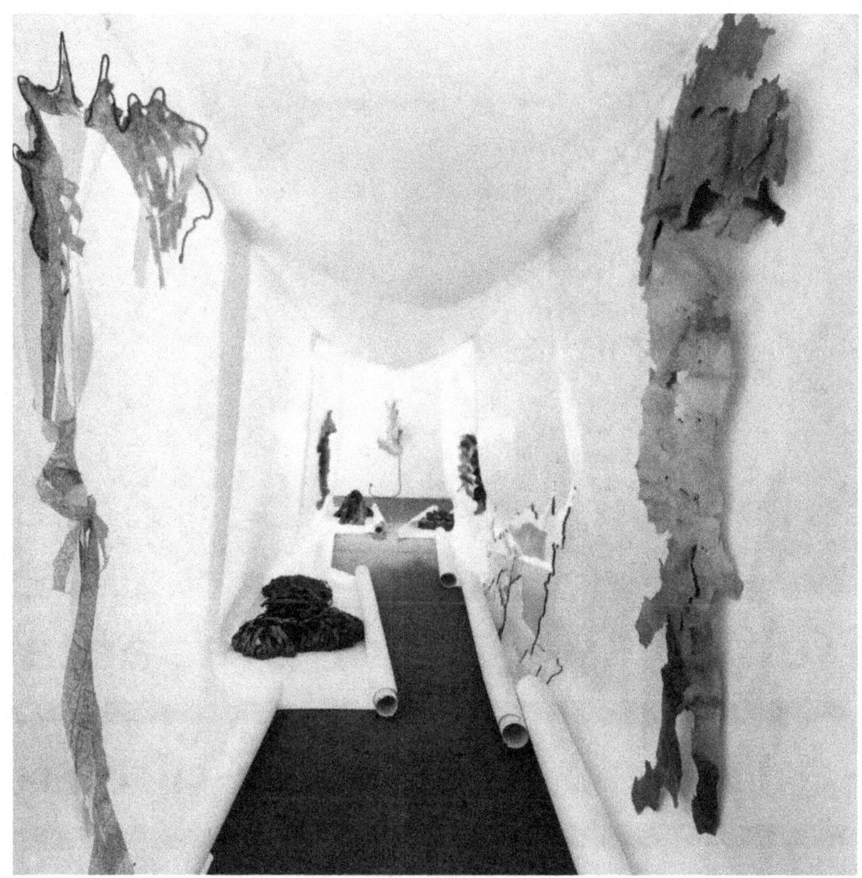

Luciano Fabro, *Letture parallele III. Coreografia (1)*, Galleria Christian Stein, Torino 1975
Courtesy Galleria Christian Stein

sala veniva ricostruita da strisce di tela verde che ne incorniciavano i perimetri, dal 1970 al 1975 realizza i *Take one*, il cui titolo già connotava la loro destinazione. Ogni sette dicembre, dal 1972 al 1975, all'angolo compreso tra Corso Vittorio Emanuele e Via dei Baullari a Roma, i passanti avevano a disposizione piastre in metallo con inciso il nome dell'artista, atte ad essere portate via. Sul quotidiano romano "Il Messaggero" dello stesso giorno, l'artista aveva annunciato l'operazione: "Da oggi per 100 persone sono disponibili gratuitamente prime 100 di 500 piastre-vettori marciapiede corso Vittorio angolo Baullari. Ettore Innocente"[10].

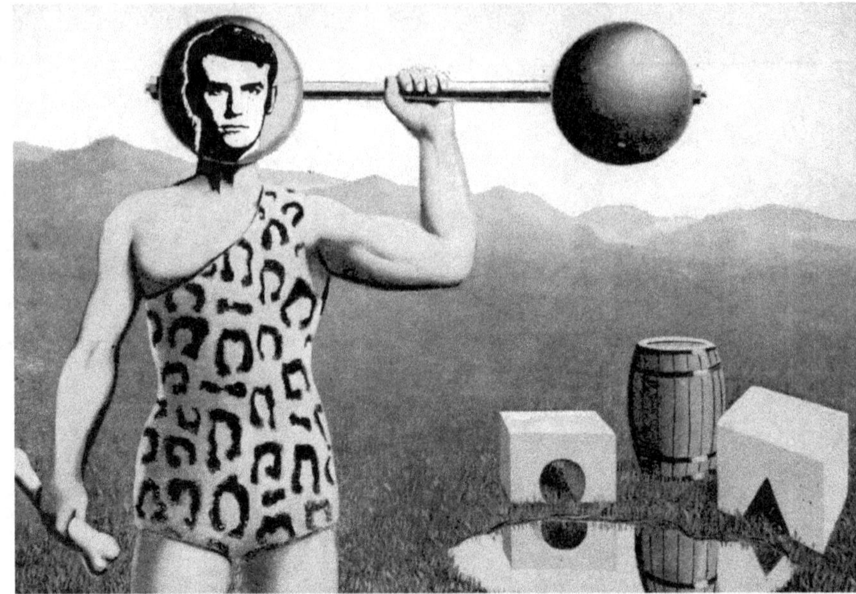

Fabio Sargentini, invito alla mostra *Ginnastica mentale*, L'attico Roma 1968
Courtesy Archivio L'Attico Fabio Sargentini

Eliseo Mattiacci in occasione di *Roma Mappa 72,* tenutasi agli Incontri Internazionali d'arte, fa allineare nella zona compresa tra la parete muraria e una lastra di vetro trasparente, diverse persone, le immagini dei cui volti, fotografati dall'artista, vengono poi collocate sul vetro, nella zona corrispondente ad ognuno di essi.

Invece, nel lavoro di Patella del 1971 *Alberi parlanti e profumati, e cespugli musicali, sotto un cielo*, esposto alla Walker Art Gallery di Liverpool nella mostra *New Italian Art*, i visitatori avvicinandosi agli alberi parlanti, potevano ascoltarne i racconti; mentre dai cespugli, se sfiorati, si spandevano note musicali.

Ma spazio dell'azione è anche lo spazio sottratto all'ambito personale, che si fa, al contrario, pubblico e politico. Nel decennio sono moltissimi gli esempi di quella che più tardi sarebbe stata definita come arte pubblica: basti qui citare l'esperienza del Gruppo di Coordinamento di Roma, che nel 1974 con l'operazione *N. D. R.*, invita alcuni artisti a compiere un intervento nello spazio di un cartellone pubblicitario sito in via di Porta Portese e affittato per l'occasione.

Praticare lo spazio

L'arte degli anni Settanta, nei suoi sconfinamenti spaziali/mentali, è stata uno dei fondamenti di quella cultura alternativa che ha vivificato il decennio e che è stata anche la parte migliore della sua eredità, la cui spinta originaria nasceva dalla ricerca di nuove libertà espressive e comportamentali, di nuove categorie epistemologiche.

L'occupazione di un territorio sempre più ampio, da sperimentare di volta in volta, coincide con l'espansione mentale dell'idea dell'arte: che si tratti di procedimenti concettuali (i *wall drawing* di Sol Lewitt), o della riflessione sul linguaggio dell'arte (Paolini), o di un'idea antropologica (Mattiacci all'Attico), o della genesi di un luogo speciale in cui si avvera l'arte (Fabro), o della negazione della sua oggettualità (De Dominicis, Mochetti, Patella), o, al contrario,

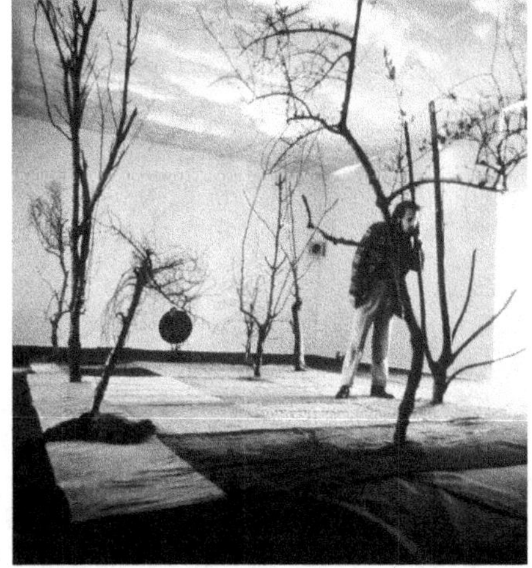

Luca Patella, *Alberi parlanti e profumati, e cespugli musicali, sotto un cielo*, Walker Art Gallery Liverpool 1971

della presenza della materia viva, tra naturale e artificiale (Kounellis), o della costruzione di spazi abitabili (Accardi, Colombo), o della trasformazione di luoghi reali attraverso un artificio che li renda virtuali (Pistoletto).

Praticare lo spazio è stato il bisogno, e il desiderio, dell'arte di quel decennio, ondeggiante tra l'idea di "nomadismo" e l'uso di materiali deculturalizzati, che Germano Celant aveva teorizzato in relazione all'Arte Povera e quella di *Territorio magico*, come spazio proprio dell'arte rispetto alla realtà, definizione con la quale Achille Bonito Oliva aveva intitolato il suo primo saggio critico, scritto nel 1969 ma pubblicato nel 1971.

L'arte italiana degli anni Settanta, di cui qui si tratta, è stata un'arte al di fuori di ogni dogma formale, un'arte "disordinata" e per questo capace di includere in sé la vita.

Gino De Dominicis, invito alla mostra *D'IO*, L'Attico Roma 1971. Courtesy Archivio L'Attico Fabio Sargentini.

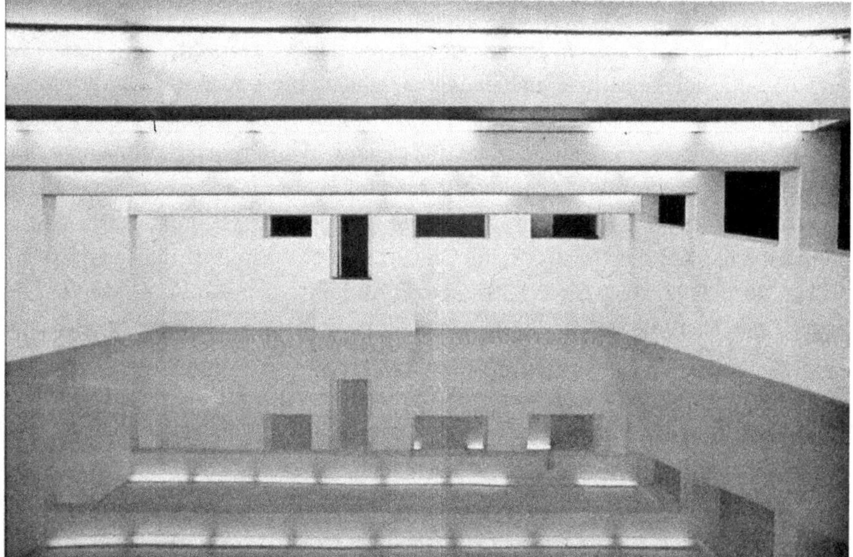

Fabio Sargentini, Allagamento dell'Attico di Via Beccaria, Roma 1976.
Courtesy Archivio L'Attico Fabio Sargentini.

Rispetto all'arte ambientale americana, discendente dal minimalismo e animata dal rigore geometrico, l'arte italiana, con l'inserimento di animali vivi, di persone, di materiali veri e artificiali, con la sua carica simbolica, vitalistica e, in parte, autobiografica, ha rappresentato la conquista di un territorio da cui si poteva godere un orizzonte infinito.

In questo decennio rivoluzionario, ben più estremista, anche nei suoi esiti formali, di quello precedente, e pur nelle contraddizioni di una società stretta tra spinte riformiste e reazione, dilaniata poi dal terrorismo, saltano regole e lacci. I contorni dei ruoli e delle figure si fanno meno definiti, così come i luoghi in cui accadono le cose.

Un esempio, fra tutti, è la mostra epocale *Contemporanea*, che, promossa e organizzata nel 1973 dagli Incontri Internazionali d'Arte e curata da Achille Bonito Oliva, si tenne a Roma nel parcheggio sotterraneo di Villa Borghese[11].

La storia dell'Attico, poi, è emblematica. La galleria, che nel 1969 con i cavalli di Kounellis si era trasformata in stalla, sarà successivamente allagata. Con un'azione spettacolare Fabio Sargentini decide di chiudere il garage, che il 9 giugno del 1976 viene allagato con cinquantamila litri di acqua. Anche per i due giorni successivi i visitatori potevano assistere a quell'inedito spettacolo. Il titolo della mostra *21 dicembre 1968* coincideva con quello di apertura del luogo espositivo e nel testo che accompagnava l'azione Sargentini spiegava che quella chiusura significava anche ripartire per nuove avventure.

Fin dalla seconda metà del decennio precedente l'Attico era diventato il centro propulsivo di avvenimenti che riguardavano la musica, la danza, il teatro contemporanei. Sargentini, che nel 1968 aveva ideato *Ginnastica mentale*, nel "tentativo di trasformare la 'galleria d'arte' in un altro luogo, nel caso specifico una palestra di ginnastica (invito al movimento)" negli anni Settanta porta in Italia musicisti come Steve Reich e Philip Glass, ma anche la musica indiana Raga[12].

Nel 1976 la sezione della Biennale di Venezia *Ambiente/Arte* ospitata nel Padiglione centrale ai Giardini di Castello, e il catalogo, curati da Germano Celant, furono concepiti come un'estesa riflessione storico critica sul tema, in un percorso cronologico che partiva dalle avanguardie storiche e arrivava alle ricerche contemporanee. Erano presenti le esperienze delle neoavanguardie, tra gli artisti americani Maria Nordman, Robert Irwin, Michael Asher, Palermo, Vito Acconci, Sol Lewitt, Dan Graham. Daniel Buren, con il suo intervento: *14 vetrate meno uno,* aveva collocato fogli di carta a strisce bianche su fondo bianco sopra i lucernari.

Tra gli italiani, erano esposti i cavalli vivi di Kounellis, i *Tavoli* di Mario Merz sagomati sui muri a mattoni, *Tenda* di Carla Accardi, *Sfera* di Pistoletto; veniva poi realizzato *Orizzontale*, un progetto di Paolini del 1963: due piani rettangolari paralleli dipinti di nero opaco, separati da un intervallo minimo, erano sospesi orizzontalmente all'altezza dell'occhio dell'osservatore, che poteva così percepire "l'orizzonte di luce delimitato dai due piani"[13].

Alla fine del decennio l'arte abbandonerà, in parte, la sua dimensione spaziale per recuperare, con la pratica della pittura, l'intimità del suo mondo, garantita dal perimetro della cornice. Tuttavia, come una linfa sotterranea, quell'ampio respiro che aveva caratterizzato l'arte degli anni Settanta, con la sua prepotente volontà di conquistare lo spazio resterà, per le generazioni successive, il trampolino di lancio da cui partire.

1. Alla mostra *Dylaby*, curata da Willem Sandberg e Ad Petersen, parteciparono, con opere di carattere ambientale, Robert Rauschenberg, Martial Raysse, Niki de Saint Phalle, Daniel Spoerri, Jean Tinguely, Per Olof Ultved.

2. Celant Germano, in *Lo spazio dell'immagine*, catalogo della mostra, Alfieri Edizioni d'Arte, Venezia 1967, p. 20. La mostra presentava opere di Luciano Fabro, Michelangelo Pistoletto, Pino Pascali, Getulio Alviani, Alberto Biasi, Agostino Bonalumi, Davide Boriani, Enrico Castellani, Mario Ceroli, Gianni Colombo, Tano Festa, Piero Gilardi, Gino Marotta, Eliseo Mattiacci, Paolo Scheggi.

3. Partecipano alla mostra *Aria Acqua terra fuoco*, oltre a Jannis Kounellis e a Pino Pascali, Umberto Bignardi, Mario Ceroli, Piero Gilardi, Michelangelo Pistoletto, Mario Schifano. In catalogo presentazioni di Alberto Boatto: *Lo spazio dello spettacolo* e di Maurizio Calvesi: *Lo spazio degli elementi*.

4. La rassegna *Il teatro delle mostre* si tenne dal 6 al 31 maggio 1968 presso la galleria La Tartaruga. Cfr Calvesi Maurizio, Siligato Rosella (a cura di), *Roma anni '60. Al di là della pittura*, catalogo della mostra, Carte Segrete, Roma 1991.

5. I cavalli vivi di Jannis Kounellis inaugurano l'attività espositiva del garage di Via Beccaria. Poco prima Sargentini aveva lasciato la sede di Piazza di Spagna per trasferirsi in un luogo radicalmente diverso. Nella primavera del 1971 la galleria apre una seconda sede a Via del Paradiso (dove si trova a tutt'oggi) e tra il 1971 e il 1976 ambedue i luoghi ospiteranno le diverse attività, fino a quando, nel 1976, il garage di via Beccaria viene chiuso e "allagato". Vedi: Barbero Luca Massimo, Pola Francesca (a cura di), *L'Attico di Fabio Sargentini 1966 – 1978*, catalogo della mostra, Electa Mondadori, Milano 2010.

6. La mostra *Spaces*, curata da Jennifer Licht si tenne al Museum of Modern Art di New York dal 30 dicembre 1969 al 1 marzo 1970. Nel testo in catalogo, edito dal museo, la curatrice scrive: "These six projects are examples of contemporary investigations of actual, areal spaces as a nonplastic, yet malleable, agent in art. Their stylistic diversity testifies to the broad range of current interest in the idea of space. In fact, the primacy of space belongs within a larger context of modern thouth. (...) Philosophers such as R. Buckminster Fuller and Gaston Bachelard have redefined its meanings, composers John Cage and Karlheinz Stockhausen have distributed sound and activity in space, and Frank Lloyd Wright and Ludwig Mies Van der Rohe have developed new spatial experiences in architecture".

7. Alla mostra *Vitalità del negativo nell'arte italiana* parteciparono: Vincenzo Agnetti, Carlo Alfano, Getulio Alviani, Franco Angeli, Giuseppe Anselmo, Alberto Biasi, Alighiero Boetti, Agostino Bonalumi, Davide Boriani, Enrico Castellani, Mario Ceroli, Gianni Colombo, Gabriele De Vecchi, Luciano Fabro, Tano Festa, Giosetta Fioroni, Jannis Kounellis, Francesco Lo Savio, Renato Mambor, Piero Manzoni, Gino Marotta, Manfredo Massironi, Fabio Mauri, Mario Merz, Giulio Paolini, Pino Pascali, Vettor Pisani, Michelangelo Pistoletto, Mimmo Rotella, Paolo Scheggi, Mario Schifano, Cesare Tacchi, Giuseppe Uncini, Gilberto Zorio. Bonito Oliva Achille (a cura di),

Vitalità del negativo nell'arte italiana 1960/1970, catalogo della mostra, Centro Di, Firenze 1970.

8. In quella stessa edizione della Biennale, la sezione curata da Enrico Crispolti e da Raffaele De Grada *Ambiente come sociale*, documentava la presenza in Italia dei numerosi collettivi di artisti che lavoravano su un concetto sociale dell'arte.

9. In un testo del 1975: *Trasformazione degli spettatori in tecnici*, Colombo auspica la partecipazione attiva dell'osservatore, in grado di conoscere le "regole del gioco" alla base del progetto dell'artista.

10. Sull'attività delle gallerie romane negli anni Settanta vedi: Lancioni Daniela (a cura di) *Roma in mostra 1970 1979 Materiali per la documentazione di mostre azioni performance dibattiti*, catalogo della mostra, Edizioni Joyce & CO, Roma 1995.

11. Bonito Oliva Achille (a cura di), *Contemporanea*, catalogo della mostra, Edizioni Centro Di, Firenze 1973. La mostra, articolata in nove sezioni, ordinate da altrettanti curatori, dava conto dei diversi linguaggi del contemporaneo: dall'arte, al video, al cinema, al teatro, alla musica, all'architettura e al design, all'informazione alternativa. Cfr Lancioni Daniela (a cura di), *Incontri... Dalla collezione di Graziella Lonardi Buontempo*, catalogo della mostra, Académie de France à Rome, Villa Medici, Roma 2003; Lonardelli Luigia, *Sotterranea, Contemporanea,* in Lancioni Daniela (a cura di), *Anni 70 Arte a Roma*, catalogo della mostra, Palazzo delle Esposizioni, Iacobelli Editore, Roma 2013 pp. 94-105.

12. Nel 1972 Sargentini organizza il *Festival di musica e danza*, con S. Reich, L. Dean, Y. Rainer, J. Jonas, S. Forti, C. Palestine, T. Brown, P. Glass; nel 1973 concerti di musica indiana Raga, nel 1974 il *Festival of East-West Music*, con la partecipazione, tra gli altri, di La Monte Young, T. R. Mahalingam, T. Riley; nel 1975 *The music room*, serate di tè, dischi e nastri.

13. Celant Germano (a cura di), *Ambiente/ Arte Dal Futurismo alla Body Art*, catalogo della mostra, Edizioni La Biennale di Venezia, Venezia 1977.

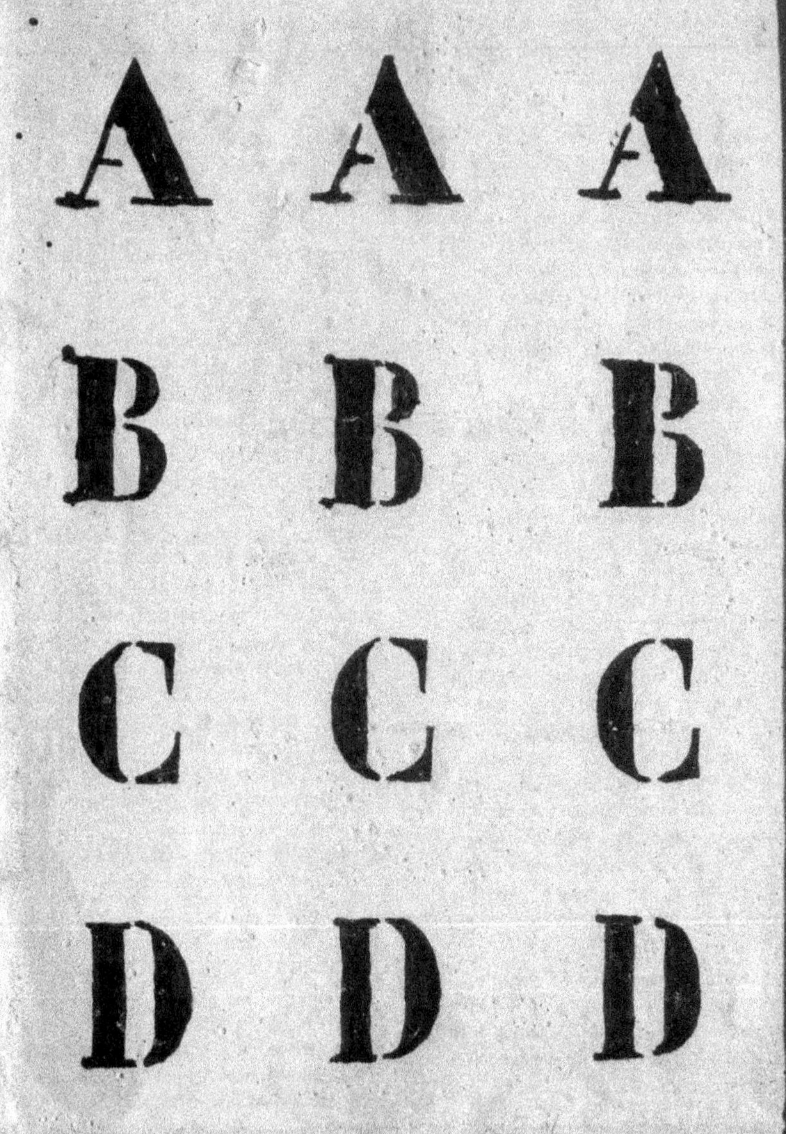

Piero Manzoni, *Alfabeto*, 1958
Collezione privata, Milano

Il linguaggio del linguaggio.
La parola tra immagine e azione negli anni Settanta

Francesco Tedeschi

L'uso della parola in funzione di forma significante, al posto o in connubio con altri materiali finalizzati alla strutturazione di opere visive, si svolge nel corso degli anni Settanta come uno dei motivi portanti di tanti aspetti di una produzione artistica che nasce dalla riflessione sull'arte stessa, dal confronto con le tecniche della comunicazione, dalla volontà di dare un segno pregnante al contenuto, oltre che da ulteriori esercizi di sperimentazione. Le più interessanti analisi che sono state compiute a posteriori su un'epoca in cui la parola si è affiancata, sostituita, immedesimata all'immagine, hanno portato attenzione alla complessità delle proposte in cui tali combinazioni si sono manifestate, fornendo utili riorganizzazioni di natura prevalentemente tematica[1]. Volendo tracciare, in questo caso, un percorso che riprenda alcuni aspetti di fondo delle questioni che possono essere considerate centrali nello sviluppo delle relazioni tra parola e immagine e nell'uso del linguaggio come elemento visivo e nello stesso tempo riflessivo e comunicativo, con particolare attenzione alle relazioni con il momento di elaborazione e diffusione di un'arte fortemente concettuale, se ne richiamano alcuni aspetti essenziali, rimandando alla bibliografia citata per i molteplici percorsi di un tema che sfugge in più direzioni.

Senza ritornare alla lezione delle avanguardie storiche, che pure sono al centro di alcuni aspetti delle realizzazioni degli artisti di questo periodo, almeno come consapevole punto di partenza e confronto, l'origine immediata di un atteggiamento che vede nella parola e nella sua formulazione linguistica la matrice di azioni e opere di nuova gestazione si può riconoscere nella riduzione al "grado zero" della scrittura, individuato da Roland Barthes negli anni Cinquanta, ma che ha conseguenze pratiche, nel settore dell'arte, sul finire di quel decennio, nel periodo di rielaborazione della pittura in chiave oggettuale e linguistica. Scegliendo un'opera-simbolo, potremmo riferirci alle *Tavole di accertamento* di Manzoni, come punto di azzeramento e ripartenza di una ricerca di relazione fra segno e significato. Le due tavole in cui Manzoni riporta sequenze delle prime lettere dell'alfabeto formulate con l'uso di mascherine (gli *stencil*), che ne rendono la formulazione meccanica e inespressiva, costituiscono un momento di particolare significato per la loro valenza tautologica, confermata dalle poche parole che Vincenzo Agnetti elaborò a introduzione di quel lavoro "esemplificativo" della poetica di Manzoni. In quelle, il riferimento alla loro valenza tautologica, implicito nella loro qualità di immagine di un segno deprivato di significato per la meccanica ripetizione alla quale è sottoposto, vale come punto di partenza e come identificazione di un procedimento, dove la parola è parte di una logica interna al fare. La parola, anzi la lettera, ridotta al suo stato visivo, prima che logico, è "momento a se 'in se'", come dice Agnetti[2], fatto linguistico accertato, ma anche possibile segno di un nuovo avvio, dove l'identificazione fra sé e mondo passa attraverso diverse funzioni, tra cui quella della parola: scritta, detta, parlata o letta. In questo, se si può estrapolare un elemento dall'insieme di cui fa parte, Manzoni può introdurre una particolare attenzione per la dimensione visiva della parola riportata alla sua condizione più elementare, un "grado zero" di significato che deriva dal suo essere assorbita in un contesto che la prevede da decenni come motivo parziale, ma raramente essenziale e unico, delle composizioni visive.

Parallelamente, l'uso di lettere e numeri tracciati con gli *stencil*, con simile funzione dimostrativa, appare nelle tele eseguite da Jasper Johns nella seconda metà degli anni Cinquanta, dapprima costituendo un procedimento meccanico, inespressivo, in quanto ripresa esteriore, insignificante se non per la sua matrice formale, di "cose che la mente già conosce"; in seguito, divenendo una sorta di "sottotesto", quando le lettere sono combinate in parole, come le indicazioni riguardanti i colori inseriti nella composizione, i nomi degli stati nelle mappe degli Stati Uniti o altre indicazioni testuali utili a indirizzare l'interpretazione del senso dell'opera e dei suoi referenti. Affine può essere soprattutto la prima introduzione di lettere nelle opere di Johns con il processo indicato da Manzoni, nel far divenire la lettera un principio-base di una nuova conformazione linguistica del percorso visivo, che ne rende la lettura evidentemente un segnale dimostrativo[3].

Erano a quell'epoca già attivi, in diversi paesi e situazioni culturali, autori che ponevano nuovamente il tema dell'adozione della parola quale elemento visivo, in particolare su pagine di riviste e in elaborazioni all'interno delle quali viene recuperata la tradizione dell'avanguardia cubo-futurista, procedendo in direzione della qualificazione della "poesia concreta", che può vedere il prevalere dell'aspetto grafico. Le analogie fra le operazioni di Manzoni e di Johns e altre ipotesi di lavoro precedenti possono essere piuttosto rintracciate nel processo di riflessione sul rapporto tra parola e cosa, o tra parola e immagine, proposto da René Magritte, che annuncia la dimensione più strettamente linguistica del processo associativo. A differenza di Magritte, Manzoni e Johns rinunciano però al segno immediatamente leggibile in chiave visiva, l'immagine.

Allontanandosi dalla direzione intrapresa da Manzoni, alcuni suoi compagni d'avventura della seconda metà degli anni Cinquanta, gli artisti milanesi Ettore Sordini, Arturo Vermi e Angelo Verga, desiderando mantenere vitalità e pregnanza al fattore pittorico, pur all'interno di una riduzione del motivo pittorico a segno essenziale, primigenio, fra il 1962 e il 1963 danno vita al Gruppo del Cenobio, all'interno del quale le singole posizioni dei cinque componenti delle esposizioni realizzate fra il 1962 e il 1963 – ai tre citati si accostano Ugo La Pietra e Agostino Ferrari – svuotano lo spazio della superficie, lasciando affiorare dei segni che trascorrono da motivi geometrici appena accennati a conformazioni quasi figurative, ma soprattutto riconducendo il segno ripetuto a una forma di scrittura primitiva, "in bilico tra la scoperta di un segno arcaico e primario e l'appunto di vita"[4]. In particolare, il ritorno a una concezione del segno come elemento primitivo di espressione, in Verga, e le asticelle ripetute delle composizioni di Vermi possono costituire una forma di scrittura alternativa alla dimensione neutrale e protoconcettuale delle *Tavole di accertamento* di Manzoni. In queste posizioni possono essere indicate altre componenti di una definizione visiva del fenomeno linguistico, sebbene filtrato in modo evidente

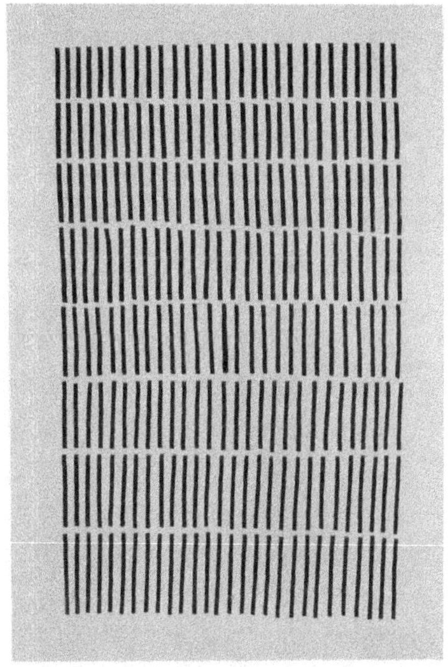

Arturo Vermi, *Diario*, 1963
Collezione privata, Seregno

dal suo ritorno alla concezione iconica del tratto grafico, proprio delle prime forme di scrittura[5].

Un altro impulso a stringere le relazioni fra segno pittorico e letterale, nella produzione artistica di quel periodo di transizione fra gli anni Cinquanta e Sessanta, proviene dall'ambiente artistico romano, nel modo in cui l'esplorazione subitanea e spontanea dei quadri di Twombly viene rilanciata dalle realizzazioni di Achille Perilli e di Gastone Novelli. I due artisti romani, nelle riflessioni elaborate nella rivista "L'Esperienza Moderna" fra 1957 e 1959, e poi nelle loro realizzazioni, dove il distacco dai temi propriamente pittorici della stagione informale conduce l'uno a strutturare composizioni fondate su un'ipotesi narrativa fatta da immagini di segni-graffiti in sequenza, l'altro a introdurre in forma sempre più marcata segni-parole, che si assommano e determinano un racconto per parole e immagini, da leggersi ogni volta come testo unitario, per quanto composto di emozioni, frammenti, figure isolate che emergono dalla memoria e da appunti istantanei[6]. Nelle opere di Novelli, la soluzione di un incontro fra parola e immagine ha nella pittura, nella forma-quadro, una immediata traduzione, dove le tensioni a un recupero della parola in qualità di segno visivo, avviato dalle proposte delle avanguardie, trovano una naturale composizione, di "universo" autonomamente organizzato: "I segni, le lettere, i frammenti, i campioni di materiali, organizzati, formano un universo [...] Ogni universo è un possibile linguaggio e qui intendo 'linguaggio magico' e non 'linguaggio accademico'..."[7].

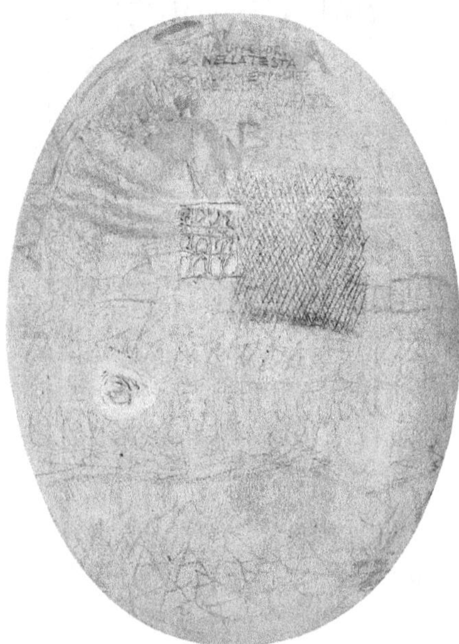

Parallelo al suo, ma in un diverso equilibrio fra parole e immagini, dove queste hanno il compito primo della narrazione, è l'"universo" creato da Gianfranco Baruchello nelle sue composizioni, che progressivamente andranno a generare conformazioni verbo-visuali dove il racconto si definisce come percorso, labirinto, mappa, in cui rintracciare le molte possibili strutturazioni di un pensiero circolare e progressivo, di cui esse costituiscono palinsesti possibili.

Gastone Novelli, *Conoscenze*, 1960
Collezione privata, Milano

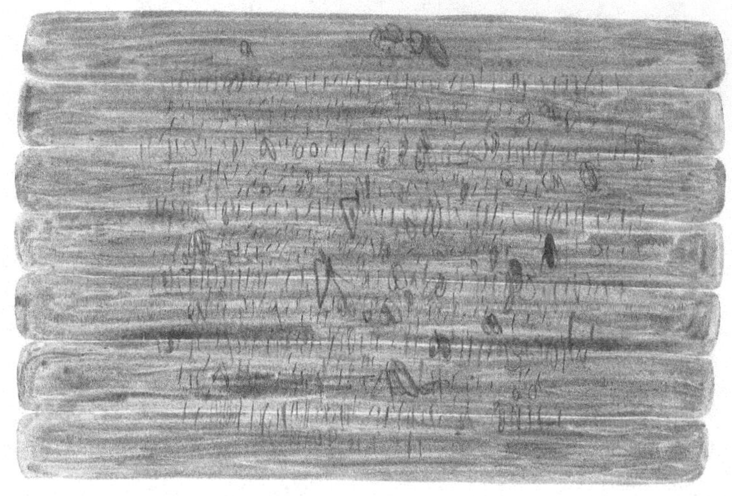

Angelo Verga, *Magazzino delle rose*, 1963. Collezione privata, Monza

I casi di Novelli e di Baruchello, nel clima che si va configurando nel corso della prima metà degli anni Sessanta, riconducono all'uso di forme combinatorie fra parola e immagine identificabili nell'ambito dei richiami, appunto, alla "narrazione", che provengono da diverse direzioni. Già le indagini avanzate dalla mostra promossa da Enrico Crispolti, Roberto Sanesi ed Emilio Tadini *Possibilità di relazione*, all'Attico di Roma nel 1960, generavano un ponte fra le propaggini dell'informale e nuove ipotesi iconiche, all'interno delle quali autori come Bepi Romagnoni, Mino Ceretti e altri recuperavano le immagini non in termini di figurazione vera e propria, ma di una costruzione o ricostruzione della figurazione, per vie attente agli strumenti di comunicazione meccanici, che vedono il campo pittorico aprirsi a diverse stratificazioni, in funzione "narrativa". Rispetto al "grado zero" al quale si accennava, tali approcci inclusivi si spostano verso un orizzonte del reale che guarda infatti alla forma del "racconto". Intorno al 1963 il riferimento al racconto, alla narrazione, trascorre sempre più dal campo letterario a quello iconico, per il mezzo dei richiami al cinema

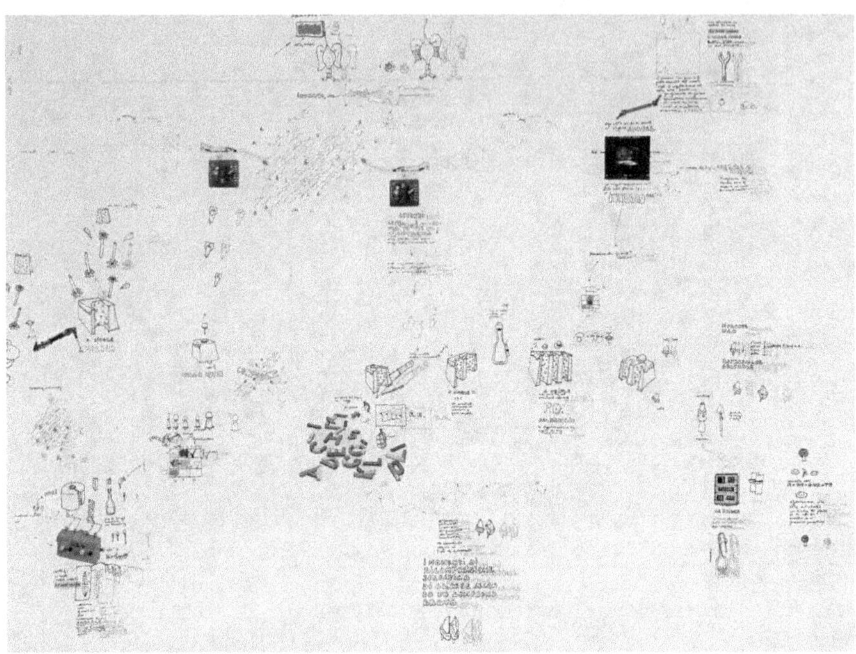

Gianfranco Baruchello, *Fino a questo momento che cosa abbiamo imparato?*, 1971
Courtesy Galleria Milano

e ai rotocalchi. Oltre che in senso terminologico, la concezione narrativa, per queste vie, va a suggerire un genere di esplorazioni sul tema del quadro in cui i soggetti recuperati dall'immaginario della nuova "iconosfera" che la Pop Art a suo modo esalterà, conduce alle diverse formulazioni di "nuova figurazione" o di "figurazione narrativa", con interventi fondati sulla necessità di una componente "critica" della rappresentazione per immagini di stampo realista, o improntata alla "necessità di introdurre nelle opere la nozione di racconto continuo, di episodi narrativi o di svolgimento nella durata"[8].

Gli estremi di una riduzione al "grado zero" nell'identificazione del reale e della parola come elemento grafico e visivo, prima che significante, e di una inclusione del messaggio verbale in funzione iconica, praticato nell'ambito dell'estensione alle forme e agli strumenti di una comunicazione di massa, se non addirittura, come si disse, "tecnologica", contribuiscono entrambi al ricorso alla parola come motivo compositivo, che da una parte conduce alle posizioni analitiche e tautologiche proprie delle operazioni più specificamente concettuali e dall'altra all'assommarsi di sollecitazioni visive introdotte nel campo della poesia visiva o, appunto, "tecnologica".

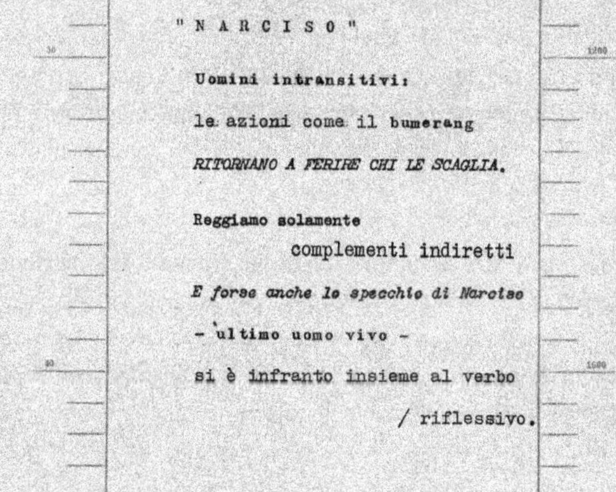

Eugenio Miccini, pagina di *Tecnologica*, edizioni "Quadrante", Firenze, dicembre 1963

Ancora nel 1963, una data di particolare risalto nei tornanti degli anni Sessanta, il gruppo fiorentino animato da Lamberto Pignotti ed Eugenio Miccini, ma esteso a diverse personalità che vanno da Lucia Marcucci, Luciano Ori, Giuseppe Chiari, Antonio Bueno, Ketty La Rocca ad altri ancora, invitati alle manifestazioni da loro organizzate, avvia una riflessione operativa sulle relazioni fra ambiti disciplinari affini, che riguardano l'aspetto visivo, quello letterario e quello musicale, interconnessi nelle loro creazioni. Il convegno *Arte e comunicazione* del maggio 1963 al Forte di Belvedere, quello dell'anno successivo, *Arte e tecnologia*, la pubblicazione *Tecnologica*, per la mostra al Quadrante di Firenze del dicembre 1963 e altri episodi, sconfinanti anche in ambito teatrale, danno luogo a una serie di interventi teorici e di elaborazioni performative che lasciano le loro tracce nei documenti e nei collage realizzati con la combinazione di immagini e parole ritagliate dai rotocalchi, in un'originale esplorazione del *lettering* dell'epoca, associato ai cortocircuiti di significato da loro allusi o introdotti. Si tratta di una delle vie in cui si svolge l'acquisizione del linguaggio nelle forme visive di una tipologia di costruzione e in qualche caso di "narrazione" che trova conseguenza nelle diverse applicazioni della "poesia visiva" o delle relazioni verbo-visuali che dagli anni Sessanta vanno estendendosi al decennio successivo[9].

Il complesso panorama al quale si è fatto riferimento, per quanto apparentemente radicato nella prima parte degli anni Sessanta, va considerato ineludibile, quando si cerchi di avvicinare le modalità di adozione della forma letterale e linguistica come componente analitica e compositiva nell'ambito della produzione artistica degli anni Settanta, non solo per la continuità di alcuni dei protagonisti (da Baruchello ai protagonisti della "poesia visiva" fiorentina e non solo), ma anche per segnalare come la stessa qualificazione dell'arte concettuale sia parte non unica di questo processo. Soprattutto, la prospettiva di un'arte concettuale di derivazione anglosassone, che pure trova momenti di forte presenza nell'ambiente artistico italiano fra la fine degli anni Sessanta e i primi anni Settanta, va considerata una direzione non esclusiva per comprendere in quale senso la parola entri nella preparazione e nella caratterizzazione di un'arte visiva orientata a dialogare con la forma linguistica letterale.

L'arte concettuale vera e propria, quella che Kosuth definisce nel 1969 come una "indagine sui fondamenti del concetto di 'arte'"[10], come riflessione analitica sull'arte, definizione implicita della sua essenza linguistica, si diffonde in Italia tra la fine degli anni Sessanta e i primi Settanta, grazie all'attenzione ad essa riservata da alcuni galleristi, critici e collezionisti, anche se viene praticata dagli autori italiani sempre con inclinazioni, se non "spurie", almeno aperte a una direzione che va oltre il rigore dell'analisi strutturale. Mostre come quella organizzata da Germano Celant con Lucy Lippard, *Conceptual Art – Arte Povera - Land Art*, che ha luogo nella Galleria d'Arte Moderna di Torino nel giugno-luglio 1970, altre che hanno luogo nelle gallerie di Sperone, Toselli, Cannaviello, contribuiscono a una sua divulgazione, che trova poi nel saggio di Ermanno Migliorini, *Conceptual Art*, una disamina teorica approfondita, prima che Filiberto Menna indichi, nel suo testo sulla "Linea analitica dell'arte", un processo che ricollega le esperienze concettuali a quelle di una tradizione formalista, ponendo al centro del discorso sull'"analisi logica" dell'arte i modelli linguistici tautologici, destinati però ad aprirsi a un "controdiscorso", in cui l'elemento strettamente indicativo non può arrestarsi all'analisi, ma introduce sempre nuovi spunti critici e interpretativi[11]. Accanto a questi, gli interventi di critici italiani su riviste come "Studio International", "NAC" e soprattutto "Data", che indirizza la propria attenzione nei primi anni Settanta proprio sull'area dell'arte concettuale, partecipano di una lettura del fenomeno dell'arte concettuale come settore primario dell'esperienza estetica dei primi anni Settanta.

L'arte concettuale non si configura però esclusivamente come azione analitica di tono linguistico, fondata sull'uso delle parole, sebbene questa ne costituisca la "forma", nelle sue declinazioni, più immediatamente riconoscibile come tale. Il carattere di smaterializzazione dell'atto artistico, o della riflessione attorno ad esso, per la sua definizione o ridefinizione, si può dire che si bipartisca fra tendenze processuali, in vario modo legate all'attivazione di energie materiali o di atteggiamenti e comportamenti individuali o indotti, e alla loro registrazione e documentazione, ed elaborazioni propriamente linguistiche, che si definiscono nell'ambito della parola, come diretta – o più diretta – manifestazione del pensiero. Volendo portare attenzione agli aspetti più propriamente letterali, legati all'uso della parola in funzione "visiva", è solo quest'area dell'arte concettuale che qui interessa, anche se naturalmente i confini fra l'una e l'altra non sono così chiaramente tracciati e tracciabili.

Nell'ambito di una preponderante esplicazione di processi concettuali in direzione verbale, o dove l'elemento verbale risulta determinante, si può comunque rimarcare che le realizzazioni di arte concettuale nel panorama dell'arte italiana del periodo si qualifichino sempre per una inclinazione dell'elemento verbo-linguistico verso componenti esistenziali, antropologiche, narrative, che introducono dimensioni altre, diagonali, non riducibili alla retta logica analitica.

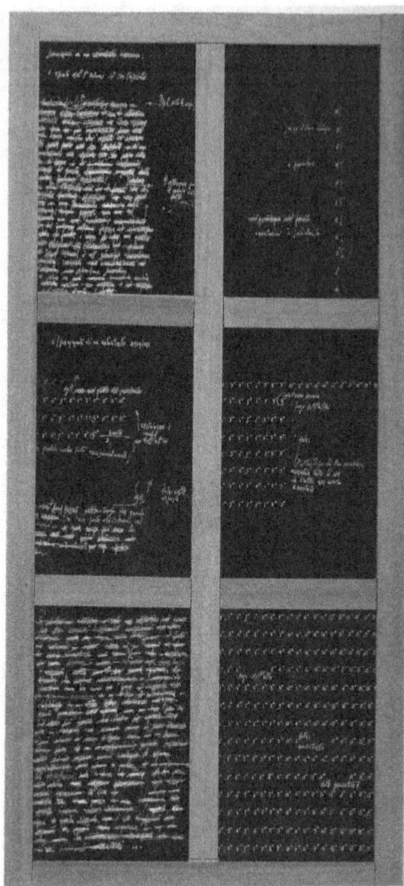

Carlo Alfano, *Frammenti di un autoritratto anonimo*, 1972, Galleria Milano, Milano

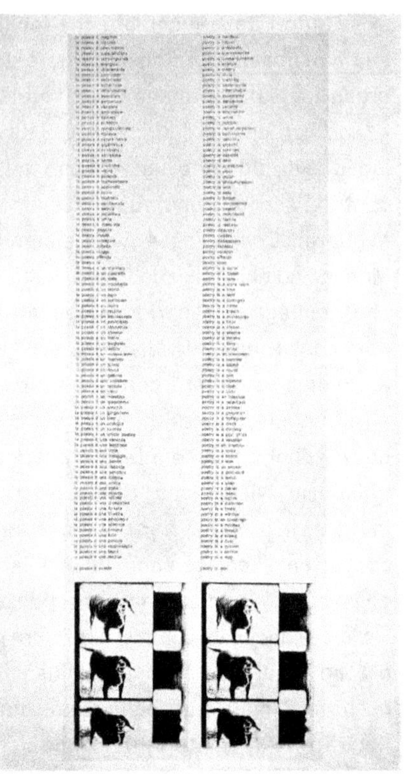

Franco Vaccari, *La poesia è inagibile*, 1971
Collezione Intesa Sanpaolo, Milano

Lo possiamo constatare prendendo in considerazione le modalità operative di autori che si attestano in un'area del concettuale nella sua versione italiana, dei primi anni Settanta, come Vincenzo Agnetti o Carlo Alfano, o nelle elaborazioni più tipicamente concettuali di esponenti dell'Arte Povera come Giulio Paolini o Alighiero Boetti. In tutti i lavori di questi artisti i testi "visivi" contengono motivi che passano dalla dichiarazione, come sembra essere nelle più fredde asserzioni assiomatiche, di ascendenza matematico-statistica, di Vincenzo Agnetti, a una valutazione che ricade sul soggetto.

Gli "Assiomi" di Agnetti, che possono essere giudicati i suoi più compiuti prodotti di arte concettuale, fatta di pensiero e di parola, rimandano

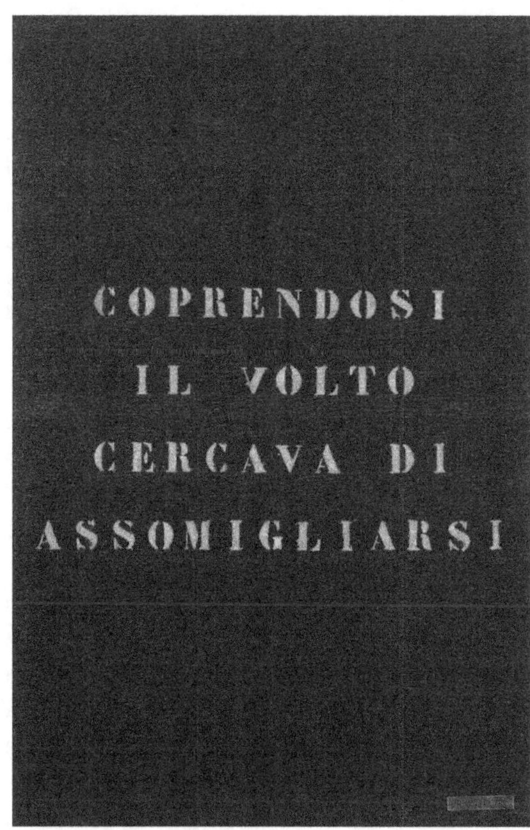

Vincenzo Agnetti, *Ritratto di ignoto*, 1970
Collezione privata, Monza

comunque a una dimensione interpretativa, ermeneutica, oltre che descrittiva, attribuendo al testo una qualità "calda", dotata di motivi culturali e di una ponderazione filosofica che riconduce alla condizione umana, in cui non a caso la *memoria*, il *tempo* e il *lavoro* sono tra i termini e i soggetti predominanti. La configurazione dei suoi "Assiomi" incisi su tavole in bachelite, che segnano il momento di più appropriata qualificazione concettuale della sua opera, all'inizio degli anni Settanta, non si confinano così a una volontà di definizione dell'arte, ma introducono elementi potenzialmente narrativi, più chiaramente sviluppati nei "Feltri", dove i testi valgono spesso come vere e proprie "microstorie". La dimensione concettuale e filosofica della sua opera, che trova punti di confronto, più che in Kosuth, nelle operazioni teoretiche di Arakawa, si estrinseca poi in altre elaborazioni, di natura anche performativa, dove il testo funziona spesso da didascalia alle documentazioni visive in cui sono svolte le sue riflessioni.

Anche la forma calligrafica dei testi presenti nelle opere di Alfano che fanno parte dei "Frammenti di un autoritratto anonimo", realizzati nei primissimi anni Settanta, è diretta e partecipata, perfino quando l'artista si limita a un'ossessiva ripetizione di dettagli di numeri, misurazioni, motivi descrittivi integrati in una scrittura continua, pur essendo destinata a essere colta nella sua dimensione visiva, prima che rappresentativa. Anche gli altri suoi lavori di quel periodo, come *Stanza per voci*, raccolgono testi e parole, anche in forma di registrazione fonica, in una direzione che non può essere ridotta alla funzione analitica attorno al processo di qualificazione estetica, ma si aprono a un sovrasenso che procede per stratificazione di temi e testi.

Forse solo alcuni lavori di Paolini, che però non sono orientati esplicitamente all'uso della parola in chiave analitica, raggiungono il carattere logico-tautologico del "concettuale puro" secondo la definizione di Kosuth. Ne sono prova alcune opere realizzate intorno al 1967, intese a indagare la ragione propria dell'immagine e che non a caso vertono sul rapporto fra l'opera e la sua riproduzione. I suoi interventi più strettamente attinenti l'area verbo-visuale, dalle opere ambientali-installative, come *Qui* e *Lo Spazio*, a realizzazioni dimostrative come il libro *Ciò che non ha limiti e che per la sua stessa natura non ammette limitazioni di sorta* (1968), e *The Encyclopaedia Britannica (Fourteenth Edition, vol. 12)* (1971), entrambi lavori ispirati da una definizione di "infinito", tendono a introdurre una visione indiretta del problema testuale, indirizzando altrove lo sguardo, che nella parola trova una chiave di lettura del concetto di cui il corpo dell'opera è il punto di partenza o di concentrazione.

Anche nelle opere di Alighiero Boetti, che si avvale della parola, come dei numeri e delle forme per dimostrare quelli che, parafrasando la celebre mostra realizzata da Jean-Christophe Ammann a Lucerna nel 1970, possono essere definiti come "processi di pensiero visualizzati", la forma linguistica è parte di un discorso che va oltre la dimensione logico-tautologica, per ricollegarsi a una visione nascosta, criptica quasi, di forte qualificazione soggettiva. Ne può essere un esempio il noto *Manifesto*, del 1967, dove Boetti ha associato ai nomi dei suoi compagni d'avventura i simboli di un codice da lui concepito e consegnato a un notaio, formulazione di un modello linguistico privato, che nell'immagine appare dotato di una immediata suggestione visiva. Un altro codice linguistico indipendente, ma più chiaramente decodificabile, è quello delle opere a tratteggio in biro blu realizzate a partire dal 1972, con *Mettere al mondo il mondo*, affermazione che, nella sua qualità poetica, determina un cortocircuito fra il progetto ideativo, il processo compositivo, il significato immediato e la sua leggibilità. La parola entra in gioco in altri lavori di Boetti, come nei "ricami", che scandiscono le lettere di testi in cui, come in *Ordine e disordine*, le parole hanno un carattere non solo autoreferenziale, proiettando, nel colore e nella loro identità variabile, il senso al di là dell'immagine e della sua piacevolezza.

Anche in Boetti, quindi, la parola entra in gioco non tanto nella sua valenza didascalica, quanto per accompagnare la costruzione di una logica del lavoro, in cui l'artista imprime, al grado di denotazione che il testo definisce, un valore ulteriore, che va ad assumere dimensioni individuali, velatamente e quasi tragicamente romantiche. L'attenzione per i fenomeni che uniscono tempo e spazio trova per esempio conseguenza nei lavori postali e costituisce la traccia determinante per specificare come nella descrizione della realtà Boetti rincorra le condizioni dell'esistenza. I telegrammi della *Serie di merli disposti a intervalli regolari lungo gli spalti di una muraglia* (1971-1993), per esempio, riflettono il rapporto fra sé e il tempo, e la scrittura meccanica ha un ruolo nel collocare il senso del progetto in una forma di oggettività del soggetto, che si osserva fuori da sé, come la parola permette di fare. All'oggettività della scrittura del telegramma ricorre anche Agnetti, del resto, affidando ad una sequenza di essi il viaggio tautologico di un "discorso" sulla parola, opera sul linguaggio, che fa coincidere, anche qui, sé e mondo per il tramite della forma linguistica ["Il linguaggio è il primo strumento portatile scoperto dall'uomo", recita il secondo dei telegrammi che compongono l'opera *14 proposizioni sulla parola*][12].

La parola e il ricorso al linguaggio come forma visiva costituiscono così non solo un metodo per riportare la riflessione sul carattere proprio dell'arte nel momento in cui essa agisce sul piano teorico e critico, andando quasi a sostituirsi all'atto interpretativo, ma sono la via attraverso la quale l'identificazione di sé, la tautologia che le *Tavole di accertamento* di Manzoni prefiguravano, apre nuovi percorsi di indagine, che riguardano altri oggetti di osservazione, da reintrodurre nell'ambito dell'analisi, quanto il vissuto stesso.

Scavalcando, quindi, le posizioni strettamente concettuali, e confermando, attraverso alcuni esempi, come l'ipotesi di un'arte concettuale in Italia sia indirizzata a una sua acquisizione come modalità aperta a soluzioni differenti, si può osservare che l'uso della parola nelle operazioni visive conosca diverse opzioni, che vanno dalla presenza di parole nell'ambito di altre posizioni emerse nei protagonisti dell'Arte Povera alla continuità di un lavoro sulla combinazione o contaminazione fra parola e immagine nelle diverse proposte verbo-visuali, per trovare nelle forme di una possibile "Narrative Art" un breve momento di incontro fra le istanze di una concettualità partecipata e di un'indagine sulle forme della comunicazione.

Lo si può verificare attraverso le opere di un autore che proviene anch'egli da operazioni ispirate al rapporto tra parola e immagine scaturite da forme di "poesia visiva", come Franco Vaccari, che nella seconda metà degli anni

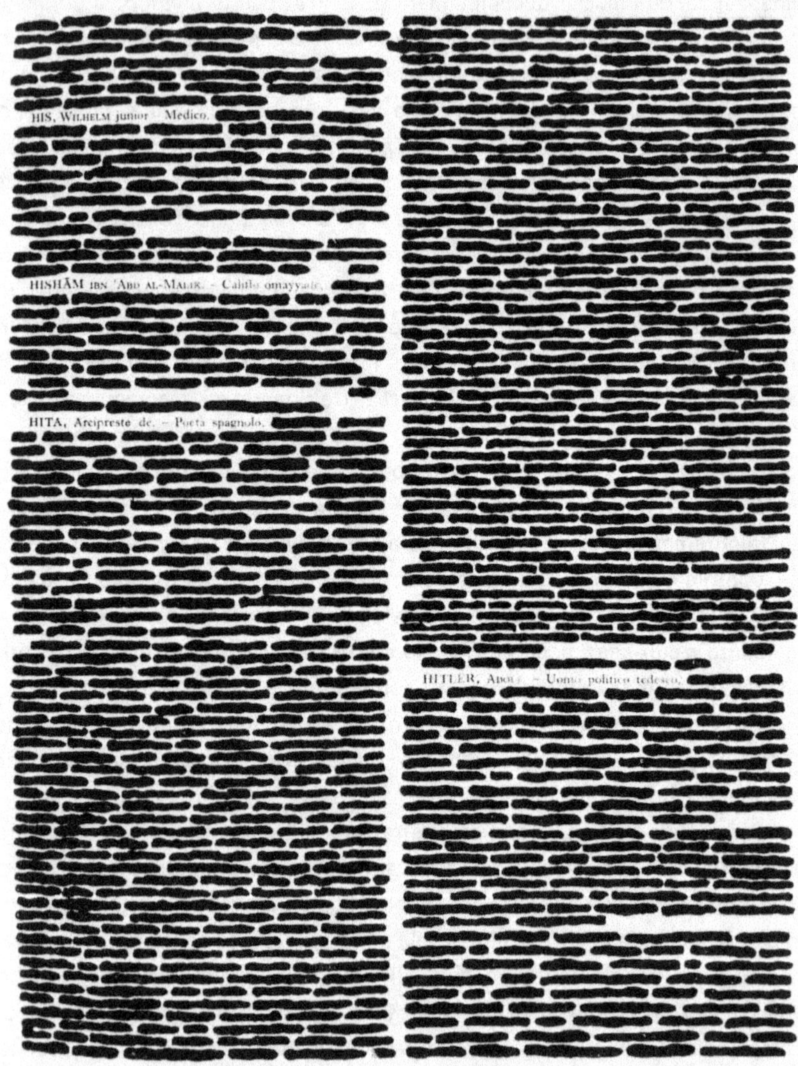

Emilio Isgrò, *Uomo politico tedesco*, 1970
pagina dall'Enciclopedia Treccani cancellata

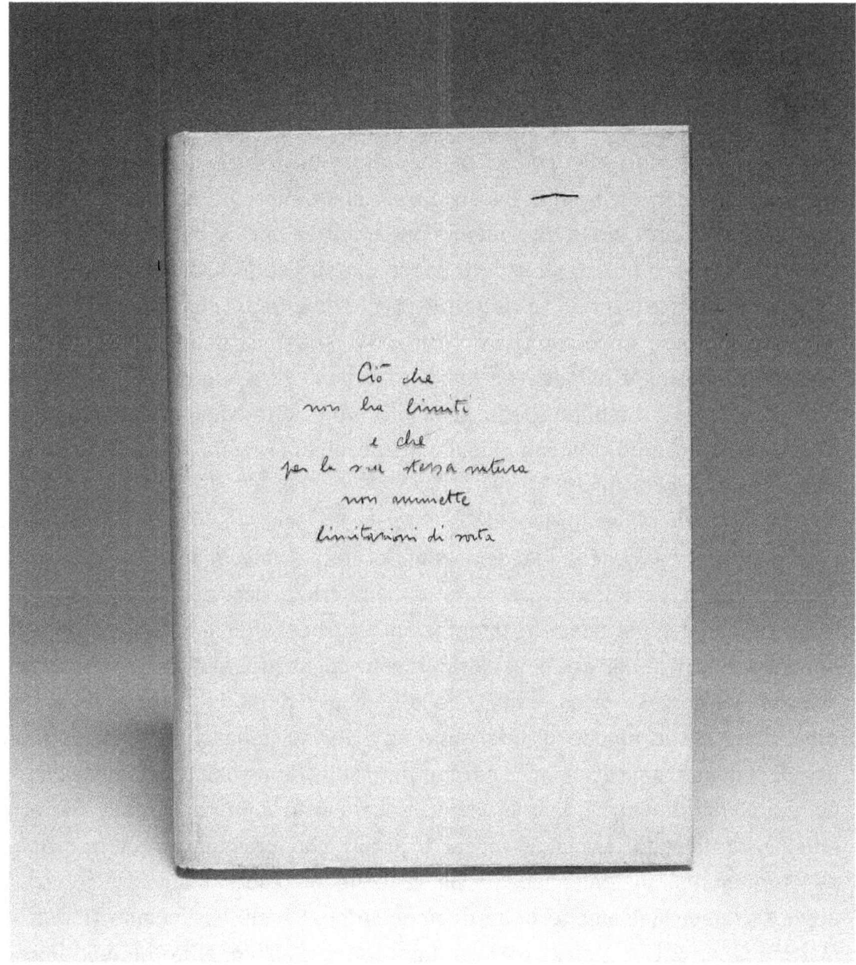

Giulio Paolini, *Ciò che non ha limiti e per la sua natura non ammette limitazioni di sorta*, 1968
Collezione Intesa Sanpaolo, Milano

Sessanta produce lavori in cui registra forme di scrittura colte al volo con la macchina fotografica, per passare a confronti fra linguaggi diversi, come quelli animali, in un gioco sui codici degli strumenti di comunicazione, e giungere quindi a una dimensione sicuramente più "narrativa", con le "Esposizioni in tempo reale", dove la presenza implicita della parola funziona da didascalia del processo attivato.

Accennando all'uso delle parole in altre opere dei componenti originari del gruppo dell'Arte Povera, gli interventi testuali presenti in opere di Calzolari o Merz sono segni fra i segni, elementi che completano i processi che le trasformazioni materiali o le realizzazioni simboliche attuano, con citazioni che servono anche ad acclimatare le situazioni da essi create, quasi a collocarle nel tempo e nello spazio. Su un piano metafisico, dove il tempo e lo spazio si incontrano in una dimensione imprendibile, si collocano le parole che costituiscono uno degli aspetti specifici dell'opera di Giovanni Anselmo, dove l'ambiguità tra "finito" e "infinito", o tra "visibile" e "invisibile" si traduce in segni che non possono essere letti solo come formule visive. Ulteriori presenze sporadiche di motivi verbali si trovano in altre operazioni degli autori dell'Arte Povera, sia nel periodo della loro più diretta adesione alle poetiche di fine anni Sessanta, come nelle più concettuali operazioni di Emilio Prini, sia in interventi successivi.

Al di là di ciò che scaturisce dall'intreccio di Conceptual Art e Arte Povera, cresce ulteriormente nel corso degli anni Settanta il settore della ricerca verbo-visuale, che ha le sue radici, come detto, nella prima metà degli anni Sessanta. Spinta anche dagli effetti delle integrazioni fra azioni vitali e messaggi poetico-politici, scaturiti dal '68 e da considerarsi anche conseguenza delle trasformazioni attivate nel costume e nel campo della comunicazione, la "poesia visiva" va precisando il suo ambito di intervento, che va individuato in primo luogo in un'operazione critica e polemica nei confronti delle forme della comunicazione[13]. Oltre a Nanni Balestrini, Eugenio Miccini, Lamberto Pignotti, Michele Perfetti, Mirella Bentivoglio, Lucia Marcucci[14], autori che proseguono la tradizione della prima stagione della "poesia visiva" o "tecnologica", e a coloro che sono attivi da tempo nell'ambito delle ricerche verbo-visuali, da Luciano Caruso a Martino Oberto, Ugo Carrega, Arrigo Lora Totino e altri operatori intenti anche alla promozione in questo ambito, molti sono coloro che vanno ad allargare le potenzialità di un uso del linguaggio come forma di analisi, di azione e di racconto che va oltre le forme dell'arte concettuale. Se ancora uno dei protagonisti di una proposta d'intervento sulla parola, come Emilio Isgrò, asserisce che il passaggio decisivo sia quello dalla "parola" al "segno" – "non è più possibile una poesia come arte esclusiva della parola. La nuova poesia vuole essere un'arte generale del segno"[15] –, l'attenzione per il valore segnico, da intendere però non esclusivamente in chiave semantica, può servire a spiegare l'uso della parola in una molteplicità di direzioni, che vanno dalla precisazione delle sue ragioni logiche, alla capacità evocativa del segno-parola in un contesto visivo, al di là del

Irma Blank, *Dialogfragment*, 1976, da *Exempla*, p. 19

suo immediato significato. Isgrò prosegue a svolgere, rinnovandole nella forma e nei modi, le sue "cancellature", fino a lavorare sull'immagine fotografica e sul colore, producendo "cancellature" virtuali, che si potrebbero definire di secondo grado, dove la parola diventa didascalia di un'idea, e in questo partecipa di un ampliamento delle possibilità di variazione sul tema originario.

Sul fronte della cancellazione, o della parola muta, vanno ricordate anche le "trascrizioni" di Irma Blank, che negli anni Settanta crea pagine di segni che vanno a sostituire la parola, mantenendo la struttura della pagina stampata, tradotta in forma visiva, quasi un rumore di fondo che si traduce in immagine e conserva, della parola, una memoria interiore.

Un ulteriore segnale dell'estensione del fenomeno è il rinnovarsi e il riproporsi di mostre e rassegne che cercano di riunire le forze messe in campo dai molti autori verbo-visuali. Alcune di carattere istituzionale, che tendono a leggere la continuità dei modelli dalle avanguardie alle esperienze contemporanee, come quella curata da Luigi Ballerini presso la Galleria Civica di Torino nel 1973, *Scrittura visuale in Italia 1912-1972*, altre in spazi di tendenza e promosse da alcuni degli stessi operatori del genere, impegnati a sostenere le diverse letture del fenomeno, come Luciano Caruso, Michele Perfetti, Mirella Bentivoglio, Eugenio Miccini, Lamberto Pignotti, Vincenzo Ferrari, Ugo Carrega. Quest'ultimo, ad esempio, con l'attività del Mercato del Sale a Milano promuove diverse iniziative sul fenomeno del rapporto tra parola e immagine, introducendo l'etichetta di "Nuova Scrittura", per indicare l'insieme delle iniziative volte a fare dell'uso della parola il momento particolare di una traduzione di essa in "segno visivo"[16]. Rassegne come quelle realizzate nella galleria milanese, o quella presso la Tartaruga di Roma del 1975, *Parlare e scrivere*, curata da Renato Barilli, presentano l'insieme delle proposte nate in quest'area, fornendo gli strumenti per una mappatura che rimane sempre indefinibile, a causa delle diverse accezioni in cui ogni apertura o delimitazione teorica va circoscrivendo il novero dei protagonisti e individuando i legami fra le diverse formule da ciascuno di essi adottate. In quest'ultima, Barilli intende riconoscere la particolarità della poesia visiva rispetto alle precedenti e parallele esperienze del genere, nel tentativo di affermare l'autonomia del carattere visivo "postgutenberghiano": "La poesia visiva mette in discussione la scrittura fonetica, la porta a convivere fianco a fianco con scritture ideografiche e con elementi iconici..."[17]. Egli stesso però osserva come tale tentativo sia sempre parziale e concorrente con altre modalità di uso della parola in funzione visiva, esplorando le diverse posizioni individuali degli autori coinvolti in quella mostra.

Per queste ragioni, le riletture in chiave tematica sono le più funzionali a cercare di dimostrare la varietà linguistica degli approcci a un rapporto tra parola e immagine che ha conosciuto le più disparate possibilità di estensione. Una di queste, precoce per la sua funzione di lettura retrospettiva del fenomeno in una dimensione allargata, è la manifestazione realizzata da Luciano Caramel e Flavio Caroli nella Rotonda di via Besana a Milano nel 1979, *Testuale*, che ha avuto il merito di scavalcare gli steccati che separano le posizioni dell'arte concettuale da quelle della poesia visiva, della Narrative Art dall'Arte Povera, segnalando come punti di convergenza possono essere riconosciuti fra autori che muovono da posizioni differenti, ma svolgono processi affini nel modo di instaurare dialoghi fra parole e immagini, che vanno dai "parallelismi" alle "interferenze", dalle "identità" alle "sostituzioni" alle "proposizioni", per richiamare i cinque modelli riconosciuti nel creare categorie aperte, legate al senso di ciascun lavoro presentato, "entro un sistema in cui l'artisticità è data non dall'aderenza a convenzioni comunque prefissate, ma dallo statuto posto dall'autore a fondamento dell'opera medesima..."[18]. Quella mostra, che univa opere di autori italiani e internazionali dirette a rappresentare le diverse modalità di uso della parola all'interno di formulazioni artistiche concettuali, narrative, realizzate con collage, ma anche con modalità pittoriche, installative e fotografiche, accostava i protagonisti della poesia visiva e dell'area concettuale estendendo l'attenzione ad autori quali Bruno Di Bello, Maurizio Nannucci, Emilio Tadini, Claudio Parmiggiani, William Xerra, e d'altro canto Edward Ruscha, John Baldessari, Roman Opalka, Victor Burgin, per citare solo alcuni dei quasi cento artisti inseriti fra le molte esplorazioni possibili, a testimonianza di come la forma linguistica sia divenuta, nel corso degli anni Settanta, un serbatoio di riferimento imprescindibile, sotto vari profili, alimentato dall'insieme delle proposte elaborate dalla fine degli anni Cinquanta in ambito lettrista e concretista, e quindi dall'universo delle ricerche verbo-visuali, oltre che dal settore dell'arte concettuale, ma divenuto campo di ricerca e di elaborazioni formali indipendenti dalle poetiche di gruppo, per acquisire un carattere linguistico e visivo ogni volta originario e indipendente. A quell'epoca si può giudicare che la "forma linguistica" si sia ormai conquistata una presenza che non necessita più di posizioni settoriali, essendo divenuta, accanto ad altre modalità di strutturazione della forma visiva, che vanno dal collage all'installazione ambientale, elemento propriamente "linguistico", spendibile secondo modalità proprie o combinate con altre soluzioni estetiche, dove il valore significante può riaffiorare, nelle sue molteplici possibilità, anche senza valore specificamente strutturale[19].

1. In particolare mi riferisco al volume realizzato da Luciano Caramel e Flavio Caroli nel 1979 in occasione della mostra *Testuale* e al corposo repertorio che ha accompagnato l'enciclopedica mostra *La parola nell'arte* al MART di Rovereto nel 2007, sui quali si tornerà più avanti. Cfr. *Testuale. Le parole e le immagini*, Rotonda di via Besana, a cura di Flavio Carroli, Luciano Caramel, Milano giugno – settembre 1979 e *La parola nell'arte. Ricerche d'avanguardia nel '900. Dal futurismo a oggi attraverso le collezioni del Mart*, Museo d'Arte Moderna e Contemporanea di Trento e Rovereto, 19 novembre 2007 – 6 aprile 2008 (a cura di Gabriella Belli, Giorgio Zanchetti, Achille Bonito Oliva).

2. Agnetti Vincenzo, *Prefazione alle 8 Tavole di accertamento*, in Manzoni Piero, *Tavole di accertamento*, Scheiwiller, Milano, 1962. Una piccola tela del 1958, coperta di caolino, con le lettere "A-B-C-D" ripetute su quattro file a inchiostro può costituire, insieme ad alcune carte e agli appunti elaborati per la pubblicazione della rivista "Gorgona" del 1961, un complemento "pittorico" del lavoro di natura più concettuale nella cartella edita qualche anno più tardi; cfr. Celant Germano, *Piero Manzoni: Catalogo generale*, Skira, Milano, 2004, t. I, p. 73, ripr. col., e t. II n. 267, p. 434 (e ibidem anche gli altri *Alfabeti* delle schede 268-270).

3. Si può ricordare che il primo numero di "Azimuth", edito da Castellani e Manzoni nel settembre 1959 si apre con un'opera di Jasper Johns – già pubblicata nel pieghevole della mostra di Jasper Johns che ha avuto luogo nella Galleria del Naviglio di Milano nel marzo di quell'anno – posto a fronte del testo di Gillo Dorfles, *"Comunicazione" e "Consumo" nell'arte d'oggi*, segnale evidente di una riconosciuta corrispondenza con il percorso avviato dall'artista americano sulla riduzione del soggetto a forma meccanica – un "bersaglio" in quel caso – in cui le impronte del corpo creano l'altra matrice di una identificazione fra sé e il mondo (pittorico e formale). Cfr. Pola Francesca, *Piero Manzoni amidst Azimuth and Azimut. An International Creative Adventure*, Gagosian Gallery, Londra, 2011.

4. Vettese Angela, *Il gruppo del Cenobio*, in *Segno e Scrittura nella collezione della Banca Commerciale Italiana a Milano*, testi di Vincenzo Accame e Angela Vettese, Banca Commerciale Italiana, Milano, 1996, p. 24.

5. Sull'attività del Cenobio, cfr. Vettese Angela, *Milano et mitologia*, Bellora, Milano, 1989; Vettese Angela, *Il gruppo del Cenobio*, cit., 1996, pp. 17-32 e Caramel Luciano, *Nel segno del segno, dopo l'informale. Il Gruppo del Cenobio*, Galleria Gruppo Credito Valtellinese, Milano, 27 marzo – 27 aprile 2013.

6. Cfr. Vivarelli Pia, *Gli universi linguistici di Gastone Novelli*, in *Gastone Novelli. Catalogo generale – 1. Pittura e scultura*, a cura di Paola Bonani, Marco Rinaldi, Alessandra Tiddia, Silvana Editoriale, Cinisello Balsamo – Mart, Rovereto, 2011, pp. 15-23 (testo originariamente usato per la mostra di Novelli al Mart di Rovereto del 1999).

7. Novelli Gastone, "Pittura procedente da segni", "Grammatica", Roma, n. 1, novembre 1964, p. 10 (poi in Perilli Achille, "Gli scritti di Gastone Novelli", numero monografico di "Grammatica", Roma, n. 5, maggio 1976, p. 34 (cit. in Vivarelli Pia, cit., 2011, pp. 20-21).

8. Cfr. *La Nuova Figurazione*, La Strozzina, Firenze (Vallecchi, Firenze), 11 giugno – 6 luglio 1963 e Gassiot-Talabot Gerard, *La Figuration narrative dans l'art contemporain*, galerie Creuze, Parigi, 1-29 ottobre 1965, ripr. in *Figuration Narrative. Paris 1960-1972*, Galeries Nationales du Grand Palais, Parigi, 16 aprile – 13 luglio 2008 (poi IVAM, Valencia, 19 settembre 2008 – 11 gennaio 2009), p. 91, dal cui testo è ripresa la citazione.

9. Tra i molteplici tentativi di presentare il fenomeno nella sua complessità, cfr. *Parola Immagine. Per l'aggiornamento di un museo*, XVI Premio Nazionale Città di Gallarate, 1991, Galleria d'Arte Moderna, Gallarate, 1991, (ivi in particolare Caramel Luciano, *Tra parola e immagine: la galassia verbo-visuale*, pp. 11-18 e la ricca bibliografia), e, per altri versi, il volume già citato *La parola nell'arte...*, 2007, per l'insieme dei materiali presentati e l'aggiornamento bibliografico, per quanto più selezionato e generale.

10. Kosuth Joseph, *L'arte dopo la filosofia*, in Kosuth Joseph, *L'arte dopo la filosofia. Il significato dell'arte concettuale*, Costa & Nolan, Genova, 1987, p. 33 ("Art After Philosophy", "Studio International", nn. 915-919, London, ottobre-dicembre 1969).

11. "... l'opera d'arte è [...] soprattutto fondazione di un nuovo universo del significato, non un'analisi del già noto: per cui essa si colloca all'incontro tra

un momento semiotico, che dà il quadro esatto della situazione del codice nell'atto in cui l'opera viene realizzata, ed un momento ermeneutico, di scoperta di nuovi ambiti di realtà...", Menna Filiberto, *La linea analitica dell'arte moderna. Le figure e le icone*, Einaudi, Torino, 1983 (I ed. 1975), p. 99. Cfr. anche Migliorini Ermanno, *Conceptual Art*, Edizioni d'arte Il Fiorino, Firenze, 1971 (II ed. 1979).

12. Per cui cfr. *Vincenzo Agnetti*, Martano/Due, Torino, aprile 1972 e Bandini Mirella, *Torino. Vincenzo Agnetti*, "NAC", giugno-luglio 1972, pp. 31-32.

13. Cfr. Zanchetti Giorgio, *Esploratori di parole...*, in *La parola nell'arte...*, cit. 2007, p. 31.

14. Per cui cfr. la sezione *Rivoluzione in parole*, in *La parola nell'arte...*, cit. 2007, a cura di Melania Gazzotti (e in particolare Gazzotti Melania, *Rivoluzione in parole. Nascita e sviluppo della poesia visiva in Italia*, idem, pp. 313-317).

15. Isgrò Emilio, *Dichiarazione I*, intervento ai convegni internazionali di poesia d'Abbazia e di Gorizia, maggio 1966, pubblicato originariamente in *Poesie visive*, Galleria Il Traghetto, Venezia, 1966 e ripreso in seguito in più occasioni.

16. "gli artisti della Nuova Scrittura vogliono manifestare [...] una sorta di terza dimensione della scrittura, e cioè quella visiva: la parola è un segno (1) che sta per dei suoni, è un segno (2) che trasmette significati ed è un segno (3) visivo, che comunica attraverso l'occhio (altrimenti resterebbe una comunicazione orale)..." (Carrega Ugo, in *Nuova Scrittura nelle collezioni della Banca Commerciale Italiana a Milano*, Banca Commerciale Italiana, Milano / Allemandi, Torino, 1990, p. 8). Al proposito, si può ricordare anche la mostra *Raccolta Italiana di Nuova Scrittura*, Mercato del Sale, Milano, 29 settembre – 26 novembre 1977, con prefazione di Vittorio Fagone, prima presentazione organica dei materiali raccolti da Carrega.

17. Barilli Renato, in *Parlare e scrivere*, La Tartaruga, Roma, aprile 1975.

18. Caramel Luciano, *Parole. Immagini. Parole e immagini. Paroleimmagini*, in *Testuale. Le parole e le immagini*, a cura di Flavio Caroli, Luciano Caramel, Rotonda di via Besana, giugno-settembre 1979 (Comune di Milano – Gabriele Mazzotta editore, Milano), p. 46.

19. Come dice Zanchetti, sottolineando la continuità delle proposte verbo-visuali in opere anche successive, che vanno a varcare il confine del Ventesimo secolo, all'interno di esse "le realizzazioni più convincenti e coinvolgenti non sono quelle che ripercorrono all'infinito il dettato sovversivo, formale o logico-analitico della ricerca sulla scrittura delle avanguardie storiche e delle seconde avanguardie, bensì quelle che mirano a riappropriarsi delle potenzialità comunicative e, più precisamente, 'di relazione' del linguaggio verbale, sviluppandone tanto le componenti di autonomia dai linguaggi artistici tradizionali [...] quanto quelle di integrazione e di misura dello spazio ambientale psicologicamente abitato...", Zanchetti Giorgio, *Esploratori di parole...*, cit., 2007, p. 36.

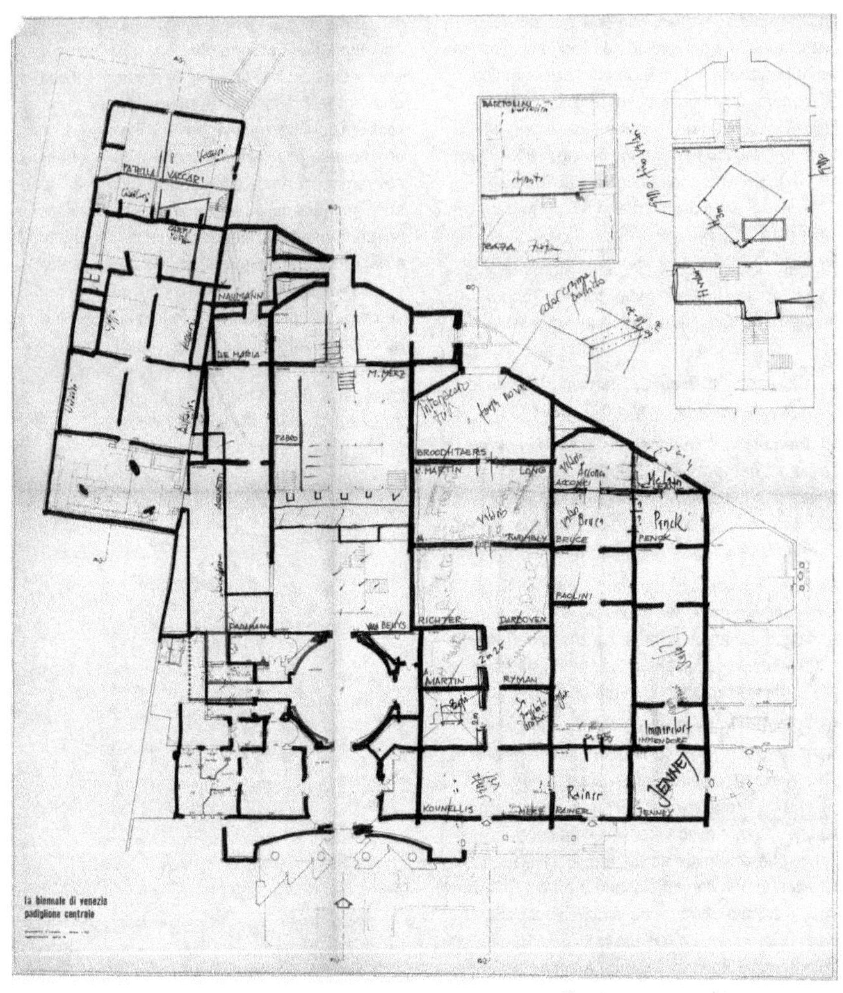

Costantino Dardi, Planimetria del Padiglione Centrale, Giardini di Castello, per progetto di allestimento della XXXVI Biennale di Venezia 1980, Università IUAV di Venezia – Archivio Progetti, Fondo Costantino Dardi

Esposizione come testo.
La rilettura degli anni Settanta a Venezia nel 1980

FRANCESCA ZANELLA

*"Un primo progetto per la Biennale '80 prevedeva di impiegare il mezzo
mostra in modo che dai diversi tipi di esposizione non risultasse soltanto
un bilancio dello status quo, ma un campo di affinità che oltre ad assumere
come base la presentazione di opere d'arte nella loro autonomia contenesse
su un altro piano, e come naturalmente, i mutamenti di prospettiva
percepibili dall'osservatore attento"*[1].

Così scriveva Harald Szeemann nel breve saggio introduttivo alla mostra
internazionale della 36ª edizione della Biennale di Venezia, istituzione che a
questa data proponeva un cambio di rotta clamorosamente segnato anche dal
riconoscimento dell'autonomia dall'architettura con la Strada Novissima alle
corderie dell'Arsenale.

Il Settore Arti Visive invece affiancava alla 'enunciazione' della necessità
di una rilettura del passato per il progetto di architettura, una esposizione,
intitolata *L'arte negli anni settanta*, che si fondava sulla riproposta del genere
della mostra storica come riflessione sul decennio appena chiuso proiettata,
però, alle nuove prospettive di ricerca.

Il nuovo decennio si apre quindi con una analisi delle pratiche degli anni
Settanta che manifesta la crisi delle forme tradizionali del fare storia che lo
stesso catalogo lascia trasparire nei brevi interventi introduttivi dei commissari
chiamati ad affiancare Luigi Carluccio, direttore della edizione, Martin Kunz,
Michael Compton, Achille Bonito Oliva e Harald Szeemann.

Nei quattro saggi, infatti, troviamo la conferma della difficoltà a restituire in modo univoco i percorsi di ricerca di artisti attivi in contesti culturali distanti, per quanto ormai ravvicinati da una sempre più fitta rete di scambi, basandosi sulla convenzione temporale del decennio, una crisi che è palese nella nota di chiusura di Szeemann in cui si sancisce il fallimento di una certa idea di critica e il riscatto della autonomia dell'opera d'arte. Segnalando la forza dell'opera di raccontarsi a dispetto di quelle azioni *costrittive e mutilanti* contro le quali aveva dovuto misurarsi nella sua attività di commissario, il critico svizzero sancisce un punto di rottura significativo all'interno della storia delle mostre che proprio nel corso degli anni Settanta assurgono a strumento primario, assumendo valenze differenti rispetto al passato[2].

Mentre negli Stati Uniti e in Europa la riflessione sullo statuto dell'arte si sviluppava all'interno della linea minimalista e concettuale attraverso una trasposizione degli strumenti d'analisi linguistici ai testi visivi, mettendo in discussione i luoghi della *presentazione* delle pratiche artistiche (galleria, museo, riviste)[3], anche in Italia il superamento dell'opera e dell'oggetto avviene all'interno del ripensamento del ruolo delle istituzioni, da un lato, e dall'altro della critica, nel suo rapporto con gli artisti e con le istituzioni stesse.

Il lungo decennio così è caratterizzato da una fitta trama di confronti sul ruolo della critica[4] e dal dibattito sollevato dalle esposizioni. Si sperimentano mostre che tentano il superamento della tradizione individuando sedi al di fuori dei luoghi deputati (nel 1968 *Arte povera + azioni povere*, ad Amalfi negli Arsenali dell'Antica Repubblica marinara e nel 1973 *Contemporanea*, a Roma, nel Parcheggio Borghese), mentre le istituzioni storiche come la Biennale veneziana, la Quadriennale romana, ma anche la Triennale milanese, si misurano con il cambiamento cui il fenomeno espositivo è sottoposto a livello internazionale per giungere alla fine del decennio a proposte di rinnovamento anche attraverso il dialogo con il museo e la riflessione sulla necessità di allargamento del pubblico[5].

In questi contesti e all'interno delle gallerie, i commissari e i curatori devono confrontarsi con la ricaduta della teorizzazione da parte di Joseph Kosuth (*Art after philosophy* 1969) di un'arte senza pubblico e che non necessita dell'intermediario[6], una sfida con cui si misura soprattutto la nuova generazione di critici (Achille Bonito Oliva, Tommaso Trini, Germano Celant, Daniela Palazzoli) *autori* di alcune delle esposizioni italiane più significative di questi anni, per metodologia ed obiettivi[7].

Per questo il rapporto arte/critica diventa ineludibilmente la chiave di lettura della ricerca artistica che si sviluppa nel corso degli anni Settanta, sia che si neghi qualsiasi forma di costrizione, sia che si rifletta sullo statuto dell'arte e su quanto elementi esterni quali il pubblico e la *cornice* diventino determinanti o svelatori.

È pertanto d'obbligo ricordare che l'interazione tra critico ed artista aveva iniziato ad essere riformulata all'interno di quelle ricerche improntate al progressivo superamento dell'oggetto attraverso interventi che si fondano su un dialogo tra l'opera e l'ambiente alla fine degli anni '60 (da *Lo spazio dell'immagine* a Foligno 1967, alla VIII Biennale di San Benedetto del Tronto *Al di là della pittura*, 1969, per arrivare a *Vitalità del Negativo* a Roma 1970), mentre si registra un'attenzione per le riflessioni sviluppate all'interno dell'Institutional Critique[8] in galleria e fra le pagine di quelle riviste che si assumono il ruolo di aggiornare e promuovere il dibattito[9].

Particolarmente significativo per noi è *Note sullo spettatore*, l'intervento che nel 1971 Trini pubblica su "Data" riproponendo, a un anno di distanza dalla mostra sperimentale diretta da Dietrich Mahlow e Umbro Apollonio per la Biennale di Venezia, un'ulteriore riflessione sulla lezione delle avanguardie rispetto alla messa in mostra. Trini sostiene infatti che le innovazioni portate dalle avanguardie sono intervenute sulla sperimentazione tecnica e sulla definizione dello spazio, in sostanza sulla *presentazione* ed *esecuzione*, rispetto al punto di vista *forzatamente* esteriore dello spettatore; afferma che una tale eredità per la ricerca contemporanea fa sì che, rispetto al dibattito più strettamente museologico, si introducano fattori scardinatori nel momento in cui questi elementi diventano parte dell'opera e nello stesso tempo sono gli strumenti dello spettatore.

L'intervento verte pertanto sul mutamento del triangolo artista-galleria-critico, da un lato, e sulla funzione dell'esposizione, dall'altro, separando il campo delle pratiche contemporanee da quello del dibattito museologico, e segnandone il superamento: la mostra non induce più a riflettere su nuove forme di ordinamento del museo, come auspicavano Longhi, Argan, ed altri già negli anni Cinquanta, in quanto ora la componente della *presentazione* è costitutiva del linguaggio e delle pratiche contemporanee:

"La varietà delle forme di presentazione non è solo la somma di tutti i luoghi e le tecniche di cui l'artista si è impossessato, ma anche la differenza fra i vari modi di concepire il rapporto con il pubblico. Le forme spettacolari, intuizionali, magico-rituali e simili chiedono il suo consenso che poi va, attraverso l'opera, all'ideologia dominante. Le forme analitiche, critiche, oggettivo-impersonali, presuppongono il pubblico come elemento dialettico se non interno nel campo specifico dell'arte, lo adoperano come mezzo d'indagine interna"[10].

È il 1971: il dibattito sul dialogo tra opera e spazio, in alcuni casi, è sempre più incentrato sulle riflessioni sulla natura dell'arte, come dimostra il passaggio di Trini, mentre i *giovani* critici iniziano a ritagliarsi uno spazio sempre più significativo seguendo la ricerca di quegli artisti che costituiscono il movimento dell'Arte Povera, e di quanti sottopongono a critica l'opera attraverso l'indagine dei nuovi strumenti (dalla fotografia al video al corpo) e alle forme di *dematerializzazione dell'arte*, tutte quelle ricerche che richiedono ed impongono un rapporto inedito con lo spazio espositivo, ponendo il quesito cruciale sul ruolo dell'allestimento.

L'allestimento come linguaggio

In altra occasione abbiamo individuato tre paradigmi espositivi sperimentati per attuare efficacemente un intervento nella realtà, uscendo dagli schemi canonici dell'agire dell'artista[11]; ora ci ritroviamo a riflettere sui linguaggi, una prospettiva che ci impone di interpretare le forme del racconto espositivo partendo innanzitutto dalla verifica dello statuto del progetto di allestimento nell'arco di questo decennio, in Italia, limitandoci ad alcuni *exempla* particolarmente pregnanti.

Possiamo iniziare a riflettere rileggendo il manifesto degli Archizoom a commento di due progetti appena realizzati dal gruppo fiorentino, il padiglione RAI alla mostra dell'elettronica all'EUR nel 1969 e la mostra fiorentina *Arte e scienza in Toscana* in Orsanmichele:

"La tecnica dell'allestimento è sempre o opera di sostituzione, cioè legittima prevaricazione culturale, o alta operazione didattica, cioè tecnica formale di presentazione di determinati reperti"[12].

Se in questo caso Archizoom si confronta innanzitutto con il museo come luogo di produzione della cultura in cui gli oggetti sono svincolati dal loro contesto, per essere inseriti all'interno di un sistema di comunicazione, altra prospettiva è quella di Piero Sartogo che nel 1970 allestisce le due mostre curate da Achille Bonito Oliva *Amore mio* e *Vitalità del negativo*. A Montepulciano e a Roma l'architetto si propone come artista fra gli artisti, inserendo l'allestimento all'interno della disciplina dell'architettura, ma tracciando una linea di discrimine tra l'allestimento come supporto e l'allestimento come "impalcatura di segni", come lo definirà in occasione di *Contemporanea* (1973): l'allestimento è "un piano progettuale definito dalla contrapposizione sia per trasparenza che per accostamento, di un ordito architettonico con un segno eterodosso inteso come qualificante percettiva. La qualificante visuale agisce, pertanto, come sistema nel sistema, individuando il campo entro il quale il lessico della sperimentazione visuale (artistica) si confronta con il sistema architettonico, conformando la *immagine*"[13].

La lezione di Sartogo, come quella di Ugo La Pietra e quindi di Costatino Dardi, ci permette di comprendere quanto in questo decennio la messa in mostra, a partire dalle installazioni spaziali degli anni Sessanta e dall'arte ambientale, possa fungere da azione critica, da dispositivo per sovvertire i ruoli e contestare le istituzioni, ma anche da strumento attraverso il quale riflettere sullo statuto della architettura[14], in anni in cui, come scriveva Filiberto Menna, la ricerca analitica si estendeva anche al territorio del progetto attraverso la pratica del "disegno intransitivo come territorio di riflessione".

Una ipotesi da verificare è se negli allestimenti degli anni Settanta si possano individuare le due strade della indagine autoriflessiva indicate dal critico salernitano: quella che procede con il confronto con l'altro da sé – il contesto sociale – e quella che ricerca sempre il confronto con il soggetto e con la struttura psichica profonda[15].

Biennale '80

La Biennale '80 si apre al pubblico con un segnale forte che sancisce la volontà di mutamento d'indirizzo della politica culturale, un obiettivo che è ben chiaro già nelle prime proposte presentate ai rappresentanti dei paesi stranieri chiamati a discutere degli aspetti organizzativi e del programma della edizione. Dal primo incontro nel mese di maggio 1979[16], sino all'autunno, si sviluppa infatti un dibattito che porterà alla definizione del *palinsesto* caratterizzato dalla volontà di imprimere un cambiamento di rotta rispetto alla gestione precedente. La scelta più radicale è quella dell'abbandono dell'esposizione a tema, una conquista della edizione del 1972 che si afferma nel 1976 e nel 1978[17].

Il mutamento è sancito dalla volontà, secondo una proposta avanzata già a febbraio da Giovanni Carandente, di affrontare l'immediata contemporaneità in una prospettiva storica con una rassegna il cui titolo nella sua formulazione iniziale, *L'arte nel mondo nel 1968*, merita una riflessione per la indicazione del termine temporale[18]: le argomentazioni lasciano intendere, infatti, quanto le ragioni del cambiamento delle ricerche siano attribuite a fattori extra-artistici piuttosto che a elementi di carattere linguistico, anche se si manifesta la consapevolezza della difficoltà ad individuare riferimenti assoluti per aree culturali ormai sempre più ampi. Si riconosce ad esempio che il 1968 possa essere un discrimine inefficace per molti contesti, nello stesso momento in cui si verifica la difficoltà ad individuare maestri (tradizionalmente commemorati con mostre retrospettive o monografiche) la cui lezione abbia un significato universale.

Anche sull'articolazione del racconto iniziano ad essere formulate ipotesi: si pensa a "una mostra unitaria e compatta, indipendentemente dalle sedi espositive nelle quali si espliciterà, di tutte le tendenze e le ricerche che si sono andate compiendo nel mondo dopo il 1968"[19].

A settembre[20], sotto la guida di Luigi Carluccio nominato direttore del Settore Arti Visive nel mese di luglio, il programma inizia a precisarsi non solo sul piano delle scelte critiche, ma anche su quello degli obiettivi che si intendono raggiungere, come quello di incontrare le necessità del grande pubblico che denuncia la volontà di confrontarsi con la tendenza inaugurata dai cicli di esposizioni dirette da Pontus Hulten al Pompidou e che caratterizzerà il nuovo decennio.

L'annuncio di un titolo riformulato per la mostra internazionale, *Gli artisti degli anni '70*, lascia trasparire alcune significative scelte operate: si riduce il peso del discrimine del 1968 assorbito all'interno del decennio che, pur essendo una convenzione temporale fragile e discutibile, serve a ricondurre l'analisi sul piano linguistico:

"Il metodo più conveniente è sembrato a tutti quello di realizzare una mostra delle figure che sono emerse all'attenzione della critica nel corso degli anni '70, non in quanto figure protagoniste, di una storia che è ancora da scrivere del resto, cioè come maestri o dei miti, ma in quanto semmai [...] quelle cioè che qualificano e caratterizzano gli anni Settanta"[21].

L'altra novità è quella della ricerca di una sempre maggiore internazionalizzazione perseguita attraverso la definizione di un comitato curatoriale internazionale[22], che sarà composto da Martin Kunz (direttore del Kunstmuseum di Lucerna), Michael Compton (*assistant keeper* della Tate Gallery), Achille Bonito Oliva e Harald Szeemann (già curatore del museo di Berna oltre che direttore artistico della V Documenta di Kassel del 1972), ufficialmente nominati a novembre e convocati per una prima riunione alla fine dello stesso mese[23].

Da questa data i tempi di definizione dello schema espositivo sono brevi ed intensi oltre che complessi nei rapporti tra i commissari, il direttore ed il consiglio direttivo.

Il primo intervento è quello del ridimensionamento dello schema critico inizialmente formulato e basato su quattro punti (Introduzione: gli antenati, riassunto degli anni 1967-71 o Documentazione, i protagonisti degli anni Settanta, i giovani)[24] che nel corso dell'autunno, per ragioni sia di ordine concettuale che pratico, è limitato a due sezioni – *Documentazione* e *I protagonisti* – eliminando, così, *Gli antenati* ed estrapolando la sezione dedicata ai giovani, assegnata alla cura di Szeemann e Achille Bonito Oliva, che si svolgerà in una sede separata.

Se la semplificazione dello schema consente il recupero di spazi all'interno del Padiglione centrale, più significativa è la ricaduta di una tale scelta sulla stesura del programma che dovrà essere formulato conciliando le indicazioni del Consiglio direttivo con gli orientamenti critici dei commissari incaricati.

Si richiede infatti che nella scelta si dia risalto ad artisti nuovi per Venezia, a quelli che la critica ha messo in luce e che abbiano avuto successo nel corso del decennio[25]. Se questo incide nel processo di selezione e nella definizione degli schemi su cui i commissari lavorano intensamente nei mesi autunnali, tentando anche di recuperare le categorie espunte[26], un'altra indicazione ha profondi riflessi sul lavoro con gli artisti, da un lato, e nel modo di concepire la mostra storica, dall'altro. Uno dei nodi cruciali è infatti quello della realizzazione di opere *in situ* che lo stesso Carluccio incoraggia a limitare il più possibile, sia per valutazioni di natura economico/organizzativa che metodologiche: questa infatti dovrà essere una mostra storica[27].

Se consideriamo la struttura delle edizioni precedenti è facile comprendere quanto tale scelta abbia comportato significative ripercussioni sull'impianto della esposizione e le ambiguità e criticità dell'esito finale. Si comprende, inoltre, la distanza rispetto al metodo che Szeemann stava elaborando, a partire da *When Attitudes Become Forms* (1969), al Museo delle ossessioni e alle *Mitologie individuali* di Documenta 5 (1972), quella inconciliabilità che ha indotto il critico svizzero a dichiarare la propria estraneità rispetto a Carluccio, un direttore che "non vuole una mostra firmata [...] intende i collaboratori come assistenti e non organizzatori di mostre che basandosi sulle intenzioni degli artisti e le proprie esperienze cercano di fare di ogni mostra un'avventura fisica/spirituale"[28].

Il progetto del lay-out

L'altra sfida che i commissari devono affrontare è il confronto con le rassegne dedicate agli anni Settanta che si stanno progettando in Europa rispetto alle quale si ricerca una caratterizzazione "soprattutto nel settore dei protagonisti, quindi attraverso le scelte degli artisti, il lay-out della mostra, la struttura fisica della mostra"[29].

Determinanti sono pertanto la narrazione e la componente spaziale nonostante le difficoltà conseguenti all'inadeguatezza della configurazione del Padiglione Italia che non favorisce "uno sviluppo organico di una linea di esposizione conveniente ai fini della mostra" e le limitazioni di interventi radicali sull'architettura[30].

Il 30 novembre i commissari si riuniscono a Venezia e definiscono l'idea espositiva "en la reduisant à l'espace réstant et on a distribué les responsabilités"[31].

Si decide di unificare il contesto della mostra pensandola "secondo un percorso e quindi una lettura che si sviluppa per affinità e contrasti fin dal primo momento, quando la successione Warhol – Beuys esprime in tensione il passaggio dal consumismo alla contestazione dei luoghi comuni"[32].

A dicembre la contrapposizione Warhol-Beuys è così già definita, a prescindere da alcuni ritocchi, ad introduzione di un percorso costituito, inizialmente, da quaranta artisti, selezionati attraverso un lavoro collegiale dei commissari[33].

In questa prima fase la verifica degli spazi rispetto al piano della mostra è condotta dai Commissari senza il supporto dell'architetto che sarà incaricato del coordinamento dell'allestimento, Costantino Dardi. In una delle prime testimonianze grafiche possiamo decodificare la fitta trama di annotazioni e pentimenti che restituiscono i tentativi di coniugare lo schema interpretativo della ricerca degli anni Settanta con la morfologia del palazzo, per definire la sequenza di presenze, alcune delle quali pensate come "a series of 'one man' shows of similar size" come dichiarava Michael Compton[34] nella lettera di convocazione di Cy Twombly che restituisce il progetto ancora in fieri:

"Apart from the two or three sections of the central pavillion that have been set aside for national selections including, as always, the Italians, the main body of it will be divided into four parts. The first will be an attempt to recreate the content of spirit of those exhibitions which introduced some of the characteristic types of art of the seventies: Arte Povera, When attitudes become form, the Siegelaub exhibitions, together with video and performance art on film. Then there will be two small mixed exhibitions, one dealing with young artists the other probably with women artists. The fourth and largest section will be of what have been called 'protagonists', that is: artists who were, and were acknowledged to be, the best, the most influential or the most characteristic of the period. The great majority of them we espect, naturally, to continue to be so in the coming years, and many of them were, of course, already doing fine work in the years before"[35].

A metà gennaio è approvata una lista di cinquanta partecipanti[36], modificando il piano iniziale attraverso "un assetto molto più sintetico del previsto [per la parte documentaria] puntando così sull'impatto con le opere e con le azioni degli artisti"[37]. Si giunge così ad una ridefinizione delle sale iniziali assegnate non più agli eventi seminali per il decennio, ma ad opere: lo spazio di *Das Kapital* di Beuys e la riconfigurazione del soppalco in cui si collocheranno gli italiani (Calzolari, Penone, Zorio, Fabro, Boetti, Marisa Merz e Anselmo) insieme a Robert Morris, e all'ambiente dedicato alla documentazione video.

Dardi, che riceve nomina ufficiale a metà marzo 1980[38], interviene quindi in una fase avanzata del lavoro, a partire dalla riunione collegiale del Comitato internazionale dell'1 e 2 aprile, per dare risposta alle molteplici richieste[39], non ultime quelle di risolvere l'inadeguatezza del palazzo al progetto espositivo.

L'architetto friulano procede per aggiustamenti cercando di adattare le strutture del padiglione, come nel caso della definizione del percorso d'ingresso alla sezione italiana, e di stabilire un'efficace collocazione delle opere all'interno dell'articolazione di ambienti.

Se analizziamo l'impianto del percorso possiamo verificare la messa in atto delle scelte del comitato incentrate sul confronto introduttivo tra Warhol e Beuys che conduce alla sala Documentazione (la documentazione video delle mostre *When Attitudes Become Forms* e di Amalfi 1968, di azioni di Land Art, ecc.) che a sua volta introduce alle prime sale monografiche di Serra, De Maria, Nauman e Morris. Dardi contribuisce a sciogliere le criticità dello snodo costituito dalla struttura di Carlo Scarpa che è utilizzata per esporre le opere degli esponenti dell'Arte Povera (Calzolari, Penone, Zorio, Boetti, Marisa Merz e Fabro), la sezione video e quelle ricerche *femminili* ritenute da Szeemann fra le più significative per il decennio in esame.

Questa stratificazione di esperienze e di linguaggi quindi si scioglie nella sequenza di mostre monografiche che occupano la porzione restante del padiglione in cui si rilancia e si rimarca la struttura da *salon*: una successione di stanze il cui passaggio centrale crea una sorta di cannocchiale ottico. Il percorso ha inizio con il piccolo ambiente assegnato a Le Gac che introduce alle installazioni curate da Michael Compton, affiancate dalla sequenza parallela assegnata invece a Martin Kunz. Nelle varie tavole di lavoro prodotte nell'arco di pochi mesi[40] non si riscontrano significative variazioni se non per il dimensionamento del grande ambiente destinato a Mario Merz e Jannis Kounellis, o per la presenza di artisti che si ritireranno, come Stella, e soprattutto per le varie ipotesi di collocazione dell'intervento di Daniel Buren.

Una dettagliata e puntuale analisi delle varianti delle scelte critiche, delle inclusioni e delle esclusioni, della definizione dei percorsi nel Palazzo e dell'assegnazione ed adattamento degli spazi agli artisti, potrebbe essere un esercizio sterile se finalizzato ad una ricostruzione filologica fine a se stessa. Invece se ricondotta ad un discorso complessivo sul ruolo dell'architetto nella definizione di un luogo espositivo, può aiutare a comprendere il significato e le ricadute di tale messa in mostra.

Innanzitutto è necessario introdurre il progettista che a questa data ha già maturato una significativa esperienza nell'ambito delle esposizioni d'arte contemporanea, inserendosi a pieno titolo fra i protagonisti italiani, e che contemporaneamente ha disegnato all'interno della Strada Novissima la facciata per la sua mostra autobiografica. Dopo la prima personale a Spoleto (1971), Dardi è chiamato da Filiberto Menna in Quadriennale a Roma nel 1973 per rafforzare il racconto della ricerca estetica italiana dal 1960 al 1970, interviene, poi, nella mostra internazionale della 35ª Biennale nel 1978 e nel 1979 definisce il complesso percorso della mostra *Il progetto di architettura* della XVI Triennale di Milano[41].

In un'intervista rilasciata nei giorni dell'apertura Dardi afferma:

"Accanto al catalogo, l'allestimento è uno strumento indispensabile di lettura e di comunicazione critica. Si tratta di coordinare l'immagine, di razionalizzare il percorso, mettere l'artista in grado di operare in uno spazio più possibile ricettivo nei confronti del suo lavoro. In particolare per questa edizione della Biennale dove mi è sembrato di cogliere la presenza di forti componenti analitiche, riflessive, psicologiche mi sono preoccupato di restituire all'artista uno spazio integro dove queste immagini possano venire alla luce. In fondo un allestimento riuscito c'è, ma non si mostra [...] Le sale ai Giardini erano già neutre. Si trattava di assecondarle, di valorizzare questi spazi ariosi, unitari, ricchi di luce e di respiro. Bisognava inoltre creare delle pause ben ritmate tra artista e artista. Ai Saloni [la sede di Aperto '80] il problema era quello di mettere quasi a catalogo una fitta serie di moduli unitari, di dare la possibilità di leggerli, ciascuno in uno spazio identico, pur rispettando la varietà di ciascuna ricerca, di chi lavora sulla parete, di chi opera a terra, per linee orizzontali o verticali"[42].

La Biennale '80 costituisce per Dardi l'occasione per verificare ancora una volta gli strumenti di lettura ed interpretazione della ricerca contemporanea all'interno, tuttavia, di una programmazione eterogenea: dall'area dei Giardini, alla mostra ai Magazzini del Sale, alle rassegne organizzate in numerose sedi in città. Come la mostra di Balthus nella scuola Grande di San Giovanni Evangelista in cui Dardi ha voluto guidare l'allestimento tenendo conto di una cornice architettonica che imponeva il dialogo con il Rinascimento, a cui Balthus aveva voluto sfuggire chiedendo che quegli spazi fossero schermati quasi per rinchiudersi in se stesso. Oppure la mostra di Strindberg che necessitava, invece, di un allestimento scenografico e spettacolare per restituire le relazioni tra il lavoro di scrittura e l'ossessione per le immagini[43].

L'architetto friulano così si misura con i luoghi, con i materiali, con i linguaggi e con i racconti per definire il proprio livello di interpretazione critica. Ai Giardini, e non solo nel Padiglione centrale, deve interpretare la ricerca artistica recente:

"L'arte di questi anni è stata caratterizzata da una forte dimensione antropologica. Ho tenuto presenti elementi primari: la terra il mare, il cielo. Ai Giardini si è lavorato molto sulla terra. Il fatto unico era dato da una mostra con spazi aperti. Abbiamo allora ricostruito un prato verde. Per Argentina, Perù Columbia che non avevano sede, abbiamo costruito un padiglione sull'acqua, dove molta importanza è data alla trasparenza. Si cammina sospesi sul canale, con questa immagine di città lacustre, galleggiante. Per questo abbiamo lavorato con strutture sospese rinunciando a cose solidamente piantate. Il cielo viene usato, quasi disegnato, da queste grandi vele bianche, disposte a piani inclinati, che guidano la gente attraverso un percorso, ma soprattutto spartiscono la luce, creano delle zone d'ombra, mediano il rapporto dell'interno con l'esterno"[44].

Per questo si pensa ad una cornice generale creata con gli strumenti dell'architetto per affiancare all'opera una interpretazione che non sia sovrappositiva, ma che lasci autonomia al lavoro dell'artista rimarcando la forte consapevolezza del rapporto con lo spazio 'governato', 'abitato', 'trasformato' attraverso modalità anche molto differenti; ed in questo senso la 36^a Biennale è chiaramente esplicativa, soprattutto se si indagano le relazioni tra artista, curatore ed architetto.

A dispetto delle iniziali indicazioni del Comitato direttivo, se scorriamo il catalogo della mostra, una operazione che deve essere compiuta con cautela confrontando i dati della prima edizione rispetto a quella successiva che corregge molteplici errori, riscontriamo la presenza di opere realizzate in situ, per la prima volta, oppure riedizioni pensate per Venezia. Ma se la verifica quantitativa delle nuove proposte messe in mostra nel Padiglione Italia è importante per comprendere la distanza rispetto ai canoni tradizionali della mostra storica, è maggiormente significativo trovare conferma di una concezione dell'arte che procede per accumulazioni, stratificazioni, trasformazioni di immagini e di spazi effettuate per l'occasione.

In questo contesto Dardi deve mettere tra parentesi tutta la strumentazione che aveva messo in campo nella sala dell'ottagono della edizione precedente (1978) per rimarcare la differenza linguistica tra *Grande astrazione* e *Grande realismo*, le due categorie che aprivano il percorso critico basato su una indagine strutturale dei linguaggi.

Mentre la "Configurazione degli spazi" nel 1978 era finalizzata a "restituire la struttura di questa mostra, intesa come una grande mappa dell'arte moderna e contemporanea"[45], nel 1980 sembra prevalere un lavoro di messa a punto delle richieste di artisti e curatori: l'architetto friulano, insieme ad Ariella Zattera, interviene sulle strutture del palazzo, recupera i materiali, per mettere in condizione gli artisti di operare nello spazio di pochi giorni prima della inaugurazione. In numerosi casi modifica l'altezza del velario o lo fa rimuovere, disegna le quattro sale simmetriche destinate a Agnes Martin, Rymann, Judd e Sol LeWitt. In alcune sale (quelle di Rainer, di Penck e di Thek) elimina le riseghe, ricostruisce la curva del soffitto della stanza (Rainer). Le sale si differenziano anche per il trattamento delle pareti, abrase (Thek), oppure re-intonacate (ad esempio Broodthaers che sceglie un crema pallido, oppure Immendorff che chiede per la sua sala in cui eseguirà un disegno a parte un verde intenso di cui invia un campione).

Senza ricostruire una completa mappatura degli interventi ci soffermiamo sulla coppia introduttiva Warhol - Beuys per le molteplici riflessioni che sollecita. Ricordiamo innanzitutto che Venezia è una delle *stazioni* della presenza in Italia dei due artisti dopo l'incontro a Düsseldorf nel 1979: si ritrovano infatti a Napoli per la mostra organizzata da Lucio Amelio ed inaugurata il I aprile 1980 e al Festival dei due mondi di Spoleto[46]. In laguna si afferma la centralità del culto dell'artista che tanta parte ha nella storia sia di Warhol che di Beuys[47], ma si ripropone anche una riflessione sul confronto tra cultura europea e cultura americana, offrendo una lettura del ruolo della lezione duchampiana che tanta parte aveva avuto nel dibattito critico degli anni Settanta: questo è senza alcun dubbio il nodo critico da sciogliere per chiunque intenda compiere una analisi complessiva di questa edizione in cui si rivede il giudizio sull'arte concettuale[48].

Possiamo quindi osservare il differente ruolo assunto da Warhol rispetto alla precedente edizione del 1978 in cui era stato inserito per rappresentare la sezione dell'*Iconosfera urbana* con *Mrs McCarthy and Mrs Brown*, *13 Jackies friezee* e *Tunafish disaster*. Infatti, nonostante i propositi espressi nella prima fase di progettazione confermino una lettura dell'arte di Warhol in chiave iconografica, quale esemplificazione del sistema di immagini popolari legate al sistema del consumo di massa, nei primi mesi del 1980 si verifica un cambiamento di rotta probabilmente imputabile alla volontà di Warhol il quale, tramite Compton, comunica di non essere assolutamente interessato a mostrare ancora una volta le *boxes*[49].

Prescindendo da una analisi delle ragioni di una tale scelta da parte dell'artista, per noi è interessante segnalare quanto una tale indicazione abbia inciso sulla configurazione dello spazio che avrebbe assunto ben altro significato rispetto a quello ottenuto dalla presentazione di una serie di ritratti di Graziella Leonardi, Lucio Amelio, Giuseppe di Bernardo, Tomas Arana e Joseph Beuys[50].

Beuys succede spazialmente all'artista americano con *Das Kapital. Raum 1970-1977*[51], sacrificando, forse, la simultaneità del confronto tra i due artisti alla morfologia del Palazzo.

Il modo di operare di Beuys, a cui si riserva un'area importante, inizialmente destinata alla Documentazione, è differente rispetto a quello di Warhol. Già a febbraio l'artista tedesco propone a Kunz una serie di opere degli anni Settanta che non ha mai esposto insieme, e che monterà a Venezia con il suo assistente sei giorni prima della inaugurazione[52]. Si tratta quindi di una presentazione inedita per cui si richiede tutto lo spazio previsto e soprattutto un ambiente non di transito "qu'il ya que la porte à la côté gauche et qu'on ferme l'accès droite vers Broodthaers pour avoir un espace fermé. En plus il veut que la toile qui cache le toit est entièrement enlevé"[53].

Il rapporto con lo spazio da parte di Beuys è da intendersi in chiave antropologica, in quanto definito dalla presenza di oggetti che sono strumenti dell'artista che agisce nei luoghi, oggetti la cui collocazione non può essere mediata da alcun documento grafico-progettuale[54].

Le due stanze riassumono, così, molte delle riflessioni che il progetto espositivo propone nel decennio preso in esame: innanzitutto quello della mostra come momento di *presentazione* dell'opera, o come momento autoriflessivo, o di rilettura del proprio lavoro da parte dell'artista chiamato a contribuire alla rappresentazione della recente ricerca; l'altro tema che emerge è quello delle modalità di intervento del curatore e del rapporto ricercato tra schemi interpretativi e luoghi.

Non a caso Martin Kunz scriveva in catalogo che in questo decennio gli artisti "hanno dovuto imparare come controllare il modo in cui la loro opera viene presentata [...] un secondo livello di significato è sorto dalla pratica di esibire lavori che sfidano qualunque interpretazione diretta – è diventato il simbolo di uno dei più importanti problemi politici di questo ultimo decennio, la riforma della collocazione dell'opera. Se una cosa 'è quello che è', non può essere interpretata esattamente ma può avere i più svariati effetti a seconda dell'osservatore [...] l'opera funzionerà come una specie di specchio, cosicché mentre non significa nulla può nello stesso tempo significare tutto"[55].

1. Szeemann Harald, *Arte degli anni Settanta (Dalla mostra all'arte)*, in La Biennale di Venezia. Settore Arti Visive, *Catalogo generale 1980*, Marsilio, Venezia 1980, p. 14.

2. La centralità del fenomeno espositivo per la storia dell'arte del XX e XXI secolo è testimoniata dal numero crescente di studi, a partire *L'art de l'exposition. Une documentation sur trente expositions exemplaires du XXe siècle*, ed. Du Regard, Paris 1998, I ed. S.P.A.D. Em. Frankfurt am Main Leipzig 1991, all'opera *Salon to Biennial: Exhibitions that made Art History*, Phaidon, London; New York 2008-. La stretta relazione tra la lezione degli anni '60 e '70 e le pratiche artistiche e curatoriali contemporanee *esplodono* nella ricostruzione di *When attitudes become forms* (Berna 1969) a Venezia, Fondazione Prada (2013) per la cura di Germano Celant e con progetto di allestimento di Rem Koolhaas: *When attitudes become form. Bern 1969 / Venice 2013*, Fondazione Prada, Milano 2013.

3. Sul ruolo dell'Institutional Critique cfr. Peltomäki Kirsi, "Affect and Spectatorial Agency: Viewing Institutional Critique in the 1970s", in "Art Journal", Vol. 66, 2007, n. 4, pp. 36-51. Importante è anche il contributo di Buchloh Benjamin H.D., "Conceptual Art 1962-1969: from the Aesthetic of Administration to the Critique of Institution", in *Neo-avantgarde and Culture Industry. Essays on european and american Art from 1955 to 1975*, MIT, Boston 2000, pp. 117-155.

4. Ricordiamo i convegni al Verrucchio (Forlì) dal 1963 al 1969, il convegno *Critica in atto* a Palazzo Taverna a Roma (1972), infine il convegno di Montecatini (1978) *Critica 0*.

5. In Italia dobbiamo segnalare l'attenzione in ambito museologico all'indagine del sociologo francese Pierre Bourdieu che diviene un punto di riferimento all'interno del dibattito sul destino del museo: P. Bourdieu Pierre, Darbel Alain, *L'amour de l'art: les musées et leur public,* Edition de Minuit, Paris 1966, trad. it. *L'amore dell'arte: le leggi della diffusione culturale,* Guaraldi, Rimini 1972. Per quanto riguarda il ripensamento dello statuto della esposizione è sempre dall'area francese che giungeranno le più significative sollecitazioni dopo l'inaugurazione del Centre Pompidou con il ciclo di esposizioni dirette da Pontus Hulten Paris – New York (1977), Paris – Berlin 1900-1933 (1978), Paris 1937 – Paris 1957 (1981).

6. Trimarco Angelo, *La critica d'arte contemporanea: 1970-2000*, in *L'arte del XX secolo, protagonisti, movimenti e tematiche dell'arte dal 1900 ad oggi*, vol. *1969-1999. Neoavanguardie, postmoderno e arte globale*, Skira, Milano 2008, pp. 285-297.

7. Ricordiamo ad esempio Trini Tommaso, "Critica come invenzione. Un incontro", in "Domus", 1968, n. 466, p. 56 sull'incontro tra Boatto, Calvesi, Celant, Menna, Achille B. Oliva e Trini presso la redazione di "Cartabianca"; a questo proposito Belloni Fabio, "Contestazione estetica e azione politica:"Cartabianca" e "Senzamargine"", in "arteideologia" in http://www.arteideologia.it/10-Altre%20storie%20Home/Belloni_Cartabianca_Senzamargine.html, utile anche la prima panoramica offerta da Vettese Angela, "La critica d'arte. I luoghi di un'autoriflessione", in *Arte in Italia. 1960-1980*, Politi, Milano 1988, pp. 23-39.

8. Welchman J. C., (ed.), *Institutional Critique and After*, JRP/Ringier, Zürich 2007.

9. Non possiamo in questa sede analizzare la presenza in Italia degli artisti europei ed americani le cui ricerche si incentrano sull'analisi del rapporto tra opera e cornice, ci limitiamo a segnalare che nel numero 5/6 di "Data" la rivista diretta da Tommaso Trini, si pubblica *Posizione-Proposizione*, un'antologia di scritti di Buren editi in occasione della mostra al museo di Mönchengladbach nel 1971.

10. Trini Tommaso, "Note sullo spettatore", in "Data", 1971, n. 1, pp. 16-17, 81-82.

11. Zanella Francesca, "Forme e metodi di intervento nella città", in Casero C., Di Raddo E. (a cura di), *Anni '70: l'arte dell'impegno*, Silvana Editoriale, Cinisello Balsamo 2009, pp. 69-88.

12. "Archizoom: due allestimenti didattici a Roma e a Firenze", in "Domus", 1970, n. 486, pp. 13-15. Sui riferimenti ideologici del gruppo fiorentino rimandiamo alla monografia di Gargiani Roberto, *Archizoom associati: 1966-1974*, Electa, Milano 2007.

13. Sartogo Piero, "Coordinamento dell'immagine", in *Contemporanea*, catalogo della mostra, Centro Di, Firenze 1973, p. 15. Si veda anche il 'manifesto' elaborato per la Biennale del 1978: Sartogo Piero, "Coordinamento dell'immagine", in *Dalla natura all'arte, dall'arte alla natura*, catalogo generale, La Biennale di Venezia, Venezia 1978, p. 250, I ed., pp. 276-277 della II ed. riveduta e corretta.

14. Zanella Francesca, *Esporsi. Architetti, artisti e critici a confronto in Italia negli anni Settanta*, Scripta, Verona 2012, a cui si rimanda per la bibliografia specifica.

15. Menna Filiberto, La *linea analitica dell'arte moderna: le figure e le icone*, Einaudi, Torino 1975, la citazione è dalla *Prefazione all'edizione PBE*, 1983, p. XVIII.

16. Il primo incontro avviene a Venezia il 4 e il 5 maggio 1979, introdotto dal segretario generale Sisto Dalla Palma che ricopriva anche il ruolo di direttore del settore Arti visive, dopo le dimissioni di Carandente: Relazione del professor Sista Dalla Palma, Incontro dei rappresentanti dei paesi invitati alla Biennale 1980, La Biennale di Venezia, ASAC, Fondo Deposito (d'ora in poi: ASAC, Deposito), b. n. 4199.

17. Ricordiamo che la mostra internazionale del 1972 era intitolata *Opera o comportamento*, nel 1976 il tema era *Ambiente, partecipazioni e strutture sociali*, mentre nel 1978 la mostra storico-critica era intitolata *La natura dell'arte*.

18. "la data del 1968, che assumiamo come una data puramente convenzionale, si riferisce a un momento storico particolare nella lunga vita della Biennale [...] con alcuni gesti particolari, a rivoltare le loro opere contro le pareti di alcuni padiglioni", Relazione del professor Sista Dalla Palma, cit.

19. Relazione del professor Sista Dalla Palma, cit.

20. Il secondo incontro si svolge il 14 e il 15 settembre.

21. Mostra internazionale: Gli artisti degli anni '70, ASAC, Deposito, b. n. 4199.

22. Lettera di Carluccio a Michael Compton, databile post 15 settembre e ante 13 novembre, ASAC, Deposito, b. n. 2941, fasc. Compton Bonito Oliva.

23. Le lettere di incarico del 21 novembre 1979 sono raccolte in ASAC, Deposito, b. n. 2941, fasc. Szeemann Kunz e fasc. Compton Bonito Oliva.

24. Cfr. "Intervista con Harald Szeemann", in "Flash art", 1980, n. 98-99, pp. 5-7.

25. Lettera di Carluccio a Compton cit. nota 22.

26. Fra la documentazione di lavoro raccolta all'ASAC troviamo infatti schemi dei commissari che in parte fanno riferimento alle quattro categorie.

27. Lettera del 29 gennaio 1979 di Carluccio ai commissari "[la mostra] ha un suo specifico aspetto teoricizzante e può quindi avvalersi di opere già realizzate [...] sia e soprattutto perché gli interventi diretti si sviluppano in tempi necessariamente molto stretti (anche in dipendenza dei lavori di allestimento) ed in un clima che quest'anno io temo non sarà, come pur vorrei, meno convulso che nelle precedenti edizioni", ASAC, Deposito, b. n. 2941, fasc. Szeemann Kunz.

28. Szeemann a dicembre dichiara che a fine gennaio porterà a termine il lavoro di selezione iniziato, ribadendo di non volere essere incluso nel comitato, Lettera del 26.1.1980, ASAC, Deposito, b. n. 2941, fasc. Szeemann Kunz. La

documentazione conservata all'ASAC può essere integrata con quella pubblicata nel catalogo delle esposizioni di Szeemann: *Harald Szeemann: with by through because towards despite: Catalogue of all Exhibitions 1957-2005*, ed. by Tobia Bezzola and Roman Kurzmeyer, Voldemeer, Zurich 2007.

29. Nella riunione dell'1 e del 2 dicembre 1979 si elencano: la mostra a Stoccarda appena chiusa – *Forum Junger Kunst 79. Bilder, Zeichnungen, Fotos*, Wurttembergischer Kunstverein 7.11.1979 - 9.12.1979 – una ad Eindhoven per la primavera 1980, una a Gent nel maggio 1980 - *Kunst in Europa na '68*, Museum Van Hedendaagse Kunst, Gand 21.6 – 31.9.1980; per Roma si parla di una esposizione a maggio 1980, *L'arte italiana dal 1967 al 1979* -probabilmente *Linee della ricerca artistica in Italia : 1960-1980*, al Palazzo delle esposizioni a cura di Nello Ponente. A questo elenco in archivio bisogna aggiungere: Flavio Caroli e Giovanni Maria Accame, *Nuova immagine: una generazione (e mezzo) di giovani artisti internazionali*, Milano, Palazzo della Triennale, Galleria del disegno, aprile - luglio 1980, Verbale della riunione dell'1-2 dicembre 1979, ASAC, Deposito, b. n. 2941, fasc. mostra internazionale.

30. Significativo è il diniego da parte di Carluccio alla richiesta di smontare la struttura progettata da Scarpa nel 1968, sia per difficoltà di ordine psicologico che tecnico, ASAC, Deposito, b. n. 2941, fasc. mostra internazionale.

31. ASAC, Deposito, b. n. 2941, fasc. Szeemann Kunz.

32. Verbale della riunione dell'1-2 dicembre 1979, cit.

33. Sulle modalità di lavoro si soffermano i curatori intervistati da Giancarlo Politi per "Flash Art" (1980, n. 98-99), mentre nell'archivio dell'ASAC ritroviamo le schede presentate dai commissari che sembrano rispondere alla ipotesi iniziale di 4 sezioni, Materiali distribuiti nella riunione dell'1 e 2 dicembre 1979, ASAC, Deposito, b. n. 2941.

34. Lettera di Compton a Carluccio del 3 gennaio, ASAC, Deposito, b. n. 2941, fasc. Compton Bonito Oliva.

35. Lettera del 3 gennaio 1980 di Compton a Twombly, ASAC, Deposito, b. n. 2941, fasc. Compton Bonito Oliva.

36. Allegato al verbale della riunione dell'11 e 12 gennaio 1980 è un elenco di 50 artisti: Sieverding, Messager, Oppermann, Graves, Blume Klauke, Hesse, Byars, Thek, Rainer, Boltanski, Acconci, Brus, Polke, McLean, Raetz, Immendorff, Beuys, Jenney, Penck, Martin K., Naumann, Richter, Ryman, Twombly, Warhol, Long, Serra, Andre, Broodthaers, Darboven, Flavin, Judd, LeWitt, De Maria, Martin Agnes, Le Gac, Buren, Penone, Anselmo, Boetti, Paolini, Kounellis, Zorio, Mario e Marisa Merz, Stella, Calzolari, van Elk e Robert Morris, Verbale della riunione dei commissari per la mostra internazionale Venezia 11-12 gennaio 1980 ASAC, Deposito, b. n. 2941, fasc. mostra internazionale. Rispetto alla selezione finale manca Lüpertz e sono in più Andre, Flavin, Stella e van Elk.

37. Verbale della riunione dei commissari per la mostra internazionale Venezia 11-12 gennaio 1980, cit.

38. Telegramma del 18 marzo 1980, ASAC, Deposito, b. n. 2941, fasc. Rapporto Szeemann.

39. Ricordiamo che Carluccio, scrivendo a Compton il 28 gennaio, afferma che il piano della sua sezione dovrebbe essere fattibile lavorando in stretto contatto con l'architetto incaricato dell'allestimento, ASAC, Deposito, b. n. 2941, fasc. Compton Bonito Oliva.

40. La documentazione grafica consultata è quella conservata nel Fondo Dardi conservato all'Archivio Progetti, IUAV, Venezia, d'ora in poi: IUAV, Dardi.

41. Una analisi degli allestimenti progettati per queste mostre in Zanella Francesca, *Esporsi, ...*, cit., inoltre si veda *Costantino Dardi: architetture museali*, a cura di M. Costanzo, V. Giorgi, Electa, Milano 1992.

42. UAV, Dardi, fas/101 Comunicazioni alla stampa.

43. IUAV, Dardi, fas/101 biennale 1976-82, dattiloscritto *Immagini dal pianeta Strindberg, proposte da Francesco Carlo Crispolti.*

44. Intervista, Venezia 3 maggio 1980, IUAV, Dardi, fas/101 biennale 1976-82.

45. Dardi Costantino, "Configurazione degli spazi", in *Dalla natura all'arte, dall'arte alla natura*, catalogo generale, La Biennale di Venezia, Venezia 1978, p. 248, I ed., nella II edizione riveduta e corretta è a p. 274.

46. Bonuomo Michele, "Beuys vs Warhol. La sera andavamo da Lucio Amelio", in *Warhol Beuys. Omaggio a Lucio Amelio*, a cura di M. Buonomo, catalogo della mostra, Mazzotta, Milano, 2007, pp. 15-33.

47. A questo proposito è interessante confrontare il dibattito sulla mostra del 1979 al Guggenheim di Beuys: Buchloh Benjamin B.H., Krauss Rosalind and Michelson Annette, "Joseph Beuys at the Guggenheim", in "October", 1980, Spring, pp. 3-21, e il più recente contributo di Kuspit Donald, "Joseph Beuys: between Showman and Shaman", in *Neo-avantgarde and culture industry ...*, cit., pp. 27-49.

48. A questo proposito sono importanti le interviste raccolte da Giancarlo Politi per "Flash Art" e in particolare *Intervista con Harald Szeemann ...*, cit. Per quanto riguarda il dibattito sull'arte concettuale un contributo importante è B. D. H. Buchloh, *Conceptual art 1962-1969*, cit.

49. Lettera di Compton a Carluccio del 17 marzo con allegata pianta della biennale in cui ha segnato a matita la collocazione degli artisti, ASAC, Deposito, b. n. 2941, fasc. mostra internazionale Sezione I protagonisti Michael Compton, Achille Bonito Oliva.

50. Rimandiamo alla analisi di Arthur Danto sulle Brillo Boxes di Warhol ed in particolare all'analisi della *installazione* realizzata alla Stabel Gallery nel 1964: Danto Arthur C., *Andy Warhol*, Einaudi, Torino 2010, ed. orig 2009, (pp. 63-64).

51. Dal certificato di assicurazione delle Generali ricaviamo che l'ambiente *das Kapital* realizzato a Venezia, assicurato per 700.000 DM, era composto da: 36 lavagne disegnate, 1 vasca di zinco, 2 vasi di gelatina, 1 scala a pioli, 2 scacchiere, 1 lancia, 2 magnetofoni, 1 amplificatore, 1 leggio, 1 micro[fono], 1 cuffia, 2 proiettori 16 mm., 2 supporti per proiettore, 1 supporto, 1 bobina vuota, 2 altoparlanti, 2 annaffiatoi, 10 lavagne non disegnate, 1 pianoforte a coda, ASAC, Deposito, b. n. 4041.

52. Rapporto a Carluccio di Kunz del 20.2.1980: per Beuys bisogna controllare che la luce permetta la proiezione di film, per l'installazione Beuys e l'assistente devono essere a Venezia, ASAC, Deposito, b. n. 2941 fasc. Proposte artisti Martin Kunz.

53. Lettera a Carluccio di Kunz, ASAC, Deposito, b. n. 2941, fasc. Szeemann Kunz.

54. Possiamo assumere la definizione di "Intellectual bricolage" data da Annette Michelson in B. H. D. Buchloh Benjamin H.D., Krauss Rosalind and Michelson Annette, "Joseph Beuys at the Guggenheim ...", cit., p. 10.

55. Kunz Martin, "Conversazione della azione fisica in intensità psichica dell'immagine (nella pittura, nel disegno, o nell'ambiente)", in La Biennale di Venezia. Settore arti visive, *Catalogo generale 1980*, Marsilio, Venezia, 1980, p. 11.

—— 1968 ——

GENNAIO

La Galleria De' Foscherari di Bologna presenta la mostra di Mario Ceroli *L'aria di Daria*, organizzata in collaborazione con la Galleria del Naviglio di Milano. Presentazione di Pietro Bonfiglioli.

La Galleria Jolas di Milano ospita una mostra di Pino Pascali presentata da Cesare Brandi.

Alo Studio Marconi di Milano una personale di Aldo Mondino.

La Galleria Due Mondi di Bologna apre con una mostra di Claudio Cintoli seguita da una mostra di Renato Mambor realizzata in collaborazione con la Galleria La Bertesca di Genova. Presentazione di Marisa Volpi.

Alla Galleria Sperone di Torino una personale di Mario Merz.

Alla Galleria L'Attico di Roma una mostra di Gianni Colombo, in catalogo scritti dell'artista.

FEBBRAIO

Al Palazzo delle Esposizioni di Roma Eliseo Mattiacci, Gino Marotta e Giuseppe Uncini espongono con altri artisti alla *VI Biennale di Roma e del Lazio*.

Alla Galleria L'Attico di Roma una mostra di Michelangelo Pistoletto introdotta da Giulio Carlo Argan.

A Tricarico (MT) la mostra fotografica di Mario Cresci *Tricarico, passato e presente*.

Alla Galleria De' Foscherari di Bologna *Arte povera*, organizzata da Germano Celant. In mostra opere di Anselmo, Boetti, Ceroli, Fabro, Merz, Paolini, Pascali, Piacentino, Pistoletto, Prini e Zorio; in catalogo testi di Barilli, Bonfiglioli e Celant.

MARZO

Alla Galleria L'Attico a Roma una personale di Pino Pascali.

Alla Galleria Jolas di Milano una mostra di Jannis Kounellis.

Al centro di documentazione Arti Visive di Piacenza Franco Vaccari presenta *Scultura buia*.

Mostra *Il percorso* alla Galleria Arco d'Alibert a Roma con opere di Anselmo, Boetti, Merz, Nespolo, Paolini, Piacentino, Pistoletto e Zorio.

Alla Galleria L'Attico di Roma, Pino Pascali espone *Bachi da setola ed altri lavori in corso*.

APRILE

A Roma la mostra *I Materiali* alla Galleria Qui Arte Contemporanea. Espongono Claudio Cintoli, Laura Grisi, Jannis Kounellis, Sergio Lombardo, Mario Merz e Maurizio Mochetti. Successivamente si apre nella stessa galleria una mostra curata da Marisa Volpi che raccoglie lavori di artisti di diverse aree geografiche: Luciano Fabro per Milano, Giulio Paolini per Torino, e Jannis Kounellis per Roma. Al termine della mostra ha luogo un incontro con gli artisti e Alberto Boatto, Maurizio Calvesi e Giovanni Carandente.

Alla Galleria Schwarz di Milano mostra di Gianfranco Baruchello. In catalogo un'intervista con l'artista.

Alla Galleria L'Attico di Roma una mostra di Luca Patella. In catalogo una *Dichiarazione estetico-pratica* dell'artista.

MAGGIO

Allo Studio Marconi di Milano una mostra personale di Lucio Del Pezzo.

Il Teatro delle mostre, a Roma, alla Galleria La Tartaruga. Una mostra organizzata da Plinio De Martiis che invita gli artisti a presentare azioni continue e ininterrotte per tutta la durata della manifestazione. Gli interventi sono raccolti in un volume curato da Maurizio Calvesi con schede di Achille Bonito Oliva. Tra gli artisti che aderiscono alla manifestazione Balestrini, Boetti, Bussotti, Calzolari, Ceroli, Fioroni, Grisi, Icaro, Marotta, Paolini, Prini e Tacchi.

A Palermo la mostra *Nuova presenza* curata da Bonito Oliva, Carbone e Roe, in cui espongono Alviani, Biasi, Carbone, Ceroli, Lombardo, Marotta, Paolini, Parmiggiani, Titone.

A Milano l'XIV Triennale diretta da Giancarlo De Carlo e dedicata a *Il grande numero* viene occupata e danneggiata durante l'inaugurazione e la sua apertura viene quindi posticipata di un mese.

GIUGNO

La *XXXIV Biennale d'Arte* a Venezia, dal 22 giugno al 30 settembre. Tra i lavori presenti vi sono quelli di Adami, Arman, Johns, Donald Judd, Yves Kline, Leonardi, Novelli, Pascali, Perilli, Rauschenberg e Warhol. I premi sono vinti da Gianni Colombo, Horst Janssen, Pino Pascali, Riley e Schoffer. La rassegna è caratterizzata da un'azione di protesta studentesca cui aderiscono tra gli altri Emilio Vedova con Novelli e Pistoletto che ritirano il proprio lavoro.

LUGLIO

Alla Galleria La Salita di Roma la mostra *Un'analisi mentale dell'esperienza visiva* curata da Marisa Volpi con opere di Burri, Fabro, Fontana, Hafif, Klein, Lo Savio, Lombardo, Manzoni, Mochetti.

OTTOBRE

Nell'ambito della III Rassegna di Arti Figurative organizzata da Marcello Rumma negli antichi Arsenali di Amalfi si tiene la mostra *Arte povera - Più Azioni Povere*, curata da Germano Celant. La manifestazione si articola in tre diverse sezioni: *Arte povera* che raccoglie le opere di Boettti, Fabro, Anselmo, Merz, Paolini, Piacentino, Pistoletto, Zorio; *Azioni povere* con lavori sul territorio di Boetti, Dibbets, Icaro, Lista, Long, Marotta, Martelli, Van Elk; *Azioni di gruppo* di cui è protagonista Pistoletto che con il suo gruppo teatrale *I guitti dello Zoo* (con Colnaghi, Maria, Martin Ableo) inscena *L'uomo ammaestrato*. La manifestazione si chiude con un dibattito sul tema *L'arte povera - le azioni povere - la critica repressiva - la profezia di una società estetica* in cui intervengono: Accame, Bartolucci, Boarini, Bonfiglioli, Bonito Oliva, Celant, Dorfles, Gilardi, Martin, Menna, Palazzoli, Pozzati, Trimarco, Trini. Al termine della mostra viene redatto un catalogo (*Arte povera più azioni povere*, a cura di Celant, Rumma editore, maggio 1969) che raccoglie le opere, gli interventi degli artisti e il dibattito tra i critici.

Alla Galleria Nazionale d'Arte Moderna di Roma Giuseppe Uncini realizza *Parete porta + ombra*, una grande ambientazione in ferro tubolare.

La Galleria L'Attico di Roma apre lo spazio a un lavoro di Luca Patella dal titolo *Stare al bar, Piove e Camminare* che si avvale della proiezione di diapositive, film e performance.

NOVEMBRE

Personale di Richard Hamilton alla Galleria Marconi di Milano.

Al Salone dell'Annunciata di Milano Marisa Vescovo presenta una mostra di Sergio Lombardo.

Alla Galleria Stein di Torino mostra di Giuseppe Uncini.

Marisa Volpi presenta alla Galleria Qui Arte Contemporanea di Roma la mostra *Oltre la geometria* con opere di Carlo Battaglia e Nicola Carrino.

DICEMBRE

Allo Studio Marconi di Milano Mario Schifano presenta la mostra *Compagni Compagni*.

Al Piccolo Teatro di Milano Paolo Scheggi presenta *Interventi Plastico Visuali*.

Alla Galleria Nazionale d'Arte Moderna di Roma si apre la mostra *Cento opere d'arte italiana dal futurismo ad oggi*, curata da Palma Bucarelli. Tra gli artisti presenti Enrico Castellani, Gianni Colombo, Luciano Fabro, Jannis Kounellis, Francesco Lo Savio, Piero Manzoni, Mario Schifano, Sergio Lombardo, Maurizio Mochetti.

—— 1969 ——

GENNAIO

Allo Studio Marconi di Milano mostra di Mario Schifano.

Al Museo Civico di Bologna Franco Vaccari presenta *Esposizione in tempo reale n. 1*.

Mostra di Giuseppe Uncini al Salone Annunciata di Milano.

Jannis Kounellis nella mostra personale *Cavalli* alla Galleria L'Attico di Roma espone 12 cavalli vivi.

FEBBRAIO

Mario Merz espone alla Galleria L'Attico di Roma.

Alla Galleria De Nieubourg di Milano una mostra di Giulio Paolini.

MARZO

Lo Studio Marconi di Milano ospita una mostra di Antonio Dias dal titolo *Anywhere is my land*.

Luciano Fabro espone alla Galleria La Salita di Genova opere dal 1967 al 1969 in una mostra intitolata *Quid nihil nisi minus*.

Alla Galleria Il Diaframma di Milano una mostra di Mario Cresci.

La Galleria L'Attico di Roma ospita una mostra di Claudio Cintoli dal titolo *Annodare*.

APRILE

Luciano Fabro espone alla Galleria De Nieubourg di Milano.

La Galleria Qui Arte Contemporanea di Roma ospita la mostra *I materiali*, curata da Marisa Volpi, con opere di Claudio Cintoli, Jannis Kounellis, Sergio Lombardo, Eliseo Mattiacci, Maurizio Mochetti.

MAGGIO

Luciano Fabro espone alla Galleria Vismara di Milano.

Alla Galleria L'Attico di Roma Luca Patella presenta la mostra *Sfere naturali*.

Alla Galleria La Salita di Roma mostra di Sergio Lombardo dal titolo *Sfera con sirena*.

Mostra di Pino Pascali alla Galleria Nazionale d'Arte Moderna di Roma, con una presentazione di Palma Bucarelli.

GIUGNO

Una mostra di Dennis Oppenheim alla Galleria Françoise Lambert di Milano.

LUGLIO

Al Palazzo Scolastico Gabrielli di San Benedetto del Tronto la mostra *Al di là della pittura - VII Biennale d'Arte Contemporanea di San Benedetto del Tronto*. Espongono, tra gli altri, Mario Ceroli, Jannis Kounellis, Gino Marotta, Luca Patella, Gianfranco Baruchello, Fabio Mauri. In catalogo testi di Gillo Dorfles, Filiberto Menna e Alberto Boatto.

A Caorle, in provincia di Venezia, la mostra *Nuove tecniche, nuovi materiali*, a cura di Mallé, Marussi, Emiliani, Fronzoni, Passoni, con opere, tra le altre, di Eliseo Mattiacci, Gino Marotta, Giuseppe Uncini.

SETTEMBRE

Luciano Anceschi organizza a San Marino *Colloquio Internazionale di Estetica* durante il quale Renato Barilli conia il termine "comportamento" per designare l'opera degli artisti contemporanei.

Luciano Caramel organizza a Como la manifestazione *Campo urbano*: una serie di interventi artistici sul territorio raccolti in una pubblicazione con fotografie documentarie di Ugo Mulas e progetto grafico di Bruno Munari. Gli artisti che nell'arco di una giornata si susseguono nelle azioni per le vie della città sono Ico Parisi e Francesco Somaini, il gruppo Art Terminal (Bento, Bonfà, Dazzi, Dias, Maestri, Marrocco, Marzot, Simonetti, Trini), Munari, Fabro, Varisco, Bernardinone, Paolini, La Pietra, Chiari, Alpini, Boriani, Colombo, De Vecchi, Scheggi, Sacchi, Vicini e Bianchi.

OTTOBRE

I Rassegna Biennale delle Gallerie di Tendenza italiane nella Galleria della Sala Comunale di Cultura di Modena. Tra gli altri espongono Franco Angeli, Mario Ceroli, Gianfranco Baruchello, Giosetta Fioroni e Giuseppe Uncini.

Alla Galleria Toselli di Milano la collettiva *Sentenza 1*, con opere tra gli altri di Yves Klein.

NOVEMBRE

Alla Galleria Christian Stein di Torino mostra personale di Claudio Parmiggiani presentata da Renato Barilli e Paolo Fossati.

Maschere, una mostra di Franco Vaccari alla Galleria Civica di Varese.

Alla Galleria Françoise Lambert di Milano una mostra di Richard Long.

La Galleria L'Attico di Roma presenta una mostra personale di Gino De Dominicis.

DICEMBRE

La Galleria Blu di Milano ospita una mostra personale di Yves Klein, *Le Monochrome*, presentata da Pierre Restany e Dino Buzzati.

Allo Studio Marconi di Milano una personale di Lucio Del Pezzo, *Sagittarius*, seguita da una mostra di Richard Hamilton, *Cosmetic studies*.

Alla Galleria Françoise Lambert di Milano una mostra di Robert Ryman.

Una mostra di Giuseppe Penone alla Galleria Sperone di Torino.

La Galleria L'Attico di Roma presenta una mostra di Claudio Cintoli dal titolo *Colare Colore*.

––––– 1970 –––––

GENNAIO

Si apre al Museo Civico di Bologna la mostra *Gennaio 70. Comportamenti. Progetti. Mediazioni. 3° Biennale Internazionale della giovane pittura*, curata da Renato

Barilli, Maurizio Calvesi, Andrea Emiliani e Tommaso Trini. La mostra si avvale dei liberi interventi nello spazio realizzati da artisti che utilizzano materiali diversi e extraartistci; partecipano Anselmo, Bendini, Boetti, Bonfà, Calzolari, Ceroli, Cintoli, Colombo, De Dominicis, Del Franco, Del Pezzo, De Valle, Dias, Fabro, Gajani, Kounellis, Marotta, Marzot, Mattiacci, Marisa Merz, Mario Merz, Mochetti, Nanni, Nespolo, G. Paolini, Patella, Penone, Pistoletto, Pozzati, Prini, Ruffi, Simonetti, Uncini, Zorio.

Una sezione speciale è dedicata al Video-recording: vengono proiettati lavori registrati su disco da alcuni artisti, tra i quali Anselmo, Boetti, Calzolari, Ceroli, Colombo, De Dominicis, Cintoli, Fabro, Mattiacci, Marisa Merz, Mario Merz, Kounellis, Patella, Penone, Pistoletto, Prini, Simonetti, Zorio. Nel corso della mostra vengono anche proiettati film di Luca Patella, Gerry Schum, Beuys, Degli Espinosa. La mostra è documentata da un catalogo che raccoglie gli interventi degli artisti invitati ad organizzare liberamente il proprio spazio.

Alla Rotonda della Besana di Milano una mostra personale di Carlo Corsi.

Alla Galleria Blu di Milano mostra personale di Piero Manzoni con opere eseguite tra il 1957 e il 1963. Presentazione di Daniela Palazzoli.

Una mostra di Luigi Ontani alla Galleria S. Fedele di Milano.

FEBBRAIO

Allo Studio Marconi di Milano mostra personale di Emilio Tadini dal titolo *Color & Co.*

Jan Dibbets alla Galleria Françoise Lambert di Milano.

A Milano alla Galleria Toselli la mostra *Ugo La Pietra. Il sistema disequilibrante.*

MARZO

Lo Studio Marconi a Milano ospita una mostra di Gianfranco Pardi, *Giardini Pensili*, cui fa seguito una personale di Rodolfo Aricò.

Alla Galleria L'Ariete a Milano *Michelangelo Pistoletto. Tutte le donne...*

APRILE

Alla Galleria del Cavallino di Venezia mostra personale di Germano Olivotto con ambienti realizzati con la luce neon.

Achille Bonito Oliva presenta a Palazzo Ricci a Montepulciano la mostra *Amore mio*. Espongono tra gli altri Ceroli, De Vecchi, Colombo, Fabro, Kounellis, Marotta, Merz, Nanni, Nannucci, Pistoletto.

MAGGIO

Eurodomus 3. Telemuseo, curata da Tommaso Trini e organizzata dalla rivista Domus, al Palazzo dell'Arte sede della Triennale di Milano.

GIUGNO

Si apre la mostra *Pittura '70. L'immagine attiva* alla Casa del Mantegna a Mantova. Sono esposte opere, tra gli altri, di Gustavo Bonora, Claudio Olivieri, Mario Raciti, Valentino Vago. Testi di Francesco Bartoli, Renzo Beltrame, Vittorio Fagone.

Alla Galleria Civica d'Arte Moderna di Torino la mostra *Conceptual art - Arte povera - Land art*, a cura di Celant, Lippard, Passoni. Tra gli artisti italiani partecipanti vi sono Manzoni, Merz, Paolini.

XXXV Biennale Internazionale d'Arte di Venezia diretta da Umbro Apollonio (direttore) e Luciano Caramel (coadiutore). Nel Padiglione italiano sono presenti, tra gli altri, Nicola Carrino, Sergio Lombardo, Maurizio Mocchetti, Giulio Paolini, Claudio Verna. Nel padiglione centrale *Proposte per un'esposizione sperimentale*, a cura di Apollonio, Caramel, Mahlow.

OTTOBRE

Lo Studio Marconi di Milano ospita una personale di Gianni Colombo che interviene nello spazio realizzando *Campo praticabile*.

La Galleria Françoise Lambert di Milano ospita una personale di Mario Merz.

Alla Galleria Toselli a Milano una mostra di Giovanni Anselmo.

Franco Vaccari espone alla Galleria Blu di Milano; in catalogo un testo di Gillo Dorfles.

Alla Galleria d'Arte Moderna di Roma Luca Patella presenta *Reportage marziano*.

In occasione della manifestazione *Arte e Critica 70, Segnalazioni* Claudio Parmiggiani e Mario Diacono curano al Palazzo dei Musei di Modena la mostra *Delocazione*.

NOVEMBRE

Si apre al Palazzo delle Esposizioni di Roma la mostra *Vitalità del negativo nell'arte italiana 1960-70* a cura di Achille Bonito Oliva. In mostra sono presenti, tra gli altri, Agnetti, Anselmo, Boetti, Boriani, Ceroli, Colombo, Fabro, Manzoni, Marotta, Mattiacci, Merz, Paolini, Pascali, Pisani, Pistoletto, Rotella, Uncini, Zorio.

In occasione del primo decennale della nascita del movimento Pierre Restany cura la mostra *Nouveau Réalisme 1960-70* allestita alla Rotonda della Besana di Milano, con installazioni in vari luoghi della città (Galleria Vittorio Emanuele II, piazza Duomo, via Marco Formentini).

Alla Galleria Toselli di Milano una personale di Gino De Dominicis.

DICEMBRE

Allo Studio Marconi la mostra di Mario Schifano *Paesaggio TV*.

—— 1971 ——

GENNAIO

Giulio Paolini presenta alla Galleria Ariete di Milano la mostra *Un Quadro* che nel mese di marzo viene portata alla Galleria La Salita di Roma.

Alla Rotonda della Besana una mostra di Gino Meloni.

Una mostra di Maurizio Mochetti alla Galleria L'Attico di Roma.

FEBBRAIO

Alla Galleria La Bertesca di Genova *Un libro, il lato letterario del quadro*, personale di Michelangelo Pistoletto.

Presso il centro di ricerche audiovisuali La Cappella e il centro culturale di fotografia Gamma di Trieste è inaugurata una mostra dedicata alla *Fotografia creativa* con fotografie, film e fotomontaggi di Boetti, Penone, Pistoletto, Prini, Rauschenberg, Warhol, Dibbets, Long, Haacke, Heizer, Oppenheim, Smithson.

Alla Galleria L'Attico di Roma, Videogalerie, mostra di Gerry Schum dal titolo *Identification*.

Mostra di Jannis Kounellis alla Galleria Sperone di Torino.

MARZO

Alla Galleria Schwarz di Milano la mostra personale di John Cage.

Luciano Fabro espone alla Galleria Borgogna di Milano.

Alla Galleria Fiori di Firenze *Le tracce* mostra di Franco Vaccari.

APRILE

Presso gli Studi Cinematografici Sala Palatino di Roma Fabio Mauri realizza l'azione *Qu'est-ce que le fascisme?*

La Galleria L'Attico di Roma presenta l'opera *D'io* di Gino De Dominicis.

A Benevento, presso l'Ufficio del Turismo, Mimmo Paladino espone per la prima volta in una personale.

Una mostra di Giorgio Morandi alla Rotonda della Besana a Milano.

La Galleria Schwarz di Milano presenta una mostra di Alik Cavaliere.

La Galleria La Salita di Roma ospita la prima personale di Sandro Chia *L'ombra e il suo doppio.*

Alla Galleria Apollinaire di Milano la mostra di Luca Patella *I muri parlanti.*

A Napoli, presso la Modern Art Agency, Vettor Pisani espone in una personale il lavoro fotografico *Le quattro dita amputate di Meret Oppenheim* che ripropone alla Galleria La Salita di Roma in giugno in occasione della mostra *Plagio* con Michelangelo Pistoletto.

La Galleria Sperone di Torino presenta per la prima volta in Italia una esposizione personale del gruppo Art and Language Presse.

Alla Galleria Blu di Milano si svolge la mostra *Arte e decultura, una teoria sul kitsch* organizzata da Daniela Palazzoli con opere di Dalì, Duchamp, Johns, Klein, Magritte, Manzoni, Oldenburg, Picabia, Man Ray, Warhol.

La Galleria Diagramma di Milano apre la sua prima sala di proiezione di bande magnetoscopiche presentando *Videosaletta*, una serie di interviste a giornalisti, critici e artisti realizzate dallo Studio 970/2 di Luciano Giaccari e Maud.

Alla Rotonda della Besana di Milano mostra e performance di Allan Kaprow, documentate in un video dello Studio 970/2 di Giaccari e Maud.

A Como, a Villa Olmo, Paolo Fossati presenta la mostra *L'azione concreta*, con Gastini, Griffa, Nannucci, Parmiggiani.

Si apre a Milano la mostra *Arte Concettuale* curata da Daniel Templon.

La Galleria Sperone di Torino presenta la prima mostra personale di Joseph Kosuth, che sarà ospitato in novembre dalla Galleria Toselli di Milano.

A Parma la mostra *New Photography U.S.A*, curata da Arturo Carlo Quintavalle, John Szarkowski e Massimo Mussini.

La Modern Art Agency di Napoli presenta per la prima volta in Italia una personale di Joseph Beuys.

A Palazzo Taverna a Roma, per gli Incontri Internazionali d'Arte, Bonito Oliva organizza una mostra-azione dal titolo *Informazioni sulla presenza italiana*. Nell'ambito degli stessi incontri Giuseppe Penone presenta l'opera *Rovesciare i propri occhi.*

Il Festival dei Due Mondi di Spoleto presenta numerosi film d'artista. Tra gli italiani sono presenti Castagnoli, Chiari, De Dominicis, Fabro, Mattiacci, Merz, Ontani, Pascali, Patella, Piacentini, Pisani, Pistoletto e Sesterzi.

—— 1972 ——

La Galleria Françoise Lambert di Milano presenta per la prima volta in Italia l'opera di Hans Haacke.

La Galleria Notizie di Torino ospita una mostra di Giulio Paolini.

Nella Sala delle Cariatidi di Palazzo Reale a Milano si apre la mostra *Progetto, intervento e verifica. Sculture di Carrino, Pardi, Spagnulo e Uncini*, a cura di Roberto Sanesi.

FEBBRAIO

Maria Colao inaugura la Galleria Primo Piano a Roma, con opere di Accardi, Carrino, Consagra, Corpora, Cotani, Dorazio, Fumelli, Guerrini, Libertucci, Lorenzetti, Molli, Morales, Moriconi, Novak, Perilli, Santoro, Sartoris, Turcato.

Alla Galleria L'Ariete di Milano una personale di Enrico Castellani.

MARZO

Si svolgono a Roma, presso Palazzo Taverna, una serie di incontri organizzati dal Centro d'Informazione Alternativa, Incontri Internazionali d'Arte, curati da Achille Bonito Oliva e coordinati da Bruno Corà, dal titolo *Critica in atto*: Alberto Boatto, *...Un Hercule sans emploi*; Luciano Caramel, *Sul "cosa fare"*; Mario Diacono, *Annullato*; Germano Celant, *Information, documentation, archives*; Renato Barilli, *un Amore mio*; H. M. McLuhan, *Trattamento caldo di una teoria del freddo*; Marisa Volpi, *Arte e anarchia*; Giuseppe Gatt, *Documenti*; Rubiu, *Senza titolo*; Filiberto Menna, *Analisi delle proposizioni concettuali*; Maurizio Calvesi, *Dialettica dell'immortalità*; Daniala Palazzoli, *Arte e decultura*; Italo Tommassoni, *Un'ipotesi sull'arte concettuale*; Paolo Fossati, *L'azione concreta*; Tommaso Trini, *Come non deragliare parlando di Alighiero Boetti*; Catherine Millet, *Presentation de l'Art Language Institute*; Jean-Marc Painsot, *Mail Art*; Francois Pluchart, *Nécessité critique de l'oeuvre d'art*; Michel Claura, *La critique et la foi*; Klaus Honnef, *Ohne Titel*; Achille Bonito Oliva, *La citazione deviata*.

APRILE

Alla Galleria Marlborough di Roma si apre una mostra dedicata all'*American Action Painting*.

Una mostra di Giulio Paolini alla Galleria Françoise Lambert di Milano.

A Torino, alla Galleria d'Arte Martano, una mostra di Vincenzo Agnetti.

Nella sede de La Cappella Underground di Trieste la mostra *Per pura pittura*, curata da Gianni Contessi.

MAGGIO

Alla Galleria Schema di Firenze si tiene una mostra di Joseph Beuys dal titolo *Eurasienstab* e successivamente la personale di Vincenzo Agnetti *14 proposizioni*.

GIUGNO

Si svolge la XXXVI edizione della Biennale Internazionale d'Arte di Venezia. Il sottocomitato è rappresentato da Valsecchi, Arcangeli, Cascella, Ghermandi, Marchiori, Penelope, Reggiani. Le sezioni della mostra sono: *Aspetti della scultura italiana contemporanea*, curata da Giovanni Carandente, Andrea Cascella, Quinto Ghermandi, Giuseppe Marchiori; *Il libro come luogo di ricerca*, curata da Daniela Palazzoli e Renato Barilli; *Videonastri*, curata da Gerry Schum; *Pérsona 2*, curata da Achille Bonito Oliva; *Grafica sperimentale per la stampa*, curata da Erberto Carboni, Leo Lionni, Albe Steiner. La rappresentativa italiana, curata da Francesco Arcangeli, Renato Barilli e Marco Valsecchi, è incentrata sul tema *Opera e Comportamento* e comprende opere di Guerreschi, Mandelli, Moreni, Morlotti, Turcato, Bendini, De Dominicis, Fabro, Merz, Olivotto, Vaccari.

Alla Galleria L'Attico di Roma, nel garage in via Cesare Beccaria, si tiene il Festival di musica e danza, con la presenza di Philip Glass, Trisha Brown, Simone Forti, Joan Jonas, Charlemagne Palestine e di altri musicisti e performers delle nuove tendenze internazionali.

A Spoleto, San Nicolò, la mostra *420 West Broadway at Spoleto Festival*, coordinata dalla Galleria Sperone e organizzata da Castelli, Emmerich, Sonnabend, Weber. Nella stessa occasione Bruno Corà presenta, nell'ambito degli Incontri Internazionali d'Arte di Roma *Filmperformances*.

La Galleria L'Uomo e l'Arte di Milano presenta la mostra *I denti del drago. Le trasformazioni della pagina e del libro*, a cura di Daniela Palazzoli, prima mostra italiana dedicata al libro d'artista. Partecipano alla mostra Agnetti, Baruchello, Costa, Parmiggiani, La Rocca, Diacono, Vaccari, Isgrò, Bentivoglio, Manzoni, Munari, Nespolo, Spatola.

Luciano Giaccari, in collaborazione con la Galleria Cavallino, realizza a Venezia l'esposizione su bande magnetoscopiche *TV out 1* presentata su un circuito televisivo nella Calle di Frezzerie.

Nel Salone dei Contrafforti in Pilotta a Parma una mostra di Dorothea Lange.

LUGLIO

A Volterra *Sculture in città*, una serie di "sculture-intervento" di Mauro Staccioli a cura di Enrico Crispolti.

SETTEMBRE

Si apre nel Palazzo Comunale di Acireale la mostra *Circuito chiuso - aperto* organizzata da Mussa e Crispolti. Sono presenti Agnetti, Colombo, Minkoff, Cintoli, Patella.

OTTOBRE

Alla Galleria L'Attico di Roma si svolge la prima mostra romana di Gilbert & George.

Mostra di Fabio Mauri alla Galleria Barozzi di Venezia con la performance *Ebrea*.

NOVEMBRE

A Palazzo Taverna a Roma, nell'ambito degli Incontri Internazionali d'Arte, si svolgono le performance di Jannis Kounellis e Gino De Dominicis.

Si apre a Roma, presso il Palazzo delle Esposizioni la prima sezione della Quadriennale Nazionale d'Arte dedicata agli *Aspetti dell'arte figurativa contemporanea*.

Alla Galleria Toselli di Milano una perfomance di Dan Graham, documentata da un video di Giaccari.

Michele Zaza alla Galleria Il Diagramma di Milano.

Alla Galleria L'uomo e l'Arte di Milano una mostra di Mario Schifano.

Agli Incontri Internazionali d'Arte di Roma *Roma Mappa 72*.

DICEMBRE

La Galleria Schwarz di Milano presenta una mostra di Marcel Duchamp.

Alla Galleria L'Attico di Roma prima mostra personale di Vito Acconci.

Alla Galleria Toselli di Milano *Boetti, Fabro, Merz, Paolini, Salvo*.

—— 1973 ——

GENNAIO

Alla Galleria Civica d'Arte Moderna di Torino si apre la mostra *Scrittura visuale in Italia 1912-1972*, una panoramica dalle avanguardie ad oggi, a cura di Ballerini.

La Galleria Toselli di Milano presenta una mostra di Mel Bochner.

Alla Galleria Françoise Lambert di Milano la mostra *Record as Artwork*, curata da Germano Celant.

FEBBRAIO

Inaugura a Roma al Palazzo delle Esposizioni la seconda sezione della X Quadriennale Nazionale d'Arte, coordinata da Nello Ponente; l'esposizione è dedicata alle *Situazioni dell'arte non figurativa*.

Alla Galleria Civica d'Arte Moderna di Torino si apre una vasta mostra internazionale a cura di Daniela Palazzoli, Luigi Carluccio, Luigi Mallé dedicata alla fotografia dal titolo *L'arte nella fotografia. Combattimento per un'immagine*. Tra gli artisti italiani presenti Carena, Festa, Fioroni, Fogliati, Gruppo Fluxus, Mulas, Paolini, Parmiggiani, Penone, Pistoletto, Prini.

Alla Galleria Toselli di Milano una mostra di Remo Salvadori, cui segue una personale di Giulio Paolini.

MARZO

La Galleria Forma di Genova ospita una mostra, curata da Germano Celant, sul tema *Il disco come opera d'arte*. La prima edizione raccoglie i lavori degli italiani Anselmi, Chia, Dias, De Filippi, Notargiacomo.

È presente per la prima volta in Italia Donald Judd, ospite a Roma della Galleria Sperone e Fisher.

Alla Galleria Vinciana di Milano si apre la personale di Rodolfo Aricò con l'esposizione di pitture-oggetto.

APRILE

Gino De Dominicis espone nella Galleria di Lucio Amelio a Napoli.

Inaugura una mostra degli ultimi lavori di Mario Nigro presso lo Studio Maddalena Carioni di Milano.

Luciano Fabro espone alla Galleria Borgogna di Milano.

La Galleria Il Segno a Roma presenta la mostra *Crisalide* di Claudio Cintoli a cura di Arterper.

Al Centro Comunitario di Brera a Milano si svolge la mostra *Arte come arte* dedicata alla pittura americana del dopoguerra.

La Galleria Studio la Città di Verona ospita la mostra *Iononrappresentonullaiodipingo* curata da Maurizio Fagiolo dell'Arco.

Alla Casa di cultura di Livorno *Tempi di percezione*, una mostra di Luigi Lambertini e Lara Vinca Masini.

Germano Celant cura la mostra *Arte come arte* al Centro comunitario di Brera.

MAGGIO

Nell'ambito della X Quadriennale, si apre a Palazzo delle Esposizioni a Roma la rassegna *La ricerca estetica dal 1960 al 1970*. La mostra, curata da Filiberto Menna, è suddivisa nei settori: *Coinvolgimento dello spazio-ambiente, Analisi dello spazio fenomenico, Allargamento dell'esperienza e proposta di modelli alternativi*.

John Baldessari espone per la prima volta in Italia i suoi lavori in una personale alla Galleria Schema di Firenze.

Alla Rotonda della Besana di Milano la mostra *Christo: Valley Curtain 1970-1972*.

La prima personale italiana di Richard Tuttle è presente alla Galleria Françoise Lambert di Milano.

Nella sede dell'Istituto di Storia dell'Arte dell'Università di Parma la mostra *Ugo Mulas. Immagini e testi*, a cura di Quintavalle.

GIUGNO

Alla Galleria L'Attico di Roma Sol LeWitt, *Wall drawings. Drawings and Structures*, con disegni su tre pareti della galleria e sculture minimali.

Michelangelo Pistoletto alla Galleria L'Ariete di Milano.

A Roma, alla Galleria Editalia *Glossario*, una mostra di Marisa Volpi Orlandini.

Alla Galleria Toselli una mostra di Alighiero Boetti.

Si apre a Volterra la mostra *Volterra 73. Interventi nella città* organizzata da Enrico Crispolti alla quale partecipano, tra gli altri, Gastini, Nagasawa, Paradiso, Pardi, Staccioli.

Al Museo Civico di Bassano del Grappa la mostra *Fare pittura*.

Inaugura nel Palazzo Comunale di Acireale la mostra *La riflessione sulla pittura*, curata da Italo Mussa e introdotta da Filiberto Menna, Italo Mussa e Tommaso Trini. Tra i pittori italiani invitati vi sono Battaglia, Cotani, Esposito, Griffa, Gastini, Morales, Nigro, Palermo, Pozzi, Vago, Verna.

A Milano apre la XV Triennale, cinquant'anni dopo la prima edizione.

Alla Galleria Toselli una mostra di Michael Asher.

Al Palazzo dei Diamanti di Ferrara la mostra *Un futuro possibile: nuova pittura*, a cura di Giorgio Cortenova.

A Milano espongono per la prima volta in Italia Niele Toroni alla Galleria Françoise Lambert e Maria Nordman alla Galleria Toselli.

Alla Galleria L'Attico di Roma la mostra di Marcel Duchamp *Porta. 11, rue Larrey*.

Si apre a Roma nel Parcheggio di Villa Borghese l'esposizione *Contemporanea* organizzata dagli Incontri Internazionali d'Arte. La sezione artistica è curata da Bonito Oliva, quella teatrale da Bartolucci, quella cinematografica da Bertetto, di architettura da Mendini, di fotografia da Palazzoli, di musica e danza da Sargentini, di libri e dischi d'artista da Lambert e Claura, di poesia visiva e concrea da Diacono e

quella di informazione alternativa da Corà, Gervasio e Medori.

Allo Studio Marconi di Milano una mostra di Giulio Paolini.

La Galleria Sperone di Torino presenta una mostra di Carl Andre.

A Parma, nel Salone dei Contrafforti in Pilotta la mostra *La tana del lupo*.

—— 1974 ——

Viene inaugurata alla Permanente di Milano la XXXIII Biennale Nazionale d'Arte della Città di Milano dal titolo *Presenze e tendenze nella giovane arte italiana*. L'esposizione è curata da Vittorio Fagone.

La Galleria Seconda Scala di Roma ospita una mostra personale di Vincenzo Agnetti.

La Galleria Blu di Milano presenta la mostra *Utopia rivisitata*, a cura di Rita Cirio e Pietro Favari.

Si apre a Como nel Centro Serre Ratti la mostra *Sull'opera come campo*, a cura di Luciano Caramel, poi trasferita in aprile all'Accademia di Belle Arti di Carrara. Espongono Apollonio, Bonalumi, Colombo, Cusamano, Dadamaino, Frascà, Gauschioz, Glatfelder, Letho, Mills, Minoli, Morandini, Morellet, Rossi, Rizzato, Sabbatini, Tornquinst.

Si svolge a Roma la mostra *Incontri video '74* organizzata da Achille Bonito Oliva e Graziella Lonardi per Incontri Internazionale d'Arte.

A Napoli una personale di Luigi Ontani alla Galleria Modern Art Agency.

Alla Galleria Forma di Genova la mostra *Idem IV* di Giulio Paolini.

APRILE

Alla Galleria Milano la mostra *Enzo Mari. Proposte per un'autoprogettazione.*

MAGGIO

Al Centro Internazionale di Brera a Milano *Nuovi media: film e videotape*, a cura di Germano Celant e Daniela Palazzoli.

GIUGNO

Alla Rotonda della Besana di Milano una mostra di Arnaldo Pomodoro.

LUGLIO

Inaugura alla Galleria Forma di Genova una mostra di Anne e Patrick Poirier.

SETTEMBRE

Alla Rotonda della Besana di Milano la mostra *Iperrealisti americani realisti europei.*

OTTOBRE

A Milano apre la Galleria Salvatore Ala con la prima mostra personale italiana di Joel Shapiro.

Allo Studio Marconi di Milano inaugura la mostra *La ripetizione differente* curata da Renato Barilli.

Lo Studio Cannaviello inaugura la sua attività a Roma con la mostra *Narrative Art*, a cura di Filiberto Menna. Espongono Askevold, Badura, Baldessari, Bay, Beckley, Boltanski, Cumming, Gerz, Huitchinson, Le Gac, Vaccari, Wegman, Welch.

NOVEMBRE

A Palazzo Reale a Milano apre la mostra *La ricerca dell'identità*, a cura di Bruno.

Apre a Genova la Galleria Samangallery con la presentazione per la prima volta in Italia di artisti come Brenda Miller, Jennifer Bartlett e Phil Steinmetz.

DICEMBRE

Viene inaugurato a Livorno il Museo Progressivo di Arte Contemporanea con la Prima Biennale curata da Lara Vinca Masini, Zeno Birolli, Vittorio Fagone, Vittorio Durbé. La manifestazione contempla un ciclo di film d'artista, una mostra di Narrative Art e un'esposizione di pittura.

Alla Galleria Seconda Scala di Roma si tiene una mostra di Bernard Venet introdotta da Filiberto Menna.

Alla Galleria De' Foscherari di Bologna Alberto Boatto presenta la mostra *Ghenos, Eros, Thanatos.*

—— 1975 ——

GENNAIO

A Pescara la Galleria De Domizio inaugura la mostra di Gino De Dominicis intitolata *Quando non si parla più di immortalità del corpo.*

A Roma la Galleria L'Attico organizza una mostra *24 ore su 24*, curata da Fabio Sargentini, della durata di una settimana durante la quale gli artisti sono chiamati a realizzare ininterrottamente opere e azioni di breve durata. Gli artisti invitati sono: Boetti, Chia, Clemente, De Dominicis, Festa, Kounellis, Mattiacci, Ontani, Patella, Pisani, Prini, Soskic.

A Milano alla Rotonda della Besana la mostra *Franco Grignani: una metodologia della visione.*

La Galleria Il Diagramma di Milano ospita la mostra *Campo Dieci* con opere di artisti che lavorano con la fotografia, tra cui Clemente, De Maria, Esposito, Ontani, Paladino, Zaza.

FEBBRAIO

La Galleria L'Ariete di Milano dedica un'importante personale a Mario Nigro con opere dagli anni Cinquanta ai Settanta.

Si apre a Roma la Galleria Ugo Ferranti che dà avvio a un programma di esposizioni con artisti internazionali, da Richard Tuttle, a Bruce Marden e Robert Morris, alternati a italiani come Mario Schifano, Giulio Paolini.

La Galleria La Tartaruga a Roma organizza la prima mostra personale di Ettore Spalletti.

MARZO

Si tiene alla Rotonda della Besana a Milano la manifestazione Internazionale *Arte video multivision*, promossa da Argan e Trini. Tra gli artisti invitati vi sono, oltre agli stranieri Paik, Sonnier, Oppenheim, Nauman, artisti italiani come Acconci, Agnetti, Baruchello, Calzolari, Campus, Carmi, Colombo, Fabro, Paolini, Trotta, Vaccari.

Nello stesso spazio successivamente si apre *Fotomedia*, mostra organizzata da Daniela Palazzoli, già presentata al museo di Dortmund nel 1973, con opere di artisti che lavorano con la fotografia e la banda magnetica: Altamira, Agnetti, De Maria, Di Bello, Esposito, La Rocca, Mariani, Ontani, Paladino, Paolini, Parmigiani, Patella, Schifano.

Alla Galleria Nuovi Strumenti di Brescia e alla Galleria La Tartaruga di Roma Ketty La Rocca realizza la performance *Le mie parole, e tu?*.

APRILE

Fabio Mauri presenta a Roma, allo Studio d'Arte Cannaviello, al Museo delle Cere e allo Studio Elisabetta Catalano l'azione *Oscuramento*, durante la quale coinvolge gli spettatori in una interpretazione visionaria della storia attraverso un itinerario in movimento.

Alla Galleria La Tartaruga di Roma inaugura la mostra *Parlare e scrivere*, a cura di Renato Barilli.

MAGGIO

Alla Galleria De Domizio di Pescara si apre la mostra – azione *Graziosa girevole* di Sandro Chia.

GIUGNO

A Parma nella Sala delle Scuderie della Pilotta una mostra di Lee Friedlander.

LUGLIO

Alla Rotonda della Besana di Milano la mostra *Agostino Ferrari, Angelo Verga, Arturo Vermi*.

OTTOBRE

A Palazzo Braschi, a Roma, si apre la mostra *Foto e idea*, curata da Mussa con opere di Agnetti, Altamira, Boltanski, Carpi, Cintoli, De Freitsas Le Gac, Lüthi, Mauri, Mariani, Patella, Vaccari.

Apre a Torino la Galleria Tucci Russo con una mostra di Calzolari.

Bonito Oliva e Filiberto Menna curano presso la Galleria Cannaviello a Roma la mostra *Narrative Art 2* sul rapporto tra le parole e l'immagine.

Al Mercato del Sale di Milano una mostra di Luciano Ori.

NOVEMBRE

Al Castello Olofredi di Iseo si tiene *Magma*, una manifestazione internazionale di giovani artiste curata da Romana Loda. Tra le artiste partecipanti Abramovic, Darboven, Marisa Merz, Pane, Rabito, Renouf, La Rocca, Sieverding, Santoro.

DICEMBRE

Alla Galleria Sperone di Roma Vettor Pisani realizza l'azione *La lepre non ama Joseph Beuys*.

Alla Rotonda della Besana di Milano si apre *Arte video*, rassegna video curata da Tommaso Trini, con *Lo specchio negato*, installazione di Luciano Giaccari.

A Varese, Maud Center, *Videowork Documentation* di Luciano Giaccari.

—— 1976 ——

GENNAIO-FEBBRAIO

Si apre a Milano a Palazzo Reale la mostra *Arte Inglese Oggi 1960-76*, una retrospettiva organizzata dal British Council con opere di 46 artisti e 2 gruppi.

MARZO

A Milano al Centro Internazionale Brera si tiene una mostra di film d'artista italiani dal titolo *Arte e Cinema*, curata da Vittorio Fagone, con opere di Baruchello, Carpi, La Pietra, Nespolo, Patella.

APRILE

Si tiene alla Galleria Municipale d'Arte Moderna e alla Sala del Foyer del Teatro Regio di Parma la mostra internazionale *Foto e idea* presentata da Giancarlo Bocchi che indaga l'uso della fotografia come mezzo tecnico nel panorama artistico. Tale indagine è esemplificata, tra le altre, con opere di Abramovic, Acconci, Antin, Baldessari, Becher, Boltanski, Brus, Cumming, Dibbets, Fulton, Gilbert & Gorge, Graham, Horn, Huebler, La Rocca, Nauman, Agnetti, Carpi, Clemente, De Maria. Garutti, Grisi, Mariani, Nannucci, Ontani, Paladino, Pane, Paolini, Parmiggiani, Patella, Trotta, Poirer, Van Elk, Smithson.

L'Università di Parma organizza a Palazzo della Pilotta una grande mostra antologica di Enrico Castellani.

MAGGIO

La Galleria d'Arte Moderna di Bologna ospita una grande mostra dal titolo *Europa-America, astrazione determinata, 1960-76* che si prefigge di confrontare la ricerca astratta nei due continenti. Curata da F. Caroli la mostra raccoglie i lavori di Andre, Bell, Dibbets, Flavin, Judd, Klein, Lewitt, Marden, Morris, Nauman, Noland, Reinhardt, Rothko Ryman, Serra, Stella, Tuttle e tra gli italiani Burri, Fontana, Castellani, Colombo, Lo Savio, Manzoni, Pascali, Paolini, Schifano.

GIUGNO

Si tiene a Genova, alla Samangallery la prima mostra personale in Italia di Rebecca Horn.

Simbiosi di Ugo Carrega, al Mercato del Sale di Milano.

In occasione della chiusura della Galleria L'Attico di Roma, nella sede di via Beccaria 22, la mostra *21 dicembre 1968*.

LUGLIO

Si apre all'Istituto Italo - Latino Americano di Roma la mostra *I colori della pittura* presentata da Argan e Mussa con opere di Buren, Cane, Camorani, Cotani, Gastini, Griffa, Bartolini e Verna.

Si apre la XXXVII Biennale di Venezia incentrata sul tema *L'Ambiente*, inteso secondo diverse accezioni: nel senso del rapporto tra l'uomo e il mondo e in quello dello spazio fisico. Il settore delle arti visive è diviso in diverse sezioni: *Ambiente partecipazione*, nel padiglione italiano ai Giardini di Castello; *Spagna/Avanguardia artistica e realtà sociale: 1936-76*, ai Giardini; *Arte/Ambiente*, coordinata da Germano Celant ai Giardini di Castello che analizza l'evoluzione storica del concetto di ambiente dal 1912 al 1976; *Attualità internazionale*, che documenta la situazione artistica tra il 1972 e il 1976; *Mostra storica sulle attività della Biennale*, curata da De Grada in collaborazione con gli Archivi della Biennale. Nell'ambito della manifestazione viene organizzato *Art, Artists and the Media*, seminario con Marshall McLuhan, Richard Kriesche, Peggy Gale, Wulf Herzogenrath, oltre a una programmazione di videointerviste realizzate da Luciano Giaccari.

Lo Studio Marconi festeggia i dieci anni di attività con una manifestazione curata da Paola Bellotti. Partecipano all'evento artisti e critici, tra cui: Accame, Argan, Carrega, Ceroli, Cerati, Contessi, Dorfles, Fofi, Gastini, Manzoni, Paolini, Quadri, Quintavalle.

Al Centro Sperimentale di Brera a Milano viene presentata una retrospettiva delle nuove tendenze del cinema d'artista in Italia curata da Vittorio Fagone e Alberto Farassino. La mostra verrà ripetuta l'anno seguente accostando sempre opere di autori già conosciuti ad altri meno conosciuti nell'ambito della produzione di film. Sono presenti, tra gli altri: Baruchello, Benedini, Brardinone, Carpi, De Filippi, La Pietra, Nespolo, Nagasawa, Martino e Anna Oberto, Pardi, Paradiso, Patella, Plessi, Schifano, Vaccari. Per l'occasione Fagone pubblica il volume *Arte e Cinema: per un catalogo del cinema d'artista in Italia 1965/1977*, edito da Marsilio.

Alla Galleria Françoise Lambert di Milano si inaugura *Paper TV*, personale di Nam June Paik

—— 1977 ——

Si apre l'Electronic Art Service di Luciano Giaccari a Varese.

L'edizione di *Expo Arte* a Bari, curata da Germano Celant, è interamente dedicata alle contaminazioni artistiche. Il titolo della rassegna, ripartita in tre sezioni, è proprio *Off Media: Nuove tecniche artistiche: video, disco, libro*. Tra gli artisti italiani presenti Luca Patella, Mario Merz, Claudio Costa, Laura Grisi.

Personale di Alighiero Boetti alla Galleria L'Ariete di Milano.

Alla Galleria Salvatore Ala di Milano una personale di Mario Merz.

Si apre alla Galleria Lambert di Milano la mostra *Pensando all'Oriente* di Luciano Bartolini, che occupa lo spazio con bande verticali di Kleenex e carta.

Mirella Bandini organizza a Torino, al Teatro Godetti, la mostra *Fotografia come analisi* dedicata ai giovani artisti che usano il mezzo fotografico.

La Galleria Municipale d'Arte Moderna di Torino ospita la mostra *1960-1977 Arte in Italia* che affronta l'arte di questi anni attraverso sezioni dedicate: *Dall'opera al coinvolgimento*, curata da R. Barilli, *L'opera: simboli e immagini*, curata da Del Guercio e *La linea analitica*, introdotta da Filiberto Menna.

Si apre a Bologna, alla Galleria Municipale d'Arte Moderna, la mostra *La performance oggi. Settimana internazionale della performance*. Nel comitato organizzatore figurano Alinovi, Barilli, Daolio, Farneti, Pasquali, Solmi, Tosarelli. Partecipano, tra gli altri Archivio Body & Compagni di L. Inga-Pin, Centro documentazione e video di Giaccari, Centro video di Palazzo dei Diamanti di Ferrara.

La Biennale di Venezia ospita una mostra curata da Crispolti e Moncada su *La nuova arte sovietica / una prospettiva non ufficiale*, che raccoglie le ricerche degli artisti sovietici dall'avanguardia agli ultimi anni non allineate con il regime.

Al Mercato del Sale di Milano la mostra *Raccolta Italiana di Nuova Scrittura*, con una prefazione di Vittorio Fagone.

OTTOBRE

Chiude a Firenze *Art/Tapes/22* e i video sono ceduti all'Archivio Storico delle Arti Contemporanee della Biennale di Venezia.

—— 1978 ——

GENNAIO

Inaugura alla Galleria Ferranti di Roma la mostra di Michele Zaza che espone *Racconto Celeste.*

A Bologna alla Galleria Mario Diacono va in scena una mostra personale di Jannis Kounellis.

FEBBRAIO

Vasta mostra monografica di Giulio Paolini al Museo Diego Aragona Pignatelli Cortes di Napoli

Il 14 febbraio si tiene a Milano al Piccolo Teatro uno spettacolo di Bob Wilson.

MARZO

Alla Galleria Giorgio Persano di Torino Michelangelo Pistoletto presenta la mostra *L'arte prende su di sé la religione.*

Alla Galleria Il collezionista la mostra di Luciano Fabro dal titolo *Io. L'uovo.*

A Firenze alla Galleria De Amicis si apre *Lo Specchio fluido*, una mostra di cinema d'artista con vari protagonisti tra cui Carpi, Nespolo, Patella, La Pietra, Gruppo 70.

APRILE

Alla Galleria Salvatore Ala di Milano mostra personale di Giovanni Anselmo.

A Roma alla Galleria La Tartaruga personale di Jannis Kounellis.

A Bologna alla Galleria Mario Diacono si apre la mostra *Per una politica della forma* che presenta opere di Calzolari, Kounellis, Merz.

MAGGIO

Alla Galleria Mario Diacono si apre la mostra personale *Alighiero et Boetti.*

A Roma alla Galleria Sperone mostra di Pier Paolo Calzolari.

Alla Galleria Tucci Russo di Torino mostra di Giovanni Anselmo.

GIUGNO

Alla Galleria d'Arte Moderna di Bologna inaugura la *Seconda Settimana Internazionale della Performance*, comitato organizzatore Alinovi, Barilli, Daolio.

A Roma alla Galleria Mario Pieroni mostra personale di Luciano Fabro.

La XXXVIII Biennale di Venezia è dedicata al tema *Dalla natura all'arte, dall'arte alla natura.*

Alla Galleria Il cortile personale di Alighiero Boetti.

Alla Galleria Municipale d'Arte Moderna di Bologna inaugura la mostra *Metafisica del quotidiano* a cura di Francesco Solmi.

OTTOBRE

Alla Galleria Salvatore Ala di Milano si inaugura una mostra personale di Pierpaolo Calzolari.

A Bologna alla Galleria Mario Diacono si tiene una personale di Giulio Paolini.

A Torino alla Galleria Tucci Russo inaugura una personale di Mario Merz.

NOVEMBRE

A Milano alla Galleria Salvatore Ala mostra di Giuseppe Penone.

A Napoli la Galleria Lucio Amelio presenta la mostra *Città Irreale* di Mario e Marisa Merz.

La Galleria Mario Diacono di Bologna apre una monografica di Michelangelo Pistoletto.

Alla Galleria Christian Stein si apre la mostra *Alighiero et Boetti*.

1979

Alla Galleria Pieroni di Roma si apre una mostra di Gino De Dominicis.

Alla Galleria Civica di Modena apre la mostra *La pratica politica. Il sistema dell'arte e il tessuto sociale*.

Alla Galleria Chistian Stein di Torino personale di Gilberto Zorio.

Inaugura la mostra *Kodachrome* di Luigi Ghirri, alla Galleria di Immagini – Nuova Fotografia di Treviso.

All'Università degli Studi di Parma la mostra *Luigi Ghirri*, a cura di Arturo Carlo Quintavalle e Massimo Mussini.

La Galleria Tucci Russo a Torino presenta la mostra di *Il Giardino di Getsemani* di Pierpaolo Calzolari.

Inaugura la mostra *L'estetico e il selvaggio. Associazione, dissociazione, dissezione: l'obliquità dell'arte* a cura di Cortenova, alla Galleria Civica di Modena.

La Galleria Stein di Torino inaugura una personale di Alighiero Boetti.

A Venezia inaugura la mostra *Venezia '79. La fotografia*, organizzata dal Comune di Venezia e dall'Unesco.

Nelle sale di Palazzo Reale di Milano Francesca Alinovi e Renato Barilli presentano la mostra *Pittura Ambiente*.

Luciano Fabro espone *Il Giudizio di Paride* alla Galleria Pieroni di Roma.

Un po' poetico un po' politico, una mostra al Collegio Cairoli, presso l'Università degli Studi di Pavia.

Alla Casa del Mantegna di Mantova si apre la mostra *L'ombra* a cura di Sinisi.

Alla Galleria Il Diaframma di Milano la mostra di Gabriele Basilico *Milano ambiente urbano*.

Lo Studio Marconi di Milano presenta una personale di Giulio Paolini.

A Torino alla Galleria Christian Stein apre una personal di Jannis Kounellis.

Allo studio Grossetti di Milano mostra personale di Claudio Parmiggiani.

Alla Rotonda della Besana di Milano inaugura *Testuale. Le parole e le immagini*, a cura di Luciano Caramel e Flavio Caroli.

La Galleria De Crescenzo di Roma allestisce una monografica di Mario Merz.

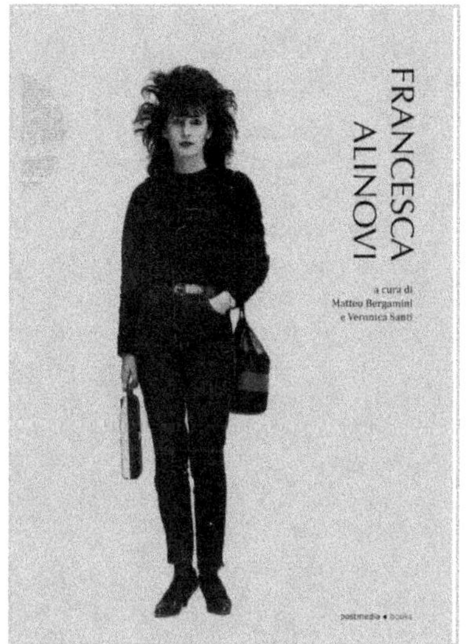

Francesca Alinovi
a cura di M. Bergamini e V. Santi
postmedia books 2019

Il volume riunisce due tra i più famosi libri di Alinovi (Arte Mia e Arte di frontiera) oramai introvabili e ne rivitalizza la figura densamente obliqua e profetica, riattivandone l'attitudine di catalizzatrice di eventi e individualità e di critica militante. originariamente su giornali, riviste e cataloghi dalla metà degli anni Settanta sino al 1983, anno della sua scomparsa. Alinovi rappresentò, già alla sua epoca, un caso anomalo di sperimentazione critica e curatoriale, coraggiosamente e appassionatamente presente sul campo, laddove spostamenti e oscillazioni del pensiero inscrivevano nuove avventure culturali. Una «testa pensante» la sua, che declinava orizzonti personali, spesso ardui e prematuri per un côté artistico italiano chiuso. Dunque l'arte coniugata alla musica, alla moda, all'architettura e al design, a teatro e fumetti in un continuo susseguirsi di ramificazioni estreme che Alinovi trasmetteva ai suoi studenti del Dams di Bologna o nei suoi articoli su riviste di settore e nelle mostre curate.

[Teresa Macrì, Il Manifesto, ottobre 2019]

Questo libro è una raccolta di articoli, interviste, saggi, e recensioni di Francesca Alinovi, intellettuale militante e figura di riferimento nel panorama artistico italiano e internazionale del post-punk. Apparsi su giornali, riviste e cataloghi dal 1976 al 1983, alcuni testi sono qui ripubblicati per la prima volta, mentre altri sono stati ripresi dal volume L'arte mia, rimasto, fino ad oggi, l'unico omaggio al lavoro critico di Alinovi. A questi si aggiungono scritti inediti (scannerizzati, laddove possibile, da documenti originali), alcune foto dell'epoca e una registrazione durante la quale Alinovi, qualche giorno prima della sua scomparsa, ripercorre le tappe salienti della sua carriera, divisa tra l'Italia e New York. Il volume è suddiviso in due parti, Arte Mia e Arte di Frontiera, due titoli (o meglio, due slogan) coniati dall'Alinovi stessa e che possono riassumere lo stile di scrittura, i temi e gli artisti che la critica e docente amava e recensiva.

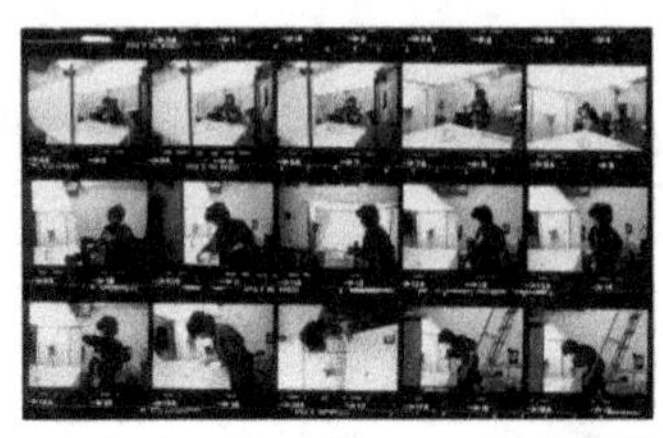

*Fotografia e femminismo
nell'Italia degli anni Settanta.
Rispecchiamento, indagine critica
e testimonianza*
a cura di Cristina Casero
postmedia books 2021

Grazie al contributo di studiose che da tempo hanno indagato il rapporto tra fotografia e femminismo (Linda Bertelli, Cristina Casero, Lara Conte, Elena Di Raddo, Laura Iamurri, Lucia Miodini, Federica Muzzarelli, Raffaella Perna), questo libro approfondisce le ricerche di alcune protagoniste della scena fotografica italiana di quel momento, a partire da quelle presenti nelle collezioni del MuFoCo, ed entra nel cuore della contemporaneità, presentando le testimonianze delle fotografe intervenute nel dibattito: Paola Agosti, Isabella Balena, Marina Ballo Charmet, Liliana Barchiesi, Marcella Campagnano, Paola Di Bello, Bruna Ginammi, Silvia Lelli, Marzia Malli, Paola Mattioli, Donata Pizzi, Agnese Purgatorio, Livia Sismondi.

Intorno alla metà degli anni Settanta in Italia, in sintonia con quanto accade in Europa e negli Stati Uniti, si diffondo le posizioni del nuovo femminismo, il femminismo della differenza. Questo rivoluzionario pensiero, incentrato sulla necessità di ridefinire l'identità della donna a prescindere da secoli di cultura maschile, ha forti ripercussioni (anche quando indirette) sulle ricerche di molte fotografe e artiste che ricorrono alla fotografia come mezzo ideale per condurre una riflessione identitaria o per testimoniare la condizione della donna, restituendone un racconto inedito, operando con una nuova consapevolezza del proprio fare e del proprio ruolo. Nel 2020, l'anno che il Comune di Milano ha dedicato a "I talenti delle donne", il Museo di Fotografia Contemporanea di Cinisello Balsamo ha organizzato una giornata di studio curata da Cristina Casero e introdotta da Giovanna Calvenzi, seguita da un dibattito animato da alcune delle protagoniste degli anni Settanta in dialogo con autrici più giovani. Da questa occasione di confronto scaturiscono le riflessioni raccolte nel presente libro.

*L'altra metà dell'avanguardia
quarant'anni dopo*
Angela Maderna
postmedia books 2020

*Pablo Echaurren. Il movimento del '77
e gli indiani metropolitani*
Raffaella Perna
postmedia books 2016

*Avanguardia di massa
Compaiono gli indiani metropolitani*
Maurizio Calvesi
postmedia books 2018

*Fotografia e materialità in Italia
Franco Vaccari, Mario Cresci,
Guido Guidi, Luigi Ghirri*
Nicoletta Leonardi
postmedia books 2013

I giornalini dell'Accademia dello Scivolo
L. Parmesani & P. Gillo
postmedia books 2018

*La Casa Editrice TRIEB
Accademia di Brera 1970-1972*
L. Parmesani & P. Gillo
postmedia books 2019

*Editoria e controcultura:
la storia dell'Ed.912*
Federica Boragina
postmedia books 2021

*Un luogo dopo l'altro
Arte site-specific e identità localizzativa*
Miwon Kwon
postmedia books 2020

Gerhard Richter
Benjamin H. D. Buchloh
postmedia books 2020

*Contemporanee.
Percorsi e poetiche delle artiste dagli anni
Ottanta ad oggi*
E. De Cecco e G. Romano
postmedia books 2002

*Passaggi. Storia della scultura
da Rodin alla Land art*
Rosalind Krauss
postmedia books 2020

*Gordon Matta-Clark e le
politiche dello spazio condiviso*
Frances Richard
postmedia books 2020

*Ketty La Rocca
Nuovi studi*
F. Gallo e R. Perna
postmedia books 2015

*Autorotella
Autobiografia di un artista*
Mimmo Rotella
postmedia books 2011

I viaggi di Brek
Gastone Novelli
postmedia books 2021

*Thothality
Sulla letteratura, verso la fine*
Mario Diacono
postmedia books 2017

*Sandro Martini
Catalogue Raisonné*
Luigi Sansone
postmedia books 2017

Adriano Altamira
Cristina Casero ed Elisabetta Longari
postmedia books 2020

www.postmediabooks.it

Anni Settanta
La rivoluzione nei linguaggi dell'arte
a cura di Cristina Casero ed Elena Di Raddo

postmedia books 2015
220 pp. 92 ill.
isbn 9788874901333

Finito di stampare nel mese di aprile 2015
presso Ebod, Milano

Postmedia Srl
Milano

www.postmediabooks.it

www.ingramcontent.com/pod-product-compliance
Lightning Source LLC
LaVergne TN
LVHW020323200726
843507LV00012B/2213